Albert Wigand

Der Baum

Betrachtungen über Gestalt und Lebensgeschichte der Holzgewächse

Literaricon

Albert Wigand

Der Baum

Betrachtungen über Gestalt und Lebensgeschichte der Holzgewächse

ISBN/EAN: 9783959131117

Auflage: 1

Erscheinungsjahr: 2015

Erscheinungsort: Treuchtlingen, Deutschland

DER BAUM.

BETRACHTUNGEN

ÜBER

GESTALT UND LEBENSGESCHICHTE

DER

HOLZGEWÄCHSE.

VON

Dr. ALBERT WIGAND,

aufserordentlichem Professor an der Universität Marburg.

BRAUNSCHWEIG,

DRUCK UND VERLAG VON FRIEDRICH VIEWEG UND SOHN.

1 8 5 4.

Vorwort.

Bei der Bearbeitung der vorliegenden Schrift wünschte ich aufser
den Botanikern auch solche gebildete Leser, welche aus Freude
an der Natur sich gern von dem Kundigen in das ihnen ferner
liegende Gebiet der wifsenschaftlichen Naturanschauung einführen
lafsen, für eine Betrachtung der wunderbaren Ordnung und Harmonie in der Gestalt und Lebensgeschichte der Holzgewächse zu
gewinnen. Freilich war es nicht leicht, in der Darstellung beiden
Arten von Lesern vollkommen gerecht zu werden. Und so mögen
es sich denn die Botaniker gefallen lafsen, zu Gunsten der Anderen manches Bekannte mit in Kauf zu nehmen. Für die Letzteren
habe ich mich bemüht, durch Anknüpfung an die gemeine Anschauung möglichst verständlich zu werden, ohne die wifsenschaftliche Haltung des Ganzen zu opfern. Wo die Darstellung zu sehr
ins Einzelne geht, möge man nach Belieben überschlagen, was
ohnehin durch die Absonderung der Details vom übrigen Text durch
den Druck erleichtert worden ist. Popularität in der heut zu Tage
beliebten Weise, wie sie den nach wohlfeiler Belehrung begierigen
Laien auf bequemen Pfaden an der Oberfläche der Dinge umher-
führt und ihm ein Paar „Resultate der Forschung" in leidlich
geniefsbarer Zubereitung auftischt, lag aufser meiner Absicht. Vielmehr dachte ich an solche Leser, welche es vorziehen, an einem
einzelnen Punkt des von ihnen besuchten Gebietes, koste es auch

ein Stück geistiger Arbeit, stracks und gründlich auf die Sache selbst loszugehen, dafür aber auch den entsprechenden Lohn zu erndten. Wer in einen Schacht steigt, bekommt mehr von dem Schichtenbau der Erdrinde zu sehen als wer das ganze aufgeschwemmte Land an der Hand von zehn populären Lehrbüchern durchlustwandelt. Aus dem Schacht bringt man überdiefs Erz und edle Steine mit. Ein solcher Lohn, wie ihn überhaupt die Betrachtung des Einzelnen mit sich bringt, ist das Verständnis der Art und Weise, gleichsam des Gedankenganges, wonach die schaffende Natur zu Werke geht. Und es scheint mir für dieses Verständnis gerade der Baum ein ganz besonders ergibiger Gegenstand zu sein, — der Baum, der schon nach seiner Pflanzennatur das Wesen des Organismus offener und verständlicher als das Thier zur Schau trägt, — der Baum, der in höherem Grade als andere Erscheinungen bei einer aufserordentlichen Gliederung und Vielgestaltigkeit im Einzelnen den Character eines Naturganzen an sich trägt, — deutlicher und leichter als andere Pflanzen und Thiere die Grundgedanken organischen Lebens und Bildens: das Ganze in den Gliedern, die Glieder für das Ganze, — Vielheit in der Einheit, Einheit in der Mannigfaltigkeit erkennen läfst, — der Baum, welcher überdiefs mehr als andere Organismen seine Eigenthümlichkeit in dem Rhythmus seiner zeitlichen Entwickelung entfaltet und in seinem gegenwärtigen Zustand Zeugnis von seinem Werden gebend, gerade dadurch einen auf dem Gebiete der Natur verhältnismäfsig seltenen Genufs geschichtlicher oder biologischer Betrachtung in hohem Grade darzubieten im Stande ist. Dazu kommt dann noch das nahe liegende Interesse, wodurch der Baum als der Gegenstand unserer täglichen Anschauung und Freude zu einer sorgfältigen und sinnigen Beobachtung herausfordert.

So glaubte ich auch einen gröfseren Aufwand von Abbildungen vermeiden zu dürfen, da das Material dieser Schrift aus keiner tiefen Quelle geschöpft, vielmehr Jedem vor Augen liegt. Wem es um das Verständnis meiner Darstellung zu thun ist, dem empfehle ich eine Anzahl verschiedener Baumzweige, am besten im winterlichen Zustand zur Hand zu nehmen und auf seinen Spaziergängen der Verzweigungsweise der Holzgewächse einige Aufmerksamkeit zu schenken. Sollte die Schrift Beifall finden, so gedenke ich eine bereits vorbereitete Sammlung von Habitusbildern einheimischer Bäume zu veranstalten.

Vor Allem dürfen diese Blätter auf einiges Interesse bei den Forstleuten rechnen, weil sie darin, wenn auch keine unmittelbar brauchbaren forstwirthschaftlichen Erfahrungen, doch Manches finden werden, was gerade von dem Praktiker für das Leben ausgebeutet werden kann, — vor Allem, weil bei keinem anderen Stand als diesem, der auf den Baum wie der Schmetterling auf die Blüthe angewiesen ist, ein so allseitiges auch rein theoretisches Interesse für das Verständnis desselben vorausgesetzt werden kann.

Auch für den Landschaftsmaler wird es in diesen physiognomischen Studien über den Baum nicht an Beziehungen zu seiner Aufgabe fehlen.

Obgleich seit Jahren vorbereitet, erfuhr die Arbeit doch eine wesentliche Anregung durch A. Braun's Buch „über die Erscheinung der Verjüngung in der Natur"; und gegenwärtig, wo mir während des Druckes dessen Schrift über „das Pflanzenindividuum u. s. w." zukommt, freue ich mich, mit diesem Manne auch ferner auf einerlei Weg zu gehen.

So übergebe ich meine Schrift der Oeffentlichkeit mit dem Wunsche, dadurch manchen meiner Fachgenofsen zu gleichen Beobachtungen zu veranlafsen und auch weiterhin die Freude an dem Baum, diesem herrlichsten unter den Gebilden des Pflanzenreichs, zu erhöhen.

Marburg, im Juli 1854.

A. Wigand.

Inhalt.

Einleitung.

Die Metamorphose des Baums
oder
der Aufbau der Baumgestalt aus ihren Einheiten als ein harmonisches Ganzes.

Erster Theil.
Die Harmonie in der vegetativen Sphäre.

Erstes Capitel.
Die Metamorphose in der inneren Organisation des Baums.

Zweites Capitel.
Das Stengelglied als Individuum.

Drittes Capitel.
Der Jahrestrieb als Individuum.

Einleitung.

---

§. 1.

Der Baum als Gegenstand der systematischen Behandlung; Bestimmung des Habitus als Mittel zur Unterscheidung.

Man hat sich bei der Abgrenzung und Charakterisierung der verschiedenen Pflanzen bisher fast ausschliefslich auf diejenigen Merkmale beschränkt, welche sich bei der Betrachtung der einzelnen Glieder der Pflanzengestalt ergeben. Es blieb dabei etwas zurück, welches man sich scheute in die engen Fefseln eines beschreibenden Ausdruckes zu zwingen, sei es, weil es zu schwierig erschien, einen Ausdruck dafür zu finden, oder weil man es von vornherein als etwas über jeden bestimmten Ausdruck Erhabenes, aufser dem Gebiet der Beschreibungskunst Liegendes ansah und deshalb der rein subjectiven Auffafsung überliefs, und zugleich auf eine möglichst unbestimmte Weise als den Habitus, die Tracht, das Gesammtgepräge oder die Physiognomie der Pflanze bezeichnet.

Welche Bedeutung diesem Punkt für die Unterscheidung der Gewächse zukommt, geht daraus hervor, dafs man sich dabei nicht nur im gemeinen Leben so gut als ausschliefslich auf die Auffafsung jenes Gesammtgepräges beschränkt, sondern dafs auch der Botaniker in der Erkennung der einzelnen Pflanzen grofsentheils mehr durch dieses unbewufste Bild des Ganzen als durch die logisch bestimmten Merkmale der einzelnen Formen geleitet zu werden pflegt. Es möchte aber wohl an der Zeit sein, diesen Punkt aus dem Bereich des subjectiven Gefühls in das Bereich des Begriffes zu verpflanzen. Die Bezeichnungsweisen für die Gesammtgestalt, wie man sie zum Theil in der beschreibenden Botanik antrifft, sind entweder nur relativ, z. B. „ästig" oder „sehr ästig", „sparrig", „überhängend", „straff" u. dgl., oder blofse Vergleichungen, z. B. „pyramidenförmig", „domförmig" u. s. w. Hier können aber offenbar nur ganz absolute scharfe Bestimmungen nach Maafs und Zahl genügen, Bezeichnungen, in welchen die im „Habitus" zu Grunde liegenden Formverhältnisse ebenso scharf und unmittelbar ihren Ausdruck finden, wie in der Mathematik die Curve zugleich in der analytischen Formel gegeben ist, oder wie es in der botanischen Terminologie der einzelnen Organe, z. B. des Blattes, annährend erreicht wird. Es kommt, wenn eine derartige scharfe Auffafsung und Bezeichnung des „Habitus" gewonnen ist, darauf an, mit dieser neuen Quelle von Merkmalen die Diagnosen zu vervollständigen, wodurch unter Anderem ein Mittel geboten würde, manche Gewächse auch dann zu bestimmen, wenn Blüthen und Blätter nicht genügend zu Gebote stehen. Aber auch von wifsenschaftlich-systematischem Interesse würde es sein, auf jene Erweiterung der Pflanzenbeschreibung eine Untersuchung über die Art und Weise zu gründen, wie sich die Mannigfaltigkeit im Habitus bei den Pflanzen äufsert, und wie diese Unterschiede sich zu der übrigen systematischen Gliederung des Pflanzenreichs verhalten, inwiefern z. B. die Uebereinstimmung mancher Pflanzen im Habitus zusammenfällt mit einer bereits anderweitig begründeten Gruppirungsweise.

Ob eine solche Auffafsung des „Habitus" nach absoluten Begriffen und mathematischen Formen möglich ist, oder ob wir es hier wirklich mit einem fühlbaren aber unnennbaren Etwas zu thun haben, kann wohl nicht zweifelhaft sein. Der Habitus offenbart sich ja doch unter Raum und Zeit (denn von der ästhetischen Betrachtung der Pflanzen reden wir hier nicht). Alles, was aber Raum und Zeit angehört, läfst sich auch unter diesen Formen, d. h. nach mathematischen Bestimmungen von Maafs und Zahl, auffafsen und darstellen. — Und wenn Jemand von ästhetischer Seite einwenden sollte, durch eine solche Auflösung des Habitus in kalte mathematische Formen werde der letzte Schleier gehoben, der letzte geheimnisvolle Reiz der Pflanze, welche ihren

geistigen Charakter vielleicht gerade am meisten in jenem unbestimmten Wesen ihrer Aufsenseite, das man Habitus nennt
zum Ausdruck bringt, aufgelöst, so ist demselben zu ant-
worten, was überhaupt die Naturwifsenschaft ähnlichen ängst-
lichen Einwürfen von Seiten gewisser krankhaft-sentimentalen
Aesthetiker antwortet: Klarheit ist niemals eine Feindin des Schönen, — wahrer Naturgenufs bedarf keines verhüllenden Schleiers;
im Gegentheil je weiter und heller sich der Blick in die herrlichen
Tiefen der Schöpfung öffnet, um so gröfser wird das Gebiet des
Genufses und der Ahnung.

Fafst man den „Habitus" der Pflanze als die Gesammterscheinung auf, welche dieselbe darbietet, wenn sie in einer gewissen
Entfernung, wo die einzelnen Formen zurücktreten, betrachtet wird,
so ist das, was diese Gesammterscheinung bedingt, theils die Belaubung, und zwar nächst dem Grad der Fülle und der feinen,
hauptsächlich durch die Form der Blätter bedingten Zeichnungen
des „Baumschlags", auch die Farbe und der Glanz des Laubes, —
theils der Antheil, welchen die Blüthen vermöge ihrer Anordnung, Gestalt, Gröfse und Farbe an dem Eindruck des Ganzen
nehmen; nicht zu verschweigen ist ferner der Geruch und andere
Ausdünstungen, wodurch der landschaftliche Charakter der
Pflanzen im Kleinen wie im Grofsen oft so wesentlich bestimmt
wird (Tannenwald im Sommer). Keins dieser Momente ist jedoch
in dem Grade maafsgebend für das landschaftliche Gepräge oder
den Habitus der Pflanze als die Gesammtform, und das, was
den Charakter der letzteren fast ausschliefslich bedingt: die Axe,
die eigenthümliche Form der einzelnen Axe wie insbesondere der
Charakter ihrer Verzweigung, — die Axe als das feste Gerippe,
welches dem ganzen Gewächs seine Umrifse und Grenzen und
dauernde Gliederung verleiht, und obgleich die Frische und Be-
lebung und die feineren Lineamente dem Laub und den Blüthen
verdankend, doch an dem individuellen und specifischen Typus der
Pflanze einen ungleich gröfseren Antheil hat als dies vom Skelett
bei dem Thier oder Menschen gilt. Ist es doch auch die Axe,
welche als der primäre und am längsten ausdauernde Theil des
Gewächses vorzugsweise oder ausschliefslich den Grund für die
Lebensdauer und den ganzen Cyklus der verschiedenen Phasen des
Daseins der Pflanze in sich trägt. Vor Allem tritt diese Bedeutung
des Axensystems da hervor, wo dasselbe, durch die Verholzung

fixiert, als ein dauerndes grofsartiges Gebäude sich vor unseren Augen auferbaut, in den Holzgewächsen oder in der Gestalt des Baums im weiteren Sinne. Was ist's denn anders als das Axensystem mit seinem bei jeder Species so scharf ausgeprägten Charakter, woran schon das halbgeübte Auge im Winter die entlaubten Bäume aus der Entfernung leicht und sicher nach ihrer Art unterscheidet? ein Charakter, welcher sich nicht blofs in den grofsen Umrifsen offenbart, sondern auch bis in die feinsten Enden der Verzweigungen in der Weise bestimmt ausgeprägt hindurchzieht, dafs die Unterscheidung eines winterlichen Reifses der *Buche* und der *Eiche* nicht weniger leicht ist als die des Blattes und der Blüthe dieser Baumarten. Und doch ist der individuelle Typus der Pflanze in ihrem Axensystem und in der dadurch bedingten Tracht so unendlich mannigfaltiger als in ihren einzelnen Organen, dafs wir die Form des Blattes oder der Blüthe oder der einzelnen Axe als eine für jede Pflanzenspecies annähernd constante mathematische Gestalt ansehen können, während unter den Bäumen eines Waldes, ja unter allen Buchen, welche leben und gelebt haben, gewis nicht zwei Bäume, unter allen Zweigen eines Baumes nicht zwei derselben zu finden sind, welche in ihrer Gesammtform sich in dem Grade gleichen, wie dieß zwischen allen Blättern der *Buche* der Fall ist.

Dafs aber die so unendlich verschiedenen Individuen von der unmittelbaren Anschauung des gemeinen Lebens als wesentlich identisch aufgefafst werden, kann nur seinen Grund haben in einem Gesetz der Einheit, welches sich hinter jener grofsen Mannigfaltigkeit verbirgt. Aufgabe der Wifsenschaft ist es nun, diese alle die verschiedenen Gestalten innerhalb einer Baumspecies beherrschende Gesetzmäfsigkeit, wie sie sich der natürlichen Anschauung zunächst gleichsam instinctmäfsig offenbart, der Reflexion zu unterwerfen, nach ihren einzelnen Factoren begriffsmäfsig darzustellen und dadurch eine Aufgabe der Systematik zu lösen, deren, im Vergleich zu der bisherigen Untersuchung der Verschiedenheit der Pflanzen in allen übrigen Punkten, höchst unvollständige Lösung zwar ihren Grund in der gröfseren Schwierigkeit hat (denn es ist überhaupt leichter, die Decke, mit welcher die Natur ihre Gesetze durch die Kleinheit der Formen, als die, womit sie dieselben durch die Mannigfaltigkeit der Erscheinungen umhüllt hat, zu heben), eine Aufgabe, welche aber nichts

desto weniger gerade wegen der evidenten Existenz jener Gesetzmäfsigkeit zur Untersuchnng herausfordert.

Folgendes werden die Kategorieen sein, nach welchen ein Baum
untersucht werden müfste, um seiner Gestalt einen vollständigen
Ausdruck zu geben und dieselbe mit anderen Baumformen zu vergleichen.

1. Das Verhältnis einer einzelnen Axe des Baums zur geraden Linie.

2. Der Grad der Schlankheit der einzelnen Axe, d. h.
das Verhältnis ihrer Länge zur mittleren Dicke.

3. Der Grad der Zuspitzung der einzelnen Axe, d. h. der
Winkel der kegelförmigen Axe an der Spitze, ausgedrückt durch
das Verhältnis der Differenz zwischen der Dicke der Axe an ihrer
Basis und an ihrer Spitze zu der Länge derselben (Tangente des
Zuspitzungswinkels).

4. Das Stollungsverhältnis der Seitenaxen an der primären Axe.

5. Der Neigungswinkel der Seitenaxen mit ihrer primären Axe.

6. Die Entfernung der Axen $n + 1^{ter}$ Ordnung von denen
der n^{ten} Ordnung, d. h. das Maafs der Verästelung in der
Richtung der einzelnen Axe. — Hierher würde unter Anderem auch das Verhältnis des Stammes zur Krone gehören.

7. Das Verhältnis der Dicke der Axen $n + 1^{ter}$ Ordnung
zu der der Axen n^{ter} Ordnung, d. h. der Grad, wie sich die Dicke
zwischen den aufeinander folgenden Generationen abstuft.

8. Die relative Länge der coordinierten Seitenaxen einer primären Axe untereinander und das Verhältnis der Seitenaxen zu
der Länge ihrer primären Axe, insbesondere die Länge der einzelnen Seitenaxen im Verhältnis zu dem entsprechenden Endstück
der primären Axe, — Bestimmungen, wodurch der Umrifs einer
verzweigten Axe, eines Sprofssystems dargestellt wird.

9. Das arithmetische Maafs der Verästelung, näm-
lich die Zahl für die Wiederholung der Verzweigung oder die Zahl
der von einer Axe ausgehenden successiven Generationen, —
insbesondere die Verschiedenheit der coordinierten Axen, die Art,
wie einfache und einmal und mehrfach verzweigte Axen einer und
derselben Ordnung miteinander wechseln (Anordnung der am wenigsten und der am meisten fortentwickelten Seitenaxen einer und
derselben primären Axe).

10. Das Maaſs der Verzweigung einer Axe im Verhältnis zu deren Längenentwickelung.

11. Das Maaſs der Verzweigung im Verhältnis zur Masse, d. h. die Zahl sämmtlicher Axen im Verhältnis zu deren Gesammtdicke.

12. Das Maaſs und die Art und Weise der Belaubung des Baums, welche, abgesehen von der Gröſse und Dauer der Blätter, hauptsächlich durch die Vertheilung der Blätter an der Axe, nämlich durch die gegenseitige Entfernung derselben oder die Länge der Internodien sowie durch das Verhältnis der belaubten Axentheile zu den entlaubten bestimmt wird.

13. Endlich kommt auch die relative Menge und die Anordnung der Blüthen als bestimmend für das Gesammtgepräge des Baums in Betracht. —

Es ist klar, daſs alle diese von dem Beobachter an den Baum zu stellenden Fragen auf Bestimmungen von Zahl und Maaſs, also auf absolute Gröſsenverhältnisse hinauslaufen, und daſs deshalb auf diesem Wege die Gestalt des Baumes auf einen Ausdruck gebracht werden kann, welcher das Wesen dieser Gestalt in der Art in sich schlieſst, daſs nach demselben ein Dritter jederzeit sich die Gestalt wieder so construieren könnte, wie sie der Beobachtung zu Grunde gelegen hat, etwa wie der Astronom die beobachteten Data einer Kometenbahn in einer analytischen Formel ausdrückt und aus dieser Formel heraus jederzeit die Curve geometrisch darstellen kann. Es versteht sich von selbst, daſs ein solcher Ausdruck nur dann nicht bloſs das Bild eines Individuums sondern den Charakter einer Baumspecies darstellen wird, wenn derselbe aus der Vergleichung möglichst vieler Individuen hervorgegangen ist. Da macht sich nun aber natürlich eben jene unbegrenzte Mannigfaltigkeit zwischen den Individuen einer Species wie zwischen den verschiedenen Theilen eines Individuums als sehr erschwerender Umstand geltend; es wird sich herausstellen, daſs in allen oben bezeichneten Punkten der Gestalt die allergröſste Freiheit herrscht, daſs sich jene Gröſsenverhältnisse innerhalb mehr oder weniger weiter Grenzen bewegen und einfache Zahl- und Maaſsbestimmungen schlechterdings unmöglich machen. Nun so bestimme man eben diese Grenzen oder den durchschnittlichen Werth aus den beobachteten Größen. Daß man auch mit der Bestimmung solcher veränderlichen Größen zu einer scharfen Charakteristik einer Baumspecies zur Unterscheidung von allen anderen gelangen wird, dafür bürgt das obenanstehende a priori unzweifelhafte Gesetz der Pflanzenspecies und die der unmittelbaren Anschauung entnommene Thatsache, daß dieses Gesetz der Species auch die Gesammtform des Baums beherrscht. Die Ellipsen, in denen sich die Planeten bewegen, haben ja auch einen sehr ungleichen Krümmungshalbmesser, und doch liegt allen Ellipsen ein gemeinsames Gesetz zu Grunde, welches sie von jeder anderen Curve unterscheidet. Es ist wahr, bei der unbegrenzten Mannigfaltigkeit des Typus einer Baumspecies, bei der verhältnismäßig sehr beschränkten Ausdehnung, welche für die Vergleichung möglich ist, wird jener charakteristische Ausdruck immer eine gewisse Unvollständigkeit behalten. Dafür ist der specifische Charakter in jedem einzelnen Exemplar, man darf sagen in jedem Punkt eines Exemplars, so bestimmt ausgeprägt, daß schon das nach obigen mathematischen Gesichtspunkten construierte Bild eines einzelnen Baumes, ja eines einzelnen Reißes, z. B. der *Buche*, den Charakter dieser Species vollständig genug in sich tragen wird, um dasselbe von jedem Reiß irgend einer anderen Baumart sicher zu unterscheiden.

Vorstehendes möge zur Bezeichnung einer, wie mir scheint ebenso wichtigen und belohnenden als bisher vernachläßigten Aufgabe der botanischen Systematik genügen. Die auf den folgenden Blättern niedergelegten Beobachtungen sind eben in dieser Richtung angestellt worden, wenn sie gleich noch so fragmentarisch sind, daß sie obiger Aufgabe nur sehr unvollständig genügen können*). Ueberdieß sind sie im Folgenden nach anderen als systematischen Gesichtspunkten verarbeitet, so daß sich der Leser das Bild einer jeden von mir beobachteten Baumart (etwa mit Hülfe des beigefügten Seitenzeigers) nur aus den hier und da zerstreuten Angaben construieren kann.

---

*) Bei der Schwierigkeit, in der „Erscheinungen Flucht" das Gesetz in seiner Allgemeinheit zu treffen, d. h. bei der Gefahr, daß durch die unbegrenzte Mannigfaltigkeit der individuellen Formen innerhalb der Species die doch immer nur aus einer geringen Anzahl von Fällen abgeleiteten specifischen Gesetze zu allgemein ausfallen, kann es nicht fehlen, daß auch die im Folgenden enthaltenen Angaben zur Charakteristik verschiedener Baumspecies in der Folge bei umfassenderer Vergleichung häufig Modificationen in Beziehung auf die Ausdehnung ihrer Giltigkeit, unbeschadet der Richtigkeit meiner Beobachtungen, erfahren werden.

§. 2.

Der Baum als Gegenstand der morphologischen und biologischen Betrachtung.

Der Gesichtspunkt, von welchem die vorliegende Untersuchung ausgeht, ist aber eigentlich folgender.

Zu einer gedeihlichen Lösung der obigen systematischen Aufgabe muſs nämlich nothwendig eine andere vorausgehen. Zwei verschiedene Gegenstände laſsen sich bekanntlich nur dann vergleichen, wenn beide unter einem gemeinschaftlichen Begriff aufgefaſst werden und dieser Begriff vorher in seine einzelnen Factoren gegliedert ist, — mit anderen Worten, wenn vorher das Gesetz jedes einzelnen Gegenstandes bekannt ist und daraus die Vergleichungspunkte abgeleitet worden sind. Pflanze und Thier laſsen sich nur unter dem höheren Begriff: organisches Wesen, und nach den aus der Natur eines organischen Wesens sich ergebenden Gesichtspunkten vergleichen. Die Vergleichung der verschiedenen Pflanzen untereinander im Sinne der bisherigen Systematik setzt die Erkenntnis von einer gewissen Anzahl bei den verschiedenen Pflanzen sehr verschiedener, im Wesentlichen jedoch gleichbedeutender und nach einem gemeinschaftlichen Gesetz miteinander verknüpfter Organe (Wurzel, Stamm, Blatt, Blüthentheile) voraus. Linné's *Systema vegetabilium* würde ohne dessen *Philosophia botanica* keinen Sinn haben, — und die Ausbildung des natürlichen Systems wird gleichen Schritt gehen müſsen mit der Ausbildung der von Goethe begründeten Metamorphosenlehre oder, wenn man lieber will, der Morphologie und Physiologie der Pflanze im Allgemeinen. Kurz, es handelt sich zunächst um die Erforschung des Gesetzes der einzelnen Pflanze oder der Pflanze an und für sich. In höherem Grade als für die einfachen Pflanzen oder für den einzelnen blühenden Baumzweig gilt diese Forderung, wenn es sich um die Vergleichung der zusammengesetzten Pflanzen, insbesondere der baumartigen Gewächse handelt. Man versuche es, zwischen einer *Buche* und einer *Eiche* durch Vergleichung obiger Gröſsenverhältnisse einen klaren Unterschied festzustellen; — das Messen und Zählen kann nur zum Ziele führen, wenn es planmäſsig geschieht. Der Baum, so wie er da vor mir steht, bietet durchaus keinen Angriffspunkt für die Beobachtung dar. Was ist für die nmittelbare Anschauung eine Baumkrone Anderes als ein Gewirre von unzähligen Aesten, ein sinnebetäubender Abgrund von Unordnung? Doch nein, der Anblick eines Baumes würde dem Auge oder dem sinnlich-geistigen Beschauer nicht jene hohe Befriedigung, jenen Eindruck einer unserem eigenen Selbst verwandten Welt gewähren, welchen jeder Einzelne an sich erfahren hat, — die menschliche Phantasie würde nicht die Bäume mit Dryaden bevölkert haben, wenn nicht aus dem Chaos der Aeste heraus, wo nicht eine Persönlichkeit doch eine Individualität oder, was dasselbe ist, ein Gesetz der Einheit und Ordnung zu uns spräche. Nun so möge denn die Forschung, die ja überall ihre ersten Impulse und Fingerzeige einem Instinct verdankt, sich aufmachen, um den Grund jener Befriedigung des Gefühls wifsenschaftlich zu zergliedern, jene subjectiv geahnte Einheit und Ordnung in der unbegrenzten Gliederung, kurz das Gesetz in der Mannigfaltigkeit, die Einheit in der Vielheit, den Plan, nach welchem sich die Baumgestalt auferbaut, auf objective Weise, d. h. nach absoluten oder mathematischen Bestimmungen darzustellen versuchen. Ein Anlauf zur Lösung der genannten Aufgabe ist der Zweck der vorliegenden Schrift.

Noch fehlt aber der Aufgabe eine wesentliche Bestimmung. Wenn wir nämlich nach den im Bisherigen ausgeführten Grundsätzen die Gestalt eines Baums construieren, so werden wir zwar sicher ein richtiges Bild derselben in unserem Geiste erhalten, und dasselbe wird eine um so allgemeinere d. h. wifsenschaftlichere Bedeutung bekommen, aus je zahlreicheren beobachteten Fällen dasselbe abstrahiert worden ist. Nichts desto weniger würde diefs eine sehr äufserliche, einseitige Auffafsung sein, durch welche wir das Wesen der Baumgestalt so wenig erschöpften als derjenige die volle Eigenthümlichkeit eines Volkes erfafsen würde, welcher sich mit der treusten Schilderung des gegenwärtigen Zustandes von des Volkes Zahl und Macht, Sitte und Beschäftigung, Gesittung und Bildung begnügen wollte, ohne alles diefs im Zusammenhang mit der Geschichte des Volkes zu betrachten. Unsere oben bezeichnete Betrachtungsweise liefse sich ebenso gut auch auf einen künstlich von Menschen nachgebildeten Baum oder auf ein menschliches Kunstwerk, etwa ein Gebäude, anwenden. Der Baum als Werk der Natur bietet dagegen wesentlich neue Seiten der Betrachtung dar.

Der Baum ist aber ferner auch nicht blofs ein Krystal-

lisationsproduct wie der Bleibaum oder die dendritischen Bildungen an dem gefrorenen Fenster; seine Gestalt ist eine organische, sie ist nicht nur ein fertiges Raumgebilde, sondern zugleich ein Zeitgebilde, ein gewordenes Raumgebilde. Dieses
Werden ist aber nicht blofs ein Gröfserwerden, sondern eine Entwickelung. Die Gestalt des Baums quillt aus dem verborgenen
Grund des Lebens heraus, — indem sie sich auferbaut, durchläuft
sie die mannigfaltigsten Phasen nach eigenthümlichen Lebensge-
setzen. Die wunderbare Schönheit der Form, die Harmonie, der
Ausdruck der Einheit in der mannigfaltigen Gliederung allein
genügt nicht, den eigenthümlichen Zauber zu erklären, welcher das
Gemüth des sinnig anschauenden Menschen aus der gewaltigen
Fiche anweht; ein ebenso kunstreiches Gebäude von Menschenhän-
den würde diesen Eindruck nicht hervorrufen; es ist auch nicht
blofs der Reiz, den das Schwellen der Knospen im Frühling, das
Ausbrechen eines neuen Lebens aus dem ruhenden Körper des
Baums auf das Gemüth ausübt; — der Grund jener Stimmung
liegt vielmehr wesentlich in dem Gedanken oder in dem unbewufsten
Gefühl, dafs dieser Baum so manches Geschlecht der Menschen
an sich vorbeigehen liefs, — in dem Gefühl, dafs in diesem Baum
selbst Jahrhunderte ihre Spuren hinterlafsen, in ihm gleichsam
sich verkörpert haben. Auch für die wifsenschaftliche Betrachtung
sollten wir in dem Baum nicht sowohl einen Körper, welcher auf
diese oder jene Weise zu Stande gekommen ist, als vielmehr den
Inbegriff des ganzen Entwickelungsprocesses vor Augen haben,
welcher successive verkörpert sich räumlich vor unseren Augen
darstellt, um als Denkmal seiner Geschichte zu uns zu reden. Wie
der Baum nach und nach zu der Gestalt gekommen ist, welche
jetzt vor unseren Augen erscheint, vor Allem die Gesetzmäfsigkeit,
welche sich in diesem Werden offenbart, unendlich reicher und
ausgeprägter als blofs in den Dimensionen und Zahlenverhältnissen
des gegenwärtigen Stadiums offenbart, ist es, was den Gegenstand
unserer Untersuchung bilden mufs. Von der Gesammtform der
Holzgewächse gilt, weil dieselbe weit tiefer in der Vergangenheit
wurzelt, in weit höherem Grade, als für das einzelne Organ, die
Bedeutung der Entwickelungsgeschichte. Die Morphologie der
Pflanze mufs vor Allem beim Baume zugleich eine Biologie sein.

Die Frage entsteht nun, auf welche Weise wir im Stande sind,
die Blätter dieser Vergangenheit zu öffnen? Von einer Verfolgung

des Baumindividuums in seiner zeitlichen Entwickelung von Jahr zu Jahr kann natürlich nichts Erhebliches erwartet werden; das Leben eines Beobachters würde kaum hinreichen, dem Baum über seine Jugendzeit hinaus zu folgen. Dazu noch die Schwierigkeit, die Beobachtung über mehrere Individuen und Baumarten auszudehnen. Noch weniger würde die Anwendung der für die Entwickelungsgeschichte des einzelnen Organs geltenden Methode, Vergleichung verschiedener die successiven Entwickelungsstufen darstellender Individuen, zum Ziel führen, eben weil die in jenem Fall bestehende Berechtigung, zwei an einer wachsenden Pflanze übereinander stehende oder an zwei Exemplaren derselben Pflanzenart correspondierende Blätter u. s. w. als identisch vorauszusetzen, für die Baumgestalt wegen der aufserordentlichen Mannigfaltigkeit des individuellen Typus nicht oder doch nur innerhalb sehr enger Grenzen zugegeben werden kann. Doch wird es in unserer weiteren Untersuchung nicht an Gelegenheit fehlen, auch von den beiden eben genannten Methoden geeignete Anwendung zu machen.

Es handelt sich jedoch vor Allem um ein Mittel, einen jeden einzelnen Baum von dem Stadium aus, in welchem er sich uns darbietet, in seine Vergangenheit zurückverfolgen zu können, so wie wir in den Schichten unserer Erdrinde die Blätter aufschlagen, auf welchen die Entwickelungsgeschichte des Planeten aufgezeichnet steht. Nicht minder schön hat sich das stufenweise Wachsthum des Baums in den Jahresringen des Holzkörpers ausgeprägt, so dafs wir an dem Querschnitt eines gespaltenen Baums mit Bestimmtheit ablesen können, z. B. dafs vor vierzig Jahren ein Mensch seinen Namen in den Stamm des damals 120 Jahre alten Baums eingeschnitten, oder ein Beil eingeschlagen hat. Wir können ferner durch Zählung der Holzringe jede einzelne Axe des Baums ihrem Alter nach, sowie alle gleichzeitig entstandenen Stellen des Baums bestimmen, und dadurch den jährlichen Zuwachs von Jahr zu Jahr vom Anfang bis jetzt verfolgen. Durch das hierbei unvermeidliche Zerstückeln des Baums in unzählige Abschnitte würde aber, wie leicht begreiflich, die Form des Ganzen, um deren allseitige Untersuchung es sich handelt, für die Beobachtung sofort verloren sein, — der relativ unmöglichen Ausführung nicht zu gedenken.

Da sehen wir denn zum Glück eine andere Schichtenbildung in der Richtung der Längenentwickelung, welche Richtung

überdieſs für den Aufbau der Gestalt und somit für unsere Beobachtung vorzugsweise maaſsgebend ist. Nach derselben Periodicität,
welche sich in dem inneren Bau des Holzkörpers, in jenen Jahresringen, ausprägt, thürmen sich an der einfachen Axe des Baums
auch der Länge nach eben so viele Glieder aufeinander als die
Zahl der Jahre ihres Daseins; und ebenso deutlich wahrnehmbar
wie zwischen den Schichten des Holzes zeichnet sich die Jahresgrenze zwischen je zweien solcher Längenglieder an der Oberfläche
der Rinde. Wenn im Frühling aus dem Innern der aufgebrochenen
Winterknospe des Baums der junge Trieb sich entfaltet, indem die
Laubblätter an der sich verlängernden Axe auseinander gehoben
werden, und die braunen Schuppen der zersprengten Hülle abfallen, dann bleiben die mehr oder weniger ringförmigen Narben,
welche die letzteren oder die äuſsersten derselben am Grund des
jungen Triebes hinterlaſsen, einander genähert, und man erkennt
an diesem geringelten Gürtel nicht nur während des laufenden
Jahres die Stelle, wo im vergangenen Winter die Ruhestätte des
wachsenden Sproſses gewesen ist, sondern man ist, da sich diese
Knospenspur auch noch mehrere, oft viele Jahre an der Oberfläche der älter werdenden Rinde sichtbar erhält, sowohl im Stande,
durch Zählung solcher Spuren längs einer Axe das Alter der letzteren ebenso leicht und noch leichter und sicherer als durch jene
anatomische Untersuchung zu bestimmen, als auch die verschiedenen
Jahresstücke einer älteren Axe bis zu einer Reihe von Jahren hinauf miteinander zu vergleichen und auf diese Art das Längenwachsthum dieser Axe in seiner Aufeinanderfolge sich zu verge-
genwärtigen; — ja wir sind, wenn wir unser Messen und Zählen
auch auf die hierdurch dargebotene Gliederung des Baums anwenden, nunmehr im Stande, selbst in einem winterlichen zusammengesetzten Reiſs die ganze Geschichte seines Wachsthums auf die
kürzeste und leichteste Weise so vollständig abzulesen, als hätten
wir dasselbe die ganze Zeit seines Daseins hindurch von Jahr zu
Jahr beobachtet und aufgezeichnet. Am deutlichsten finden wir
diese Knospenspuren gezeichnet bei der *Buche, Kornelkirsche, Vogelbeere, Roskastanie, Ahorn,* Obstbäumen etc., minder deutlich bei
der *Eiche, Birke, Hainbuche, Erle, Linde, Fichte* etc.; wo sie
aber auch noch weniger ausgezeichnet sind (z. B. *Rhamnus Frangula*) oder wo sie an älteren Axen durch das Wachsthum und die
Veränderungen der Rinde unkenntlich werden, da fehlt es nicht

an anderen Merkmalen, durch welche uns der Baum die jährlichen Grenzen seines Längenwachsthums erkennen läfst, und welche unten näher bezeichnet werden sollen.

Welche reiche Ausbeute dieses einfache Verhältnis der Organisation für das Verständnis verspricht, welches weite Feld für Beobachtung, welche Aussicht auf eine aufserdem fast gänzlich verschlofsene Seite der Baumform sich dadurch eröffnet, werde ich dem Leser am anschaulichsten machen, indem ich vor dessen Augen an einem bestimmten Baumreifs jene Betrachtung anstelle. Ich wähle hierzu das zwei Fufs lange Ende eines etwa mannshohen Buchenbäumchens in seinem winterlichen Stadium.

Aus der Annahme, dafs die einzelne Axe des Baums in jedem Jahr einen aber auch nur einen Trieb aus ihrer Spitze erzeugt, d. h. jährlich einmal durch die Anlage einer Winterknospe eine Unterbrechung erleidet, also in jedem Jahr eine Knospenspur hinterläfst (und wir werden unten schon, dafs diese Voraussetzung im Allgemeinen richtig ist), ergibt sich, dafs wir von irgend einem Punkt unseres Buchenreifses aus nach der Spitze der betreffenden Axe die Knospenspuren zu zählen brauchen, um die Zahl der Jahre zu erfahren, während deren das Wachsthum von jener Stelle aus gedauert hat. Diese Zahl bleibt sich natürlich, mag man von diesem Punkt aus in der Richtung derselben Axe oder seitlich in die Nebenaxen bis zu deren Spitzen zählen, gleich, was in solchen Fällen nützlich ist, wo durch Zerstörung der Spitze oder anderer Umstände die Beobachtung an der Axe, von welcher ausgegangen wird, schwierig oder unsicher ist. Wir sind hiernach im Stande:

1) das Alter jeder Axe oder jedes Axenstücks an einem beliebigen Punkte anzugeben; so folgt z. B. für das vorliegende im März 1853 abgeschnittene Reifs (Tab. I, Fig. VI) aus den sechs Knospenspuren an der Hauptaxe, dafs dieselbe sechs Jahre alt ist, d. h. im Sommer 1847 ihr Wachsthum begonnen hat, — ebenso dafs der erste Seitensprofs von unten (a) seit 1849 existiert u. s. w.

2) Wir können ferner für jede Axe den Punkt angeben, wo in einem gegebenen Jahr, z. B. 1848, das Wachsthum seinen Sitz, resp. (wenn wir uns an die Knotenpunkte halten) seinen Ruhepunkt gehabt hat, indem wir umgekehrt von der Spitze aus so viele Knospenspuren abwärts zählen als das Jahr 1848 von 1852 entfernt ist, also für den Winter 18⁴⁸/₄₉: vier. Wenn wir diefs nun

für jede einzelne Axe des Reifses ausführen, so sind wir dadurch im Stand, für jeden beliebigen Zeitpunkt, z. B. für den Winter 18⁴⁸/₄₉ die Dimensionen d. h. den Umfang und die Form des Umrifses, kurz das Bild, welches unser Reifs damals dargeboten hat, auf das Genauste zu construieren, mithin auch die verschiedenen Phasen desselben in allen sechs Jahren seines Daseins mit Leichtigkeit zu vergleichen.

3) Da uns in zwei aufeinander folgenden Knospenspuren die untere und obere Grenze, also das Maafs für das Längenwachsthum eines gewissen Jahres gegeben ist, so brauchen wir nur den Maafsstab anzulegen, um den jedesmaligen Längenzuwachs jeder beliebigen Axe in den einzelnen Jahrgängen in absoluten Gröfsen zu bestimmen; es liegt also die Art und Weise, wie die gegenwärtige Länge einer Axe nach und nach zu Stande gekommen ist, d. h. die ganze Geschichte ihres Wachsthums, vor unseren Augen. So ist z. B. die 25½'' lange Hauptaxe unseres Reifses in folgender Weise gewachsen:
1847: 8'', 1848: 6'', 1849: 5'', 1850: 1½'', 1851: 2½'', 1852: 2½'' *).
Für den oben genannten siebenten Seitenzweig (a) an dieser Hauptaxe finden wir für die vier Jahre seines Daseins von 1849 — 52 folgende Wachsthumsreihe: 1'', 1'', 2½'', 2½''; — für den fünften Seitenzweig von 1848 — 52 die Reihe: 4½'', 2'', ½'', 3½'', 6''; während der unterste Seitenzweig nur eine Länge von 10 Linien erreicht hat, weil in den fünf Jahren seines Daseins das Wachsthum fast nur auf eine jedes Jahr neu angelegte Knospe mit einer 2 Linien langen Axe beschränkt ist.

Wir sehen aus diesen wenigen Beispielen bereits, dafs das Längenwachsthum in jeder einzelnen Axe in den aufeinander folgenden Jahren nicht gleichmäfsig fortschreitet, dafs vielmehr kräftige Jahrgänge mit kümmerlichen wechseln, dafs das Wachsthum zuweilen gehemmt, im folgenden Jahr wieder kräftiger anhebt. So bewegt sich dasselbe im fünften Zweig zwischen den Extremen ½'' und 6'', und in anderen Fällen wechseln wohl Jahrgänge von wenigen Linien mit solchen von zwei Fufs an einer und derselben Axe. Es eröffnet sich, indem wir auf diese Weise die zeitliche Entwickelung des Baums ins Auge fafsen, ein neues Gebiet der

*) Sämmtliche Längenmaafse in dieser Schrift sind in Pariser Fufsen, Zollen, Linien angegeben.

Mannigfaltigkeit, nicht geringer als die, welche wir durch blofse Vergleichung der räumlichen Dimensionen bewundern.

Wir sehen ferner bei der Vergleichung der beobachteten vier Axen, dafs dieselben, abgesehen von ihrer verschiedenen Gesammtlänge, womit denn auch für die kleineren Axen ein durchschnittlich geringeres jährliches Wachsthum zusammenhängt, in ihrer ungleichmäfsigen Verlängerung nicht parallel miteinander fortschreiten, dafs ein gewisser Jahrgang der einen Axe nicht in demselben Verhältnis zu dem vorhergehenden und folgenden Jahrgang oder zu der Gesammtlänge steht, wie bei einer anderen Axe, — dafs vielmehr (und je weiter wir unsere Vergleichung ausdehnen, um so auffallender wird diese Erscheinung) unter den verschiedenen zusammengehörigen Axen eine unbegrenzte individuelle Freiheit herrscht. Jeder Zweig hat nicht nur seine eigenthümliche Länge, sondern auch seine eigenthümliche Wachsthumsgeschichte; und wie zwei verschiedene Menschen um so weiter in ihrer Persönlichkeit auseinandertreten, je mehr wir deren Entwickelungsgang und Schicksale in Betracht ziehen, so eröffnet sich für uns bei dieser biologischen Ansicht der Baumgestalt ein bis dahin ungeahnter Blick in das Streben der Natur nach Individualisierung. Der Baum ist uns nun nicht mehr ein bunter Complex von gröfseren und kleineren aber im Wesentlichen gleichen Gliedern, sondern eine organische Vereinigung von selbständigen in ihrer Entwickelung eigenthümlichen Individualitäten.

Aus der eben erwähnten Wahrnehmung, dafs das Wachsthum der verschiedenen Axen eines Systems nicht in gleichen geometrischen Verhältnissen fortschreitet, ergibt sich noch eine andere Betrachtung über die Entwickelung der Gesammtform dieses Reifses, nämlich die, dafs die Bilder, welche dasselbe in den aufeinander folgenden Jahren darbietet, untereinander nicht mathematisch ähnlich sein können, was bekanntlich nur stattfindet, wenn bei zwei Figuren die correspondierenden Dimensionen in geometrischem Verhältnis mit den übrigen stehen, dafs also das Wachsthum eines ganzen Systems von Axen wie unser Reifs oder wie der ganze Baum nicht blofs eine Vergröfserung, sondern eine Entfaltung immer neuer Entwickelungsphasen ist. — Doch ich bin in Gefahr, der folgenden Darstellung vorzugreifen.

4) Gehen wir einen Schritt weiter in der Beobachtung unserer kleinen Baumkrone. Nicht nur die abgefallenen Schuppen der Win-

terknospe hinterlafsen ihre Spuren als in den folgenden Jahren noch wahrnehmbare ringförmige Narben, das Gleiche gilt auch von den an der gestreckten Axe zerstreuten grünen Laubblättern, und deren erst am älteren Stamm vollkommen oft gar nicht vernarbende Ansatzstellen bieten uns Stoff für eine neue Betrachtung, indem wir durch Zählung der zwischen je zwei Knospenspuren befindlichen Blattnarben und durch die zeitliche Bestimmung dieses Axenstückes jeder einzelnen Axe und des ganzen Baums nachrechnen können, wie grofs die in jedem Jahr erzeugte Anzahl von Blättern gewesen ist, und hiermit hat, von anderen wichtigen Anwendungen dieser Beobachtung für jetzt abgesehen, die Einbildungskraft die Thatsachen, um sich die Gestalt eines Baums oder Zweigs, deren Gerippe nach dem Vorhergehenden für jedes Lebensstadium construirt werden kann, nun auch durch das Bild der Belaubungsweise, wie sie jedesmal wirklich gewesen ist, zu beleben.

5) Noch leichter ist es, die Zahl der an der einzelnen Axe in jedem Jahr von den in jeder Blattachsel vorhandenen Knospe oder Knospenanlage wirklich zur Ausbildung gelangten Seitenaxen (Sprofse) zu bestimmen; so sind z. B. an unserem Reifs die ersten fünf Seitenaxen im ersten Jahr, das Ganze nämlich 1847 als Knospen angelegt, im folgenden zur Entwickelung gelangt, die drei folgenden 1848, im Jahr 1849 entstanden wiederum zwei, 1850 zwei, 1851 eine; 1852 sind zwei Knospen angelegt; — der achte Seitenzweig hat im ersten Jahr seines Daseins 1849 einen, im folgenden Jahr 1850 gar keinen Seitentrieb erzeugt u. s. f., so dafs hiermit die Geschichte der Verzweigung des Baums begründet ist.

6) Nehmen wir dazu noch, dafs bei manchen Bäumen auch die Blüthen ihre Spuren, sei es als vertrocknete Blüthenstiele oder als eigenthümliche Narben hinterlafsen, um sie wenigstens bis zu einem gewissen Alter hinauf zu erkennen und so auch die Geschichte des Blühens in das geschichtliche Bild des Baums einzureihen, — und bedenken wir, dafs auch andere Erlebnisse des Baums, eine gänzliche Stockung des Wachsthums an einzelnen Stellen während eines oder mehrerer Jahre, die Zerstörung einer Spitze u. s. w. ihre Spuren hinterlafsen, und deshalb und weil für unsere mit den obigen Mitteln ausgerüstete Wahrnehmung an jeder Stelle des Baums gleichsam die Jahreszahl ihres Entstehens angeschrieben steht, der Zeit nach genau bestimmt werden kann, — nehmen wir endlich hinzu, dafs in der Schichtenbildung

Tabelle A.

Gen.	Spr.		1847			1848			1849			1850			1851			1852		
I.			8″	8	5	6″	6	3	5″	5	2	1 1/2″	4	2	2 1/2″	5	1	6″	6	3
II.	1		—	—	—	1/6	2	—	1/6	2	—	1/6	2	—	1/6	2	—	1/6	2	—
—	2		—	—	—	1/6	2	—	1/6	2	—	1/6	2	—	1/6	2	—	1/6	2	—
—	3		—	—	—	1/2	4	—	1/3	3	—	1/4	3	—	1	4	1	1/2	3	—
—	4		—	—	—	3	5	3	1/2	3	1	1/2	3	—	1/2	3	—	3	5	2
—	5		—	—	—	4 1/2	6	3	2	5	2	1/2	2	—	3 1/2	5	2	6	6	4
—	6		—	—	—	—	—	—	1/4	2	—	1/4	4	—	1/3	3	—	1	3	1
—	7		—	—	—	—	—	—	1	4	—	1	5	1	2 1/2	5	2	2 1/2	4	2
—	8		—	—	—	—	—	—	1 1/3	4	1	1/2	3	—	3 2/3	5	3	5	6	3
—	9		—	—	—	—	—	—	—	—	—	1/3	3	—	2 1/2	6	3	4 1/2	6	2
—	10		—	—	—	—	—	—	—	—	—	1/3	3	—	4	6	3	1/6	2	—
—	11		—	—	—	—	—	—	—	—	—	—	—	—	1/3	3	—	1/3	3	—
—	12		—	—	—	—	—	—	—	—	—	—	—	—	1 1/2	4	1	5	6	2
—	13		—	—	—	—	—	—	—	—	—	—	—	—	—	—	—	1/2	4	—
Summa für Gen. II.						8 1/2″	19	6	5 3/4″	25	4	4″	30	1	20″	48	15	29″	52	16
Mittlerer Werth des Jahrgangs für je einen Sprofs . .						1 2/3″	4	1 1/5	3/4″	3	1/2	2/5″	3	1/10	1 2/3″	4	1 1/4	2 1/4″	4	1 1/4
III.	3	*a*	—	—	—	—	—	—	—	—	—	—	—	—	—	—	—	1/6″	3	—
—	4	*a*	—	—	—	—	—	—	1/6	3	—	1/6	3	—	1/6	3	—	1/6	3	—
—	—	*b*	—	—	—	—	—	—	1/6	3	—	1/6	3	—	1/6	3	—	1/6	3	—
—	—	*c*	—	—	—	—	—	—	1/6	3	—	1/6	3	—	1/4	3	—	1/4	3	—
—	—	*d*	—	—	—	—	—	—	—	—	—	1/10	1	—	1/10	1	—	1/10	1	—
—	5	*a*	—	—	—	—	—	—	1/6	3	—	1/6	3	—	1/6	3	—	1/6	3	—
—	—	*b*	—	—	—	—	—	—	1/3	4	—	1/3	3	—	2	5	2	2	5	2
—	—	*c*	—	—	—	—	—	—	1/6	2	—	1/6	3	—	1/4	3	—	1/4	3	—
—	—	*d*	—	—	—	—	—	—	—	—	—	1/6	3	—	1/6	3	—	1/6	3	—
—	—	*e*	—	—	—	—	—	—	—	—	—	1/4	3	—	1/4	3	—	3/4	5	1
—	—	*f*	—	—	—	—	—	—	—	—	—	—	—	—	—	—	—	1/6	3	—
—	—	*g*	—	—	—	—	—	—	—	—	—	—	—	—	—	—	—	1 2/3	5	1
—	7	*a*	—	—	—	—	—	—	—	—	—	—	—	—	1/6	3	—	1/6	3	—
—	—	*b*	—	—	—	—	—	—	—	—	—	—	—	—	—	—	—	1/6	3	—
—	—	*c*	—	—	—	—	—	—	—	—	—	—	—	—	—	—	—	1/6	3	—
—	8	*a*	—	—	—	—	—	—	—	—	—	1/6	3	—	1/6	3	—	1/6	3	—
—	—	*b*	—	—	—	—	—	—	—	—	—	—	—	—	—	—	—	1/6	3	—
—	—	*c*	—	—	—	—	—	—	—	—	—	—	—	—	—	—	—	2/3	4	—
—	9	*a*	—	—	—	—	—	—	—	—	—	—	—	—	—	—	—	1/6	3	—
—	—	*b*	—	—	—	—	—	—	—	—	—	—	—	—	—	—	—	1/6	3	—
—	—	*c*	—	—	—	—	—	—	—	—	—	—	—	—	—	—	—	1	5	—
—	10	*a*	—	—	—	—	—	—	—	—	—	—	—	—	—	—	—	1/6	3	—
—	—	*b*	—	—	—	—	—	—	—	—	—	—	—	—	—	—	—	1/6	3	—
—	—	*c*	—	—	—	—	—	—	—	—	—	—	—	—	—	—	—	1/6	3	—
—	12	*a*	—	—	—	—	—	—		—	—	—	—	—	—	—	—	1/6	3	—
Summa für Gen. III						—	—	—	1 1/6″	18	—	1 1/2″	28	—	3 1/2″	33	2	9 3/4″	82	4
Mittlerer Werth des Jahrgangs für je einen Sprofs . .						—	—	—	1/6″	3	—	1/6″	3	—	1/3″	3 1/3	1/5	2/5″	3 1/4	1/6

im Inneren des Holzkörpers zugleich die Geschichte des Dickenwachsthums mit seiner eigenthümlichen Periodicität und mit etwaigen
ungewöhnlichen Erscheinungen (Verletzung der Rinde) mit leser-
licher Schrift eingezeichnet ist, — so ist es genug, um einzusehen,
daß unsere oben ausgesprochene Forderung an die Morphologie
des Baums, denselben als einen Entwickelungsprocess der Untersuchung zu Grunde zu legen, auch in der Möglichkeit wohl begründet ist.

Um die in der nachfolgenden Untersuchung zu Grunde liegende
Methode noch anschaulicher zu machen, sei es erlaubt, eine Probe
an einem einzelnen Beispiel mitzutheilen, wozu ich das oben bereits
betrachtete Buchenreis wähle. Nachdem dasselbe durchgehends
in der oben angegebenen Weise beobachtet worden ist, sind die
gefundenen Größen in der Tabelle *A* zusammengestellt. In
den Längscolumnen steht das Wachsthum nach den aufeinander
folgenden Jahren verzeichnet und zwar in der ersten Zahl das
Längenwachsthum (in Pariser Zollen), in der zweiten die entsprechende Blätterzahl, in der dritten die Zahl der an diesem
Jahrestrieb erzeugten Seitenaxen. Die verschiedenen Axen des
ganzen Reises sind nach den drei Generationen geordnet und die
coordinierten Seitenaxen einer primären Axe allemal von unten
nach oben gezählt.

So haben wir in dieser Tabelle einen numerischen in der Art
vollständigen Ausdruck für unseren Buchenzweig, daß wir aus derselben im Stande sind die Gestalt dieses Zweiges nicht nur in ihrem
gegenwärtigen Stadium, sondern auch in ihrer stufenmäßigen Entwickelung zu construieren. Die Ausführung hiervon möge denn
zugleich als einzelne Probe, wie diese Tabelle für die Betrachtung
des Baums ausgebeutet werden kann, genügen, indem wir uns dabei überdieß bloß auf die Längendimension des Axensystems beschränken. Dadurch, daß wir in den aufeinander folgenden Jahren jede Axe um das entsprechende Stück von den Enden aus ver-
kürzen, erhalten wir die auf der Tafel I dargestellten Bilder,
in denen wir die sechs verschiedenen Phasen der Gesammtform
unseres Reises nebeneinander sehen. Wir bemerken daran, daß
dieselben zwar im Allgemeinen denselben individuellen Typus bewahren, daß aber, wie schon oben bemerkt, zugleich mit der
Vergrößerung sich eine gewisse Freiheit verbindet, daß die Um-
risse nicht nur einem schwellenden sondern zugleich in mannig-

faltigen Fluctuationen bewegten Wasserstrom gleichen; daſs wir es bei dem wachsenden Baum nicht mit einem starren durch parallelen Schichtenansatz wachsenden Krystall, sondern mit einem gleichsam elastischen organischen Körper zu thun haben. Man wird freilich sagen, daſs eine solche Betrachtung eines einzelnen Theils von einem einzelnen Baum nur eine sinnreiche Spielerei sei. Freilich ein allgemeines Gesetz haben wir bei der unbegrenzten Verschiedenheit der Baumgestalten hiermit noch nicht, es müſste denn eben die letzte Betrachtung, welche wir ohne Zweifel auf die Baumentwickelung im Allgemeinen auszudehnen berechtigt sind, als ein wiſsenschaftliches Resultat angesehen werden. Jedenfalls trägt eine derartige individuelle Beobachtung einen ästhetischen Lohn für den Beobachter selbst in sich, indem sie den erhabenen Reiz, welchen die Auffaſsung geschichtlicher Entwickelung überhaupt gewährt, auf einem Gebiet verleiht, wo man gewöhnlich am wenigsten davon berührt wird. Diese Betrachtungsweise läſst uns nicht nur des unbestimmten Gefühls von Befriedigung und Wohlgefallen, das wir beim Anblick des Baums empfinden, bewuſst werden, — sie wird zugleich, indem wir uns dadurch gewöhnen, den Baum mit anderen Augen, d. h. eben nicht als starre Form, sondern als lebendigen aus der Vergangenheit hervorquellenden Lebensstrom aufzufaſsen, der Physiognomie des Baums einen neuen und bedeutungsvollen Ausdruck mittheilen und dadurch die ästhetische Befriedigung unendlich steigern. Wie aber auſserdem für die wiſsenschaftliche Untersuchung unsere Tabelle eine reiche Fundgrube interessanter Resultate darbietet, wie wir nämlich dadurch, und wenn wir diese Beobachtung auf verschiedene Glieder des ganzen Baums, auf andere Individuen derselben Baumart und auf die anderen Baumarten ausdehnen, und zugleich die weiter oben bezeichnete Methode, die rein räumlichen Verhältnisse darzustellen, damit verbinden, zu dem Ziel unserer Aufgabe, zu einer Einsicht in die innere Gesetzmäſsigkeit der Baumgestalt gelangen können, möge die folgende Untersuchung zeigen. Ich bemerke nur noch, daſs der letzteren eine gröſsere Zahl von solchen biologischen Tabellen, hauptsächlich der *Buche* entnommen, zu Grunde liegt, daſs dieselben aber noch einer unendlichen Vervollständigung bedürfen, indem die Benutzung des Materials für diese Art von Beobachtungen, insbesondere die freie und ungestörte Benutzung ganzer Bäume mit bedeutenden äuſseren Schwierigkeiten verbunden ist, welche mir bis jetzt zu überwinden nicht vergönnt war. Gleichwohl scheinen mir die Ergebnisse aus meinen Beobachtungen schon einer vorläufigen Mittheilung würdig, um so mehr, als ich hoffen darf, dadurch tüchtigere Mitarbeiter an gegenwärtiger Aufgabe, etwa unter wiſenschaftlich strebenden Forstleuten, welche hierzu vorzugsweise berufen sind, anzuwerben.

Insbesondere wünsche ich durch diesen Versuch auch auf eine ebenso nahe liegende als bisher unbenutzte, ebenso einfache als ergiebige Methode aufmerksam zu machen. Entwickelungsgeschichte ist die Losung des Tages in der Botanik. Aus dem oben Angeführten ist bereits ersichtlich, daſs man selbst an dürrem Reiſsig Entwickelungsgeschichte und zwar Entwickelungsgeschichte im strengsten Sinne studiren kann.

§. 3.

Die Metamorphose als Grundgedanken des Folgenden.

Ich möchte den vorliegenden Betrachtungen über die Holzgewächse die Ueberschrift: „Metamorphose des Baums" geben, um damit von vornherein den Inhalt und Grundgedanken derselben zu bezeichnen. Denn es handelt sich darum, dasselbe Gesetz, welches Goethe an der einfachen blühenden Pflanze entdeckt, und welches man sich nach ihm immer mehr gewöhnt hat mit dem wenngleich nicht völlig entsprechenden Ausdruck „Metamorphose" zu bezeichnen, auf einem anderen Gebiete, in der zusammengesetzten Pflanze nachzuweisen. Es sei erlaubt, mich vorläufig über diesen Grundgedanken näher zu erklären, um dadurch den Gang der folgenden Untersuchung als einen von der Natur vorgezeichneten zu begründen.

Wo wir einem Naturganzen begegnen (und wo ist wenigstens im Reich der Gestalten ein absolut Einfaches zu finden?), da zerfällt es in eine oder mehr als eine Reihe von Theilen oder Gliedern (z. B. die Reihe der Seitenorgane an der einfachen Pflanze von den Samenlappen bis zu Blüthe und Frucht), welche sich bei genauerer Betrachtung trotz mannigfacher Abweichungen als wesentlich identisch, als verschiedene Erscheinungsformen eines und desselben Begriffes ergeben. So erscheinen jene Seitenorgane der Pflanze nach Goethe's genialer Naturanschauung und noch bestimmter nach der wiſenschaftlichen Bestimmung der neueren Morphologie als bloſse Modification („Umwandlungen, Metamorpho-

2 *

sen") eines einzigen Grundorgans des Blattes, weil sie sämmtlich einem gleichen Bildungsgesetz unterworfen sind. Die nach unmittelbarer Anschauung verschiedenen Glieder erweisen sich nunmehr als blofse Wiederholung desselben Gliedes; und das, was nach der unmittelbaren Anschauung als ein Ganzes aufgefafst wurde, erscheint nunmehr als ein Vielfaches, als ein Complex von Einheiten. Je mehr wir aber, auf die Verschiedenheit Rücksicht nehmend, diese Einheiten miteinander vergleichen, desto schärfer sondern sie sich als ebenso viele, nach eigenthümlichen Typen ausgeprägte individuelle Bildungen (z. B. der Staubfaden durch seine anatomische und physiologische Bestimmung absolut verschieden von dem Blumenblatt, Fruchtblatt, Laubblatt). Und es tritt auf diesem Stadium der Betrachtung gerade die Mannigfaltigkeit des Naturganzen in den Vordergrund; eine Mannigfaltigkeit (der Erscheinung und der Function), welche jedoch nach dem Obigen in einer tieferen Einheit (des Begriffs) ihren Ausgangspunkt hat, und welche sich von der unmittelbar angeschauten Buntheit dadurch unterscheidet, dafs wir sie vermittelst des Gesetzes der Einheit gleichsam in unsere Gewalt bekommen haben. — Durch die Vergleichung der verschiedenen Glieder ergibt sich nun aber gerade in dieser Verschiedenheit zunächst eine gesetzmäfsige Verknüpfung der Glieder untereinander (z. B. die bestimmte Aufeinanderfolge der verschiedenen Blattorgane einer Pflanze von unten nach oben), ein eigenthümlicher Stufengang, — ferner ein durch das ganze Gebiet, welchem unser Naturganzes angehört, gleichsam gemeinsamer Grundgedanke, welcher sich durch die verschiedenen Stufen hindurchzieht, so dafs sich alle einzelnen Glieder zu einem höheren Ganzen nach einem bestimmten Plan zusammenbauen; wir erkennen zwischen den einzelnen Gliedern gerade nach ihrer Verschiedenheit gewisse gegenseitige Beziehungen, nähere oder entferntere Verwandtschaften und Gruppierungen nach dieser Verwandtschaft. Das Einzelne, wenn auch noch so eigenthümlich ausgeprägt, erscheint einseitig und strebt nach Ergänzung, indem es sich einem Ganzen unterordnet, und als Glied in einer freien Verbrüderung Aller aufgeht. So ordnen sich an der einfachen Pflanze die Blattorgane zunächst in zwei sich gegenseitig wesentlich ergänzende Gruppen: die vegetative und die reproductive Region. Und die Erforschung und Darstellung dieses die ganze Pflanze durchdringenden Planes, dieses sich über die Mannigfaltigkeit der einzelnen

Glieder erhebenden Gesetzes der höheren Einheit ist die zweite Aufgabe, mit welcher sich G o e t h e und nach dessen Vorgang mit schärferen wifsenschaftlichen Mitteln die neuere Morphologie beschäftigt *). Als die Hauptidee dieses Gesetzes fafst G o e t h e eine allmäliche Veredelung und Verfeinerung der unteren Pflanzengestalt in den oberen Stufen; als einzelne Seiten dieses Gesetzes erwähne ich noch die Abnahme des Sprofsvermögens nach oben, eine gesetzmäfsige Modification der Zahlen- und Stellungsverhältnisse der Blattorgane von unten nach oben, die nähere und entferntere Verwandtschaft zwischen den verschiedenen Stufen, den gesetzmäfsigen Abschlufs des ganzen Cyklus mit dem Samen, den sich in drei Hebungen und Senkungen bewegenden Wogengang der Metamorphose.

Wir sind hiermit zum zweitenmal zu der Vorstellung einer Einheit in jenem Naturganzen gelangt, welche sich in der Reihe der v e r - s c h i e d e n e n Glieder offenbart; das eine war die Einheit des B e - g r i f f s, in der Sprache der ·Logik eine analytische Einheit, — das andere ist nicht ein Begriff, sondern ein lebendiges zusammengesetztes Gebäude, dessen Glieder durch eine Harmonie verknüpft sind, eine synthetische Einheit, — das eine ist die tiefere, das andere die höhere Einheit, die erstere erkennen wir durch Auflösung (Abstraction) indem wir nach unten steigen, die andere, indem wir die Glieder in ihrer Eigenthümlichkeit sich vor unserem Auge zu einem Ganzen aufbauen sehen.

Wie tief das Wesen der Pflanze von diesem Gesetz der Metamorphose durchdrungen ist, beweist Al. B r a u n ' s Buch über die „V e r j ü n g u n g s e r s c h e i n u n g e n", dessen umfafsende, allen Sphären des Pflanzenbaus und Pflanzenlebens entnommene Beobachtungen nach dem einen Gesichtspunkt der Verjüngung (und das ist am Ende nur ein anderer Ausdruck für das oben erklärte Gesetz) zu einem Ganzen der Darstellung verarbeitet werden konnten.

Was wir an der einzelnen Pflanze sehen, das gilt auch in derselben Weise für die Gesammtheit mehrerer untereinander verwandter

---

*) Vergl. meine „Kritik und Geschichte der Metamorphosenlehre". 1846. In neuerer Zeit wurde dieser Theil der Morphologie besonders durch A. B r a u n (Verjüngungserscheinungen) und K ü t z i n g (philos. Bot.) u. A. ausgebaut. Ich mufs hierher auch die Beiträge rechnen, welche ich in meiner Grundlegung der Pflanzenteratologie (Marburg 1850) durch Anknüpfung an die Bildungsabweichungen zum Verständnis der tieferen Verwandtschaftsbeziehungen zwischen den Metamorphosenstufen und der ganzen Gesetzmäfsigkeit der Metamorphose geliefert habe.

Pflanzen und für das ganze Pflanzenreich. Dafs alle Gewächse unter einer Einheit, unter dem Begriff des Pflanzenwesens stehen, lehrt die Morphologie und Physiologie; ihre tausendfältige Verschiedenheit erscheint nur als Modification eines gemeinschaftlichen Typus (also Mannigfaltigkeit in der Einheit). Aber in dieser Verschiedenheit äufsern sich bestimmte Beziehungen, es herrscht ein Gesetz der Verschiedenheit, durch welches die verschiedenen Arten als Glieder eines Ganzen, der Gattung erscheinen; und so ordnen sich die verschiedenen Gattungen zu der Einheit der Familie, die Familien zu dem Gewächsreich als einem harmonischen Ganzen. Das natürliche System ist die Metamorphose der Pflanze, insofern die ganze Pflanze als Einheit zu Grunde gelegt wird.

Es würde zu weit von unserem Wege abführen, die Giltigkeit unseres Gesetzes auch in der übrigen Natur nachzuweisen.

Für den Pflanzenorganismus hat man sich bisher fast ausschliefslich auf die einfache blühende Pflanze beschränkt, für die Metamorphose der Staudengewächse hat unter Anderen Irmisch reiches und vortreffliches Material geliefert, für die Holzgewächse liegen dagegen nur sehr vereinzelte Beobachtungen vor; den Baum als ein Ganzes aus seinen Gliedern nach dem Gesetz der Metamorphose zu construieren, ist meines Wissens noch nirgends versucht worden*). Möge man deshalb das Nachfolgende als einen kleinen Versuch, diese Aufgabe anzubahnen, aufnehmen.

§. 4.
Zergliederung des Baums in seine Einheiten.

Wollen wir das Gesetz, nach welchem sich der Baum als ein zusammengesetztes harmonisches Ganzes aus seinen Gliedern auferbaut, erkennen, so müfsen wir vor Allem die Vorstellung des Ganzen in seine Einheiten, welche jenem Aufbau zu Grunde liegen, auflösen; und zwar beginnen wir mit dieser Zergliederung an dem

---

*) Schacht's bekannt gewordenes Buch: „Der Baum" 1853 erschien, als die vorliegende Arbeit der Hauptsache nach vollendet war; wenn daher dasselbe im Folgenden nicht berücksichtigt worden ist, so möge diefs nicht als ein Ignorieren gedeutet werden. Die Richtung von Schacht's Werk ist übrigens so überwiegend physiologisch, die Bestimmung so fast ausschliefslich populär, dafs sich aufser dem Titel nur verhältnismäfsig wenige Berührungspunkte mit dieser Schrift finden. Wo in demselben Schacht Neues geliefert hat, räume ich ihm gern die Priorität ein, mir selbst wenigstens die Originalität vorbehaltend.

Baum in seinem umfafsendsten Begriff, als die auf der Erdober-
fläche vertheilte Gesammtheit aller Bäume einer Species, wie sie
uns annäherungsweise in der Erscheinung z. B. eines Buchenwaldes
entgegentritt, und steigen von da stufenweise, indem jede Einheit
wieder als eine Vielheit von Elementen einer niederen Ordnung
erkannt wird, hinab bis zu der letzten nicht weiter aufzulösenden
Einheit. Diese Stufen der Zergliederung sind folgende:

1. Die Baumspecies als der Inbegriff aller im Wesentlichen gleichbedeutenden Individuen.

2. Das Baumindividuum in der Gestalt eines aus einem
Samen hervorgegangenen mit einer Hauptwurzel dem Boden
eingepflanzten Baumes.

3. Die erste und wichtigste Gliederung des Individuums erkennen wir in dem polaren Gegensatz zwischen Wurzel und
Stamm, zwei Glieder, welche theils durch die Richtung des Wachsthums, theils durch den Mangel der Blattbildung bei ersterer und
durch eine verschiedene Verzweigungsart einander unvermittelt gegenüber stehen.

4. Der aufsteigende Theil des Baums zergliedert sich zunächst
in eine Anzahl von Aesten und Zweigen, welche, abgesehen
von dem Ursprung aus einem Samen und von der Bewurzelung
mit einer Hauptwurzel, die Gesammtform des Baums mehr oder
weniger vollständig wiederholen und sich dadurch als Individuen
einer niederen Ordnung ausweisen.

5. Die einfache Axe oder der Sprofs, welcher die verschiedenen Organe des Baums, nämlich die verschiedenen Formationen
der Axe und die des Blattes resp. der Blüthe, insofern er vollständig ist, enthält und durch blofse Wiederholung die
Zweige und weiterhin den Baum zusammensetzt.

6. Der Sprofs entsteht wiederum durch die jährliche
Wiederholung desselben Wachsthums, und indem sich in dieser
Periodicität zugleich der eigenthümliche Cyklus des jährlichen
Wachsthums wiederholt und in dem äufseren Bau, z. B. in den
oben erwähnten Knospenspuren, ausgeprägt wird, haben wir in dem
Jahrestrieb die nähere Einheit des ganzen Sprofses.

7. Jeder Jahrestrieb besteht wieder aus mehreren im Wesentlichen gleichwerthigen Stengelgliedern oder Internodien,
deren jedes die beiden wesentlichen oder Grundorgane der Pflanze,
die Axe und das Blatt, in der Einzahl enthaltend das wahre

Individuum des Baums auf dieser Stufe der Zergliederung darstellt, und als solches häufig, z. B. wo eine gewisse Auszeichnung
des Knotens in der Dicke oder Richtung der Axe stattfindet, auch
der äufseren Erscheinung nach von den benachbarten Gliedern abgegrenzt wird.

8. Nachdem wir mit dem einfachen Stengelglied, was die
äufsere Gestalt des Baums betrifft, bei dem einfachsten Element
angelangt sind, schlagen wir in unserer zergliedernden Betrachtung
eine andere Richtung ein, indem wir uns in ähnlicher Weise zu
der inneren Gestaltbildung wenden. So zerfällt denn in
dieser Beziehung die Axe zunächst in zwei wesentlich gleichwerthige
Systeme, die Rinde und der Holzkörper, als die zwei obersten Einheiten der anatomischen Zusammensetzung; denn in beiden
wiederholen sich dieselben Hauptgewebsformen: eine parenchy-
matische Schicht (äufsere grüne Schicht der Rinde einerseits und
das Mark des Holzkörpers andererseits) und eine faserige Schicht
(der Bast in der Rinde und der Gefäfsbündel oder Holzring des
Holzkörpers).

9. Dieser faserige Theil erscheint wegen seiner mit der jährlichen Periodicität des Wachsthums zusammenhängenden Schichtenbildung (beim Holz: die Holzringe, beim Bast: die Bastschich-
ten) wiederum als ein durch Wiederholung der einfachen Schicht
Zusammengesetztes.

10. Aus dieser einzelnen Schicht sowohl als aus dem Mark
und dem markigen Theil der Rinde löst sich endlich, wenn wir
einmal von der feineren Schichtenbildung, welche sich in dem einjährigen Holzring zuweilen, z. B. bei der *Eiche*, zeigt, absehen,
die einfache Zelle als die Einheit der ganzen inneren Gestaltbildung des Baums, als das einzige Structurelement der Pflanze
heraus.

11. Selbst die Membran der einzelnen Zelle erscheint aber
wegen der zumal an den älteren Holz- und Bastfasern so deutlich
zu unterscheidenden Schichtenstructur abermals als eine Wiederholung eines noch einfacheren Elementes, gleichsam als eine In-
einanderschachtelung zahlreicher, wesentlich gleichbedeutender einfacher Zellenmembranen; und dasselbe gilt von einem mit der Zelle
wie es scheint analogen Elementarorgan, dem Stärkmehlkorn.

12. Damit sind wir an der untersten Grenze der Gestaltbildung
angekommen, und wir können nun noch nach der chemischen

Seite einen Schritt weiter in der Analyse gehen, wenn wir in den sogenannten organischen Elementen, z. B. Zellstoff, Zucker, Proteïn-
stoffe u. s. w., und den unorganischen Stoffen: Waſser, Salze u. s. w.,
die näheren Bestandtheile, aus welchen die Pflanzenzelle zusammengesetzt ist, erkennen, und gelangen dann so endlich

13) zu den entfernteren chemischen Bestandtheilen der Zelle,
den chemischen Elementen, Sauerstoff, Waſserstoff, Kohlenstoff,
Stickstoff u. s. w., als den letzten nachweisbaren Einheiten des
grofsen Gebäudes, dessen Zusammensetzung in ihren verschiedenen
Stufen hier vor uns liegt.

Das Vorstehende entspricht dem, was Goethe an der einfachen Pflanze that, indem er in allen Seitenorganen derselben die
eine Grundform des Blattes nachwies; und wie er nach diesem
ersten Schritt in der Erkenntnis des Bauplans nunmehr die verschiedenen Blattorgane gerade in ihrem besonderen Charakter und
ihre Gruppirung zu einem harmonischen Ganzen untersuchte, so
haben auch wir jetzt den Baum, den wir oben in seine Atome
zerlegten, aus denselben wieder aufzubauen, dadurch dafs wir
gerade die Besonderheiten, durch deren Abstraction wir jene Erkenntnis der Einheit des Begriffs gewannen, den Einheiten gleichsam zum Schmuck beilegen, die Einheiten als Individualitäten, die
Vielheit als eine Mannigfaltigkeit und in dieser Mannigfaltigkeit
eine Gesetzmäfsigkeit oder höhere Einheit nachweisen. Und zwar
sei es erlaubt, zur Vollständigkeit des Bildes den Aufbau mit den
einfachsten Bausteinen, auf welche wir oben geführt worden sind,
zu beginnen.

Die Metamorphose des Baums

oder

der Aufbau der Baumgestalt aus ihren Einheiten als ein
harmonisches Ganzes.

— —

Alle Gestalten sind ähnlich, und keine gleichet der andern;
   Und so deutet das Chor auf ein geheimes Gesetz,
Auf ein heiliges Räthsel. O, könnt' ich dir, liebliche Freundin,
   Ueberliefern sogleich glücklich das lösende Wort!
Werdend betrachte sie nun, wie nach und nach sich die Pflanze
   Stufenweise geführt bildet zu Blüthen und Frucht.

— —

        Goethe, die Metamorphose der Pflanzen.

Erster Theil.

Die Harmonie in der vegetativen Sphäre.

Erstes Capitel.

Die Metamorphose in der innern Organisation des Baums.

§. 5.

Die Metamorphose des chemischen Elements.

Die einfachsten Elemente, mit denen die Zusammensetzung des Organismus beginnt, die chemischen Grundstoffe, Sauerstoff, Kohlenstoff u. s. w., sind nicht nur relativ, sondern absolut verschieden, und es ist beachtenswerth, daß der Reihe von Bildungsacten, welche wir verfolgen wollen, im ersten Anfang ein unvermittelter Gegensatz zu Grunde liegt, daß gerade die einfachste aller Gliederungen am schärfsten ausgeprägt ist. — Die Kraft, welche je drei oder vier jener Elemente zu einem zusammengesetzten, organischen Elemente z. B. Zellstoff verbindet, ist uns unbekannt (man kann sie, weil die Verbindung nur unter dem Einfluß des Lebens geschieht, mit dem vorläufigen unbestimmten Ausdruck Lebenskraft belegen), das äußere in die Erscheinung tretende Gesetz dieser Verbindung ist uns bekannt, es sind jene unabänderlichen Gewichtsverhältnisse oder Atomzahlen, wodurch drei oder vier jener Grundstoffe zu der höheren Einheit der organischen Substanz zusammengehalten werden.

§. 6.

Die Metamorphose der organischen Stoffreihen.

Auch auf diesem höheren Gebiet, der organischen Stoff-
bildung begegnen wir einem scharfen Gegensatz zweier verschiedenen Stoffreihen, der ternären (stickstofffreien) und der quaternären (stickstoffhaltigen); jede derselben, insbesondere die erstere,
umfaßt eine Zahl von Stoffen, welche zwar wesentlich identisch,
dennoch durch manche Eigenthümlichkeiten, inbesondere nach ihrer
plastischen Fähigkeit eine Stufenreihe (Zucker, Gummi, Stärk-
mehl und Zellstoff) bilden, und welche, da die Verwandlung des
einen in den anderen als eine Metamorphose von der niederen zur
höheren Stufe betrachtet wird, in ihrer Gesammtheit eine höhere
Einheit darstellen.

§. 7.

Die Individualität der Zelle.

Durch das Zusammenwirken jener beiden differenten Stoffreihen,
nämlich durch den Einfluß der quaternären organischen Stoffe, erfolgt die Metamorphose der ternären Stoffe von den Pflanzensäuren
zu dem bildsamsten Stoff dieser Reihe, dem Zellstoff; und das Er-
gebnis dieses Processes ist ein plastischer Act; mit dem Ursprung der Zelle tritt das erste Element organischer Gestaltbildung
auf, ein geordnetes Ganzes, in welchem alle die verschiedenen Stoffe in eine bestimmte Form und gesetzmäßige Anordnung (theils als Membran, theils als Inhalt) gebunden sind.

§. 8.

Die Metamorphose der Zelle.

Die weitere Veränderung der Zelle besteht zum Theil, wie
oben erwähnt, in einer Vervielfachung der Membran; allein abgesehen davon, daß dadurch die physiologische Individualität nicht
gestört wird, bekommt auch die geschichtete Membran durch eine
Reihe gewisser chemischer und physikalischer Veränderungen (Verholzung und Cuticularmetamorphose), welche nach eigenthümlichen
Gesetzen die Schichten von außen nach innen ergreifen und das

ursprünglich Gleiche differenzieren, das Gepräge eines einheitlichen Ganzen *).

§. 9.
Die Individualisirung der Gewebe.

Durch Vermehrung der Zelle entsteht nach und nach die ganze Masse des Baums, und da alle Zellen ursprünglich (ihrer Entstehung wie ihrem allgemeinen Begriffe nach) identisch sind, so sehen wir zunächst im Baum nichts als ein Aggregat zahlreicher gleicher Elemente. Den Charakter einer höheren Einheit erhält derselbe zunächst dadurch, dafs die ursprünglich gleichwerthigen Zellen sich nach Gröfse, Gestalt, Organisation und Function differenzieren; und indem sich diese nunmehr ungleichwerthigen Elemente in bestimmter Weise gruppieren, sehen wir in dem Auftreten der verschiedenen Gewebsarten: Oberhaut, Parenchym, Gefäfsbündel u. s. w., die nächst höhere Stufe einer Gestaltbildung.

§. 10.
Die Metamorphose des Gefäfsbündels.

Diese Gewebe sind selbst wieder nicht vollkommen innerlich gleichartig; hierher gehört die eigenthümliche Gliederung des Gefäfsbündels in Holzbündel, Cambium und Bastbündel, und die Zusammensetzung des ersteren aus differenten Gliedern, den Holzzellen und Gefäfsen nach einem bestimmten Gesetz der Anordnung (die Gefäfse nach innen, die Holzzellen nach aufsen vorwiegend), sowie endlich die gesetzmäfsige Aufeinanderfolge der verschiedenen Modificationen des Gefäfses von innen nach aufsen als Ring-, Spiral- und punktierte Gefäfse.

§. 11.
Das individuelle Gepräge des Stengels nach seinem inneren Bau.

Ein neues, höheres morphologisches Gesetz tritt hinzu, indem diese unter sich verschiedenen Gewebe nach einem bestimmten Plan

---

*) Das Wesen dieser zu dem einfachen Wachsthum hinzutretenden Metamorphose der Zellenmembran habe ich ausführlich dargestellt in dem 2. Theil (S. 81 ff.) meiner Schrift über Intercellularsubstanz und Cuticula. Braunschweig 1850.

der räumlichen Anordnung in dem Blatt und insbesondere im Stengel als die anatomischen Systeme: Rinde, Holzkörper, Mark, zu einem höheren Ganzen verknüpft werden; — und wenn die Erweiterung dieses Ganzen im Wesentlichen durch die Ablagerung immer neuer gleicher Schichten auf dem Holz- und Rindenkörper als eine Wiederholung gleicher Elemente erscheint, so wird doch durch die gleichzeitig mit der Vermehrung der Zahl von innen nach außen fortschreitende Verholzung (Differenzierung der Festigkeit und Schwere und besonders bei den tropischen Bäumen der Farbe nach) aus dieser Vielheit von Schichten ein geschloßenes System von verschiedenen Abstufungen des Kernholzes bis zum Splint und Cambium. Bei den Nadelhölzern erhält überdiefs der mehrjährige Holzkörper schon durch die Beschränkung der Gefäße auf die erste Jahresschicht einen einheitlichen Charakter. Vor Allem zeigen diese successiven Jahresschichten des Holzkörpers eine verschiedene Dicke, welche zum Theil unregelmäfsig wechselt, aufserdem aber an dem vieljährigen Baum einem allgemeinen Gesetz der Zunahme und von einem gewissen Stadium an einer Abnahme unterworfen ist, wodurch denn die ganze Geschichte des Holzkörpers als ein einfacher Cyklus erscheint.

Einige specielle Angaben, welche auf die von Hartig (forstliche Culturpflanzen 1851) mitgetheilten Tabellen gegründet sind, mögen diefs näher erörtern.

Lärche. Das jährliche Dickenwachsthum (Durchmefser - Zuwachs) variiert zwischen 0,2″ — 0,3″, und zwar fällt das Maximum 0,3″ in das 40. Jahr.

Kiefer. In den ersten zwanzig Jahren beträgt das jährliche Dickenwachsthum 0,25″, sinkt bis zum 60. Jahr auf 0,16″ und bleibt von da an gleich.

Eiche (Quercus pedunculata). Jährliches Dickenwachsthum steigt bis zum 80. Jahr von 0,1″ auf 0,14″ und sinkt von da bis zum 140. Jahr auf 0,12″. Bei *Qu. Robur* schwankt das Stadium der Culmination zwischen dem 20. und 50. Jahr.

Buche. Das Maximum des jährlichen Dickenwachsthums fällt ungefähr in das 60. Jahr, indem letzteres bis zum 60. Jahr 0,07″ — 0,08″, von da an bis zum 100. Jahr 0,05″ und von da an 0,04″ beträgt. Uebrigens schwankt der Culminationspunkt je nach den verschiedenen Wachsthumsbedingungen und nach der individuellen Eigenthümlichkeit.

Hasel. Das Maximum fällt in die ersten fünf Jahre.

Birke. Maximum im 15 — 25. Jahr.

Zweites Capitel.

Das Stengelglied als Individuum.

§. 12.

Dieses innerlich wohlgegliederten Baumaterials bemächtigt sich
nunmehr ein Bildungstrieb höherer Art, der Trieb äuſserer Gestaltbildung, — ein Fortschritt, womit wir denn den Baum
auf das Gebiet erhoben sehen, auf welchem derselbe vorzugsweise
die Fülle seines Wesens zu entfalten bestimmt ist. Hier scheiden
sich denn zunächst die beiden Hauptbildungsrichtungen der Pflanze,
die Wurzel und der Stamm. Da aber die erstere sich durch
die Ordnungslosigkeit ihrer Verzweigung und besonders durch den
Mangel einer Gliederung ihrer einzelnen Axen einer Betrachtung,
wie sie von uns beabsichtigt wird, einstweilen entzieht, so beschränken wir uns auf den aufsteigenden Theil des Gewächses mit seiner
wundervollen reichen und gesetzmäſsigen Gliederung; — und zwar
erscheint hier als der einfachste Typus, in welchem jenes anatomische Material als sichtbare Form ausgeprägt ist, in dem einfachen Stengelglied, dessen individueller Charakter sich vor
Allem in seiner inneren Vollendung offenbart, indem es die beiden
wesentlichen Bildungsrichtungen der Pflanze, die der Axe und des
Blattes, enthält. Das Stengelglied breitet sich in seiner Spitze in
ein oder mehrere Blätter aus und stellt uns so bereits auf dieser untersten Stufe des Aufbaus den in der Folge mehrfach
wiederkehrenden, zuletzt im ganzen Baum am höchsten ausgeprägten Typus der höheren Baumform, Stamm und Krone, in seiner
einfachsten Erscheinung vor Augen. Andererseits äuſsert sich die
Individualität des Stengelgliedes auch in seiner äuſseren Abgrenzung.
Selbst wo dasselbe, seines charakteristischen Seitenorgans, des
Blattes beraubt, scheinbar in der Continuität mit den übrigen
Gliedern einer Axe aufgeht, da sind es andere Formverhältnisse,
durch welche die Selbständigkeit desselben auch äuſserlich kenntlich
gemacht wird, und zwar theils die vom abgefallenen Blatt hinter-
laſsene, bei manchen Holzgewächsen z. B. bei der *Aspe, Zwetsche,
Esche* etc. als dickes Blattkiſsen knotenartig am Stengel auftretende
Spur, — theils die mit jedem folgenden Stengelglied um einen Winkel veränderte Richtung der dadurch zickzackartig gebogenen Axe

z. B. bei der *Buche, Hainbuche, Hasel, Ulme, Linde, Erle*, in ganz besonderem Grad bei der krautartigen *Statice cancellata*, weniger bei der *Birke*, während bei der *Eiche, Pappel, Weide, Fichte, Esche, Aspe, Kornelkirsche* u. s. w. die Stengelglieder in vollkommen gerader Linie aneinandergekettet sind, — theils die rein cylindrische Form des Stengelglieds bei manchen Pflanzen, z. B. an jungen Axen der *Buche*, wodurch bei der Abnahme der Dicke in den folgenden Gliedern an jedem Knoten ein die Grenze je zweier Glieder bezeichnender A b s a t z entsteht.

Insbesondere spricht sich die Selbständigkeit des Internodiums aus in der Freiheit, seiner überaus mannigfaltigen Dimensionsverhältnisse an einem und demselben Baum, sowie in den für verschiedene Baumarten häufig charakteristischen Grenzen dieser Freiheit, wie z. B. die aus lauter unentwickelten Stengelgliedern zusammengesetzten Nadelbäume gegenüber den meisten anderen Baumarten mit meistens gestreckten Stengelgliedern.

D r i t t e s C a p i t e l.

Der Jahrestrieb als Individuum.

Die nächst höhere Einheit, der J a h r e s t r i e b, entsteht in der Regel durch Aneinanderreihung mehrerer Stengelglieder, ist also zunächst nur eine Kette gleicher Elemente. Sie wird jedoch zu einem h a r m o n i s c h e n G a n z e n dadurch, daſs diese Elemente innerhalb derselben eine reiche Verschiedenheit entfalten, d. h. als eine Reihe selbständiger Individuen erscheinen, und dadurch, daſs dieselben überdiefs sich eben nach ihrer Verschiedenheit auf eine eigenthümliche gesetzmäſsige Weise ordnend einen Cyklus darstellen, der bei allen Jahrestrieben je einer Baumspecies bis zu einem gewissen Grade gleich bleibt. Dieses individuelle Gepräge äuſsert sich in folgenden Punkten.

§. 13.
a. Längenentwickelung des Jahrestriebes.

So unendlich verschieden die Längenentwickelung des Jahrestriebes selbst an einer und derselben Axe ist, so erscheint doch auch hier das Maaſs in gewisse Grenzen gebunden, welche für jede Baumspecies typisch *); und insofern demnach die Länge des Jahrestriebes einer Gesetzmäſsigkeit unterworfen ist, offenbart sich schon in dieser Hinsicht ein individueller Charakter dieses Bauelements. Noch mehr tritt derselbe hervor, wenn wir auf die Art und Weise, wie die Länge eines Jahrestriebes zu Stande kommt, Rücksicht nehmen. Aber auch hinter dem, wie es scheint, durchaus planlosen Wechsel von langen und kurzen Jahrestrieben an einem Baum werden wir eine tiefere Gesetzmäſsigkeit entdecken, wenn wir die beiden Factoren, durch welche die Länge eines Jahrestriebes bestimmt wird, nämlich die Längenentwickelung der einzelnen Stengelglieder einerseits und die Anzahl derselben an einem Jahrestrieb andererseits, gesondert betrachten.

Einzelne Fälle.

Bei den *Kiefer*- und *Tannen*-Arten (*Pinus* und *Abies*) und beim *Lebensbaum*, wo sämmtliche Stengelglieder verkürzt bleiben, fehlt natürlich auch jener in der Längenverschiedenheit begründete Cyklus innerhalb des Jahrestriebes.

Bei *Taxus*, wo die Verkürzung in geringerem Grade stattfindet als bei den genannten, sind die unteren sowohl als die obersten Glieder je eines Jahrestriebes von den übrigen etwas mehr gestreckten ziemlich unterschieden; ebenso bei der *Lärche*.

Bei der *Mistel* ist nur ein unentwickeltes Knospenglied und ein entwickeltes zwischen ³/₄" — 5" Länge schwankendes Laubstengelglied.

Buche. Knospenglieder zahlreich, Anfangsglieder 3 — 4, von ¹/₄''' — 3''' allmählich zunehmend; die mittleren und oberen 1 — 1¹/₄'' lang, unter einander gleich, keine Abnahme nach oben, das oberste zuweilen noch länger als das vorletzte.

Hainbuche. Die 3 — 4 Anfangsglieder, etwas länger als bei der *Buche*, gehen auch nicht sprungweise wie dort, sondern mehr allmählich in die längeren Hauptglieder über.

---

*) Man halte z. B. die zuweilen 5 — 6' langen Jahrestriebe der *Hängeesche* neben den höchstens 1 — 1¹/₂' langen Trieb an den kräftigen Sprossen des verwandten *Ligusterstrauches* oder der *Syrene*; so gehört ein durchschnittlich bestimmtes Maaſs des jährlichen Längenwachsthums mit zu dem specifischen Charakter einer jeden Baumart.

3 *

Hasel. Nur in den 2 — 3 Anfangsgliedern findet eine allmähliche Zunahme statt, die alsdann erreichte Länge erhält sich entweder constant, oder steigert sich bis in die Endglieder, oder nimmt in den letzteren wieder etwas ab.

Kastanie. Die Hauptglieder alle ziemlich gleich lang, nach oben keine Abnahme.

Eiche. Die Zahl der allmählich wachsenden Anfangsglieder nicht so bestimmt wie z. B. bei der *Buche;* die Hauptglieder sehr verschieden, und zwar ohne Ordnung wechselnd, eine Ausnahme von dem sonst so allgemeinen Gesetz bestimmter Stufenfolge; in den obersten Gliedern eine plötzliche Abnahme, die 3 — 6 Endglieder ganz verkürzt; also eine vollständige Oscillation innerhalb eines jeden Jahres.

Birke. Knospenglieder wenige. Auf die 1 oder 2 nur eine oder wenige Linien langen Anfangsglieder folgt regelmäfsig ein sehr ($\frac{3}{4}$ Zoll lang) entwickeltes Glied, stets das längste am ganzen Trieb, dann noch einige $\frac{1}{4}$ — 1'' lange, nach oben in der Regel wieder etwas abnehmende Hauptglieder.

Erle (Alnus glutinosa). Knospenglieder wenige, die 3 untersten Laubglieder verkürzt, nur 2 — 3''' lang; von dem vierten an (mit welchem zugleich die zweite Blattspirale beginnt) sind die Glieder ziemlich gleich lang, in den Endgliedern wieder eine allmähliche Abnahme. Das Maximum fällt also in die Mitte.

Ulme (U. campestris). Der Jahrestrieb beginnt nach den Knospengliedern mit ziemlich kurzen Gliedern und schreitet innerhalb der 3 oder 4 ersten Glieder allmählich zu dem von da an bis ans Ende gleich bleibendem Maafs fort.

Weide (S. fragilis). Ein Paar kurze Anfangsglieder, die mittleren stark und gleich lang entwickelt, die oberen wieder etwas abnehmend. Maximum in der Mitte.

Aspe. Die kurzen Anfangsglieder nehmen allmählich zu, die folgenden gleich lang, die Endglieder, oft bedeutend, abnehmend.

Heidelbeere. Die 1 oder 2 Anfangsglieder kürzer, die übrigen gleich.

Heide (Calluna vulgaris). Alle Glieder sehr wenig entwickelt; der Stengel einige Linien lang von der Basis mit unmittelbar aufeinander folgenden Blättern dicht besetzt, die übrigen Stengelglieder einige Linien lang, alle ziemlich gleich, gegen die Spitze hin oft wieder ein Stück des Triebes mit ganz zusammengerückten Blättern.

Geisblatt (Lonicera Caprifolium). Sowohl die Anfangs- als die Endglieder sind kürzer als die mittleren.

Hollunder. Ebenso.

Schneeball (Viburnum Opulus). Am Grund ein unentwickeltes circa 1''' langes Glied, die Knospendecken tragend, das erste Laubblattglied entwickelt, aber etwas kürzer als die folgenden.

Syrene. Die ersten Stengelglieder nehmen etwas zu, die folgenden bleiben gleich und erfahren an dem Endglied noch eine geringe weitere Dehnung, so dafs das Maximum am oberen Ende des Jahrestriebes liegt.

Esche. Zunahme der Stengelglieder bis zu einem Maximum der Ausdehnung, von da an wieder Abnahme nach oben; bei der *Hängeesche* ist dieses Maximum mehr nach oben gerückt, indem stets das letzte oder vorletzte Stengelglied das längste am Trieb ist.

Spindelbaum. Unten Zunahme, oben Abnahme.

Kornelkirsche. Das unterste Glied, nur 1—2 Linien lang, trägt die Knospendecken und bildet den Stiel für die terminale Winterknospe, das zweite (Laubblätter tragend) ¼ — ⅙ Zoll lang, die folgenden nehmen noch mehr zu; wenn es deren zwei sind, unter einander gleich, wenn mehr als zwei, wieder etwas abnehmend.

Sauerdorn. Mehrere unentwickelte Anfangsglieder, eine Rosette von Laubblättern tragend, aus welcher sich der Trieb mit lauter gestreckten Internodien erhebt.

Die *Stachelbeere* verhält sich ebenso.

Pfeifenstrauch (*Philadelphus coronarius*). Die Anfangsglieder sind kurz, die folgenden nehmen allmählich zu. An den Jahrestrieben, welche die letzten Generationen bilden, ist die Zahl der Stengelglieder ziemlich bestimmt, nämlich das erste 2—3‴ lang, das zweite ¼—¾″, das folgende 1¼″ lang; zuweilen noch ein viertes. Alle tragen Laubblätter; darüber hinaus entwickelt sich entweder die Hauptaxe nicht (indem die Endknospe verkümmert), oder sie setzt sich fort und trägt noch 1 oder 2 Paar Blüthen, selbst in einer Blüthe abschliefsend.

Linde (*T. grandifolia*). Knospenglieder wenige, 2 höchstens 3 kurze Anfangsglieder; die folgenden nehmen allmählich zu, häufig auch nach oben wieder ab.

Bei der *Weinrebe* erreichen die Stengelglieder ebenfalls erst nach einigen kürzeren Anfangsgliedern das gewöhnliche Maafs. Da hier der Jahrestrieb indes aus mehreren Generationen besteht, so ist die Metamorphose desselben unten an einer anderen Stelle weiter zu besprechen.

Spitzahorn. 4—6 unentwickelte Knospenglieder, in den 3 ersten Laubblattgliedern eine allmähliche Zunahme, im vierten gewöhnlich eine Abnahme, so dafs das Maximum stets über die Mitte fällt, — während abweichend hiervon wie von dem überhaupt sonst allgemein herrschenden Gesetz beim *Feldahorn* das Maximum mehr in die Anfangsglieder des Jahrestriebes fällt, indem diese bereits gestreckt, oft sogar gerade die längsten am Trieb sind, während nach der Spitze zu sich mehr oder weniger deutlich ein Abnehmen der Längenentwickelung zeigt.

Roskastanie. Die Stengelglieder nehmen bis ungefähr zur Mitte des Jahrestriebes zu und von da an wieder ab.

Faulbaum (*Rhamnus Frangula*). Knospenglieder fehlen, Anfangs- und Endglieder im Verhältnis zu den mittleren verkürzt.

Rose (*R. centifolia*). Die untersten, Niederblätter tragenden, Stengelglieder
sind verkürzt, die zwischen den 3 ersten Laubblättern nehmen zu.

Zwetsche. Die 2—3 Anfangsglieder verkürzt, die folgenden gestreckt, gleich
lang, die obersten wieder etwas kürzer.

Mandel. Die 2—3 kürzeren Anfangsglieder erreichen allmählich die
Länge der oberen, die 3 Endglieder sind wieder sehr verkürzt, so dafs die Blätter unter der Spitze dicht zusammengedrängt stehen.

Vogelbeerbaum (*Sorbus aucuparia*). An kräftigen Jahrestrieben nimmt in
den 3 Anfangsgliedern die Länge von 2''' bis 9''' (an schwächeren von 1'''—6''')
zu, steigert sich im vierten bis $1\frac{1}{2}$'', im fünften bis $2\frac{1}{4}$''; zuweilen folgen noch
1—5 Glieder, von denen das erste oder die zwei letzten zuweilen stark verkürzt
sind, so dafs unter der Spitze 2—3 genäherte Blätter entspringen

Beim *Apfel-* und *Birnbaum* mehrere stark verkürzte Anfangsglieder.

Aus den hier mitgetheilten Beispielen ergibt sich nun Folgendes. Mit Ausnahme der *Kiefern* und *Tannen* mit ihren dicht
beblätterten Axen, deren Stengelglieder sämmtlich unentwickelt deshalb keine Gröfsenunterschiede zeigen können, sind die Glieder
je eines Jahrestriebes mehr oder weniger, zum Theil sehr bedeutend der Länge nach verschieden. In dieser Verschiedenheit herrscht aber eine gesetzmäfsige Aufeinanderfolge, und zwar
im Allgemeinen eine Steigerung der Längenentwickelung von
den unteren nach den oberen Gliedern der Reihe. Es sind aber
in dieser Reihe drei auch in anderer Beziehung eigenthümliche
Stufen zu unterscheiden, nämlich 1) die Basis des Jahrestriebes
wird gebildet von einem oder mehreren vollkommen unentwickelten
(scheibenförmigen) Stengelgliedern, welche die Schuppen der Winterknospe tragen und durch die nach dem Abfallen derselben hin-
terlafsenen Narben die oben besprochenen Knospenspuren darstellen. Wir haben diese Glieder oben „Knospenglieder" genannt.
2) Darauf folgen einige (2—4) ebenfalls nur wenig entwickelte,
jedoch von unten nach oben von $\frac{1}{2}$ bis zu einigen Linien zuneh-
mende Glieder, welche die untersten Laubblätter des Triebes tragen und deshalb als „Anfangsglieder" bezeichnet wurden.
3) Die dritte Stufe bilden die übrigen Glieder, welche durch ihre

beträchtlich gröfsere Ausdehnung vorzugsweise die Längenentwickelung des Jahrestriebes bilden. Diese „Hauptglieder" erreichen entweder das Maafs ihrer Ausdehnung, erst nach und nach, indem jene Anfangsglieder durch allmähliche Steigerung in die oberen übergehen, oder die neue Stufe tritt sprungweise auf, indem das erste stark entwickelte Hauptglied sich dem verhältnismäfsig sehr kurzen letzten Anfangsglied unmittelbar anschliefst (z. B. *Buche*). Am einfachsten, aber zugleich am schärfsten äufsert sich das Gesetz bei der *Mistel*, wo jede der beiden Stufen nur durch ein Glied vertreten ist. Die Hauptglieder bleiben nun entweder alle fast ganz gleich lang (z. B. *Buche*), oder wenn eine (im Vergleich zu den zwei ersten Stufen jedoch geringere) Längenverschiedenheit stattfindet, so herrscht auch hier (mit Ausnahme der *Eiche*, wo längere und kürzere Stengelglieder freier wechseln) das Gesetz einer stetiggen Steigerung von unten nach oben, der Schwerpunkt des Triebes drängt sich gegen die Spitze hin, z. B. *Buche, Hainbuche, Kastanie, Ulme, Heidelbeere, Syrene, Sauerdorn, Pfeifenstrauch, Rose,* — oder aber die Ausdehnung erleidet in den letzten Gliedern wieder eine Abnahme, z. B. *Eiche, Birke, Erle, Weide, Aspe, Heide, Geisblatt, Hollunder, Spindelbaum, Kornelkirsche, Roskastanie, Faulbaum, Zwetsche, Mandel, Vogelbeerbaum,* so dafs das Längenwachsthum in dem einen Fall eine halbe, in dem anderen eine ganze Welle beschreibt. Beim *Feld-Ahorn*, wo mit dem längsten Glied der Trieb beginnt und nach oben die kürzeren folgen, haben wir ausnahmsweise das umgekehrte Verhältnis, die erste Hälfte der Welle fehlt, nur die zweite ist vorhanden. In allen übrigen Fällen dagegen liegt der Schwerpunkt des Triebes in seiner oberen Hälfte; denn auch da, wo in den obersten Gliedern eine Abnahme der Länge stattfindet, ist diese meistens nur gering im Vergleich zu der vorausgehenden Steigerung, so dafs, da sich dieser Cyklus in jedem folgenden Jahrestrieb in derselben Weise wiederholt, durch den Contrast des obersten Stengelgliedes des einen Jahrestriebes mit den Anfangsgliedern des folgenden, auch abgesehen von der Knospenspur, welche, wie gesagt, zuweilen sehr undeutlich ist (*Faulbaum*) oder ganz fehlt (*Heide*), auf eine nicht minder sichere Weise die Grenze zweier Jahrgänge bezeichnet wird. Wir müfsen hierbei an das ganz analoge Verhältnis bei den Jahresringen des Dickenwachsthums denken, wo ja in Beziehung auf die Dichtheit des Gewebes im Lauf des jährlichen Wachsthums dieselbe Steigerung (und demnach ein ähnlicher Contrast zwischen dem letzten Holz des einen und dem ersten Holz des folgenden Jahres) auftritt wie hier in dem Maaſs der äuſseren Ausdehnung.

Die obigen Beispiele beweisen aber nicht nur die weithin herrschende Gesetzmäſsigkeit, daſs in der Längenentwickelung der Stengelglieder von Trieb zu Trieb eine Oscillation stattfindet, sondern wir sehen daraus auch, wie dieses Gesetz andererseits in einer groſsen Mannigfaltigkeit in die Erscheinung tritt, eine Mannigfaltigkeit, welche sich theils in der mehr oder weniger bestimmten Sonderung jener drei Stufen in der Ausbildung der Stengelglieder, theils in der Gestalt der Curve, unter welcher man sich jene Oscillation denken kann, d. h. in der Vertheilung der Maxima und Minima der Ausdehnung längs des Jahrestriebes und in der sanfteren oder rascheren Steigerung oder Senkung, sowie in den damit, wie wir unten näher betrachten werden, zusammenhängenden Zahlenverhältnissen äuſsert. Da aber diese Mannigfaltigkeit wiederum in der Art einem Gesetz unterworfen ist, daſs jeder Baumspecies ein bestimmter Typus der Oscillation eigenthümlich zukommt, die Abweichungen aber nach den verschiedenen systematischen Arten vertheilt sind, so erkennen wir gerade darin einerseits einen um so stärkeren Beweis für das individuelle Gepräge des Jahrestriebes, — sowie andererseits durch die obige Zusammenstellung verschiedener Fälle der Systematik neues Material dargeboten wird, die Diagnosen der Holzgewächse nach der in der Einleitung bezeichneten Seite hin zu vervollständigen.

Betrachten wir nun den anderen, die schwankende Länge des Jahrestriebes bestimmenden Factor, die Zahl der zusammengehörenden Stengelglieder, so fällt uns sofort in die Augen, daſs gerade in diesem Punkt sich die allergröſste Freiheit entfaltet. Gleichwohl tritt uns auch in diesem bunten Wechsel eine gewisse Beschränkung entgegen, sobald wir Rücksicht nehmen auf die oben unterschiedenen drei Stufen: der Knospenglieder, der Anfangs- und der Hauptglieder. Bei einer Vergleichung der allerverschiedensten Jahrestriebe einer Axe oder eines Baumes stellt sich nämlich heraus, daſs nicht nur die natürlich mit jeder Vegetationsperiode in derselben Weise wiederkehrende Basis der Winterknospe, sondern auch jene 2 — 4 um ein weniges gestreckten, in der Regel die untersten Laubblätter tragenden Anfangsglieder bei allen Jahrestrieben sowohl ihrer Zahl als ihrer Längenentwickelung nach vollkommen gleich sind, dafs also das jährliche Längenwachsthum mit einer constanten Gröfse beginnt, wogegen gerade die darauf folgende Reihe der Hauptglieder in demselben Grade veränderlich ist wie die ganze Länge des Triebes. Und zwar beruht diese Veränderlichkeit sowohl in der durchschnittlichen Länge der einzelnen Glieder, als in der Anzahl derselben, — und es kommt entweder auf beide Factoren ein ziemlich gleicher Antheil von der Gesammtwirkung, indem sich der Unterschied in der Intensität des Wachsthums zwischen einem kräftigen und einem kümmerlichen Jahrestrieb desselben Baumes sowohl in der Anzahl der Blätter als auch in der Ausdehnung des einzelnen Stengelgliedes geltend macht, oder wenn zuweilen zwei gleich langen Jahrestrieben eine verschiedene Gliederzahl, verbunden mit einer im umgekehrten Verhältnis verschiedenen Internodiallänge, entspricht, — oder einer von beiden Factoren wiegt entschieden vor. Diefs ist z. B. für den letzteren der Fall, wenn bei einem 5jährigen aus 3 Generationen bestehenden *Haselzweig* die aus sämmtlichen Sprossen berechnete mittlere Länge eines Jahrestriebes in den 5 Jahren zwischen 10" und $1\frac{2}{3}$", die mittlere Länge des Internodiums zwischen 2" und $\frac{1}{2}$", dagegen die entsprechende Zahl der Glieder nur zwischen 5" und $3\frac{1}{2}$" variirt. Ebenso beruht bei der *Hängebuche* die lange fadenartige Ausdehnung der Zweige vorherrschend auf einer überwiegenden Internodiallänge, welche z. B. bei einem 2' langen Jahrestrieb 2—3" betrug und daher das gewöhnliche Maafs im höheren Grade überschritt als die damit verbundene Zahl von 12—14 Blättern.

Es scheint, als ob bei der einen Baumspecies dem einzelnen Internodium, bei der anderen der Anzahl der Glieder eine gröfsere Elasticität zukomme. Die letztere scheint sich überdiefs besonders bei den Extremen des jährlichen Wachsthums geltend zu machen; die Zahl der Hauptglieder ist eine offene Reihe, in welcher sich beliebige Glieder zwischen schieben. oder ausfallen können, und zwar liegt, wenn die oberen Glieder unter einander gleich sind, dieser offene Punkt an dem Ende der Reihe, dagegen bei einer nach oben hin eintretenden Abnahme (also vollständiger Oscillation) in der Mitte. Wenn das Wachsthum, wie es besonders in den späteren Stadien des Baums häufig geschieht, ins Stocken geräth, indem die jährliche Verlängerung sich nur auf wenige Linien beschränkt, so macht sich diefs im Einzelnen nur durch das gänz-

liche Ausfallen der Hauptglieder geltend, während die Anfangsglieder in ihrer Zahl und Ausbildung constant bleiben. Ueberhaupt
wird diese Stufe, in welcher die jährliche Entwickelung gleichsam
ihren langsamen Anlauf nimmt, auch bei dem kräftigsten Wachsthum niemals übersprungen. Wie diese innerhalb der einen Baumart constante Größe für dieselbe zugleich charakteristisch ist, indem sie bei verschiedenen Baumarten mancherlei Abweichungen
darbietet, geht aus den obigen speciellen Angaben hervor. Dasselbe gilt für die Zahl der die Knospenspuren bildenden unentwickelten Stengelglieder. Aber selbst in der ungleich bewegliche-
ren Reihe der Hauptglieder läßt sich eine Beschränkung dieser
Beweglichkeit auf gewisse, den einzelnen Baumarten eigenthümliche
Grenzen sowohl in Beziehung auf die Anzahl als auf die Länge
nicht verkennen. Bei der *Kiefer* und *Tanne* ist die Länge des
Stengelgliedes constant, nämlich unentwickelt, dagegen die Zahl
derselben unbegrenzt und stets sehr groß; je geringer die Zahl
ist, um so bestimmter erscheint sie, wie bei der *Mistel, Syrene, Pfeifenstrauch, Kornelkirsche, Ahorn* (vergl. die obigen Angaben), wobei jedoch besonders auf die Axen aus den reiferen Stadien dieser Gewächse (aus der Krone) Rücksicht genommen ist, wie denn bei
der großen Abweichung innerhalb des Baumes selbst zu einer der-
artigen Vergleichung natürlich nur möglichst correspondierende
Axen verschiedener Bäume zu Grunde gelegt werden dürfen *).

§. 14.

b. Die Blattstellung.

Abgesehen von Länge und Anzahl bekommt die Art und
Weise, wie mehrere Stengelglieder zu einem Jahrestrieb aneinan-
dergereiht sind, dadurch eine nähere Bestimmung, daß jedes folgende
Glied gegen das vorige etwas herumgedreht ist, und zwar um
einen Winkel welcher ein bestimmter Theil des ganzen Umfangs
ist, also daß nach einer gewissen Anzahl von Gliedern das fol-

---

*) Die Wichtigkeit der Bestimmung des Antheils, welcher jedem von beiden Fac-
toren an der Gesammtlänge eines Jahrestriebes zukommt, wird noch durch den Umstand erhöht, daß, wie wir unten sehen werden, der eine, der Entwickelungsgrad der
Internodien, seinen Grund in der Productionskraft des Jahres, in welchem der Trieb
sein Wachsthum vollendet, der andere, die Zahl der Stengelglieder, dagegen in der Productionskraft des vorhergehenden Jahres oder in der Kraft des vorhergehenden Triebes
hat, aus welchem jener als Knospe erzeugt wird.

gende wieder genau die Stellung des ersten einnimmt, d. h. die betreffenden Blätter übereinander zu stehen kommen. Indem auf diese Weise eine gewisse Anzahl von Gliedern zu einem Cyklus zusammengefaſst werden, haben wir in diesem Cyklus eigentlich die nächst höhere Einheit, durch deren Wiederholung die ganze Reihe der Glieder des Jahrestriebes sich zusammensetzt. Die Zahl der Glieder eines Cyklus, oder mit anderen Worten der Drehungswinkel oder die Divergenz zweier auf einander folgender Blätter ist nun bei verschiedenen Pflanzen abweichend und für jede Species gesetzmäſsig.

Der zweigliedrige Cyklus kommt insbesondere bei denjenigen Gewächsen vor, deren Stengelglieder je zwei auf gleicher Höhe einander gegenüberstehende Blätter tragen. Das zweite Blattpaar kreuzt sich mit dem ersten, das dritte steht wieder über dem ersten z. B. *Syrene, Liguster, Esche, Ahorn, Roskastanie, Geisblatt, Pfeifenstrauch, Spindelbaum, Kreuzdorn* (*Rhamnus cathartica*), *Heide, Wachholder* (mit dreigliedrigen Blattwinkeln), *Lebensbaum;* — bei der *Mistel* fällt wegen des constant zweigliedrigen Jahrestriebes der einfache Cyklus der Blattstellung mit dem Jahrestrieb selbst zusammen, und zugleich ergibt sich daraus, daſs sämmtliche Laubblatt-Paare in eine Ebene fallen. Den zweigliedrigen Cyklus mit einzelnstehenden Blättern, wo je zwei auf einander folgende Blätter um 180⁰ divergieren ($\frac{1}{2}$), finden wir z. B. bei der *Buche, Hainbuche, Hasel, Kastanie, Ulme, Heidelbeere, Linde, Weinstock, Epheu* u. s. w.

Der dreigliedrige Cyklus bei der *Erle* und *Aspe.*

Der fünfgliedrige Cyklus mit zweimaligem Umlauf ($\frac{2}{5}$) bei der *Eiche, Birke* (mit $\frac{1}{2}$ wechselnd), *Weide, Pappel* (*Pop. italica*), *Sauerdorn, Rose, Zwetsche, Kirsche, Mandel, Apfel, Birne, Weiſsdorn, Vogelbeere, Johannisbeer-* und *Stachelbeer-Strauch, Acacie* u. s. w. Höhere Blattstellungsgesetze bei den *Coniferen*, z. B. *Kiefern, Tannen.*

Diese Verknüpfung der Stengelglieder zu einem concentrisch regelmäſsigen zwei-, drei-, fünfgliedrigen Ganzen erleidet nun folgende Modification. Bei der *Hainbuche, Hasel, Kastanie, Linde* und besonders bei der *Buche* stehen die Blätter nach der einen Seite einander etwas mehr genähert (der Divergenzwinkel etwas kleiner als 180⁰) als nach der anderen (der Divergenzwinkel etwas gröſser als 180⁰); zugleich liegen die Blätter annäherungsweise in einer Ebene mit der Axe, indem die Ebene, in welcher ihre Basis die

Axe umfaſst, gegen die letztere nicht senkrecht, sondern unter einem
schiefen Winkel geneigt ist, was man auch nach dem Abfallen des
Blattes an der fast ringförmigen schief herumlaufenden Narbe erkennt; die beiden Schenkel der Narbe begegnen sich auf der
der Mittellinie des Blattes gegenüberliegenden Seite nicht, sondern
greifen in einem Abstand oft von einer Linie übereinander, und
zwar so, daſs bei dem einem Blatt der rechte Schenkel höher verläuft als der linke und bei dem nächst folgenden umgekehrt der
linke höher als der rechte; mit anderen Worten: das Blatt hat eine
Hebungs- und eine Senkungsseite, bei dem einen ist die rechte,
bei dem nächst höheren (abwechselnden) Blatt aber die linke Seite
die Hebungsseite; dadurch fällt die Hebungsseite sämmtlicher Blätter auf die eine, die Senkungsseite derselben auf die entgegengesetzte Seite; so daſs also die ganze Axe durch die Ebene, in welcher die Insertion der Blätter stattfindet, in eine Hebungs- und
eine Senkungsseite getheilt wird*). Nach der ersteren richten sich
die Blätter mit ihrer unteren, nach der letzteren mit ihrer oberen
Fläche, so daſs man hiernach auch an der Axe eine untere und
eine obere Seite unterscheidet, eine Bezeichnung, welche dadurch
noch bestätigt wird, daſs bei den mehr oder weniger horizontal
stehenden Zweigen des Baums jene untere Seite sich wirklich nach
unten, die obere nach oben kehrt. Bei der Hauptaxe und solchen
Zweigen, welche in einer verticalen Ebene liegen, kann man diese
beiden Seiten paſsender als hintere und vordere unterscheiden.
Dazu kommt noch, daſs die Insertionspunkte der Blätter nach der
unteren resp. hinteren Seite mehr genähert sind als nach der oberen
resp. vorderen. Der Gegensatz dieser beiden Seiten wird endlich noch
dadurch gehoben, daſs die Knospen (Seitensproſse) bei jenen Bäumen (sowie bei der *Platane*, wo jener Unterschied zwischen He-
bungs- und Senkungsseite nicht stattfindet), nicht wie gewöhnlich
genau in der Achsel der Blätter, sondern etwas seitlich aus dem
Winkel zwischen der Mittellinie der Blätter und der Axe, und zwar

---

*) Auf dieses Verhältnis hat bereits K. Fr. Schimper (Geiger's Magazin für
Pharm. 1830. S. 48) aufmerksam gemacht. — Damit hängt auch die Erscheinung
zusammen, welche Henry in Nov. Act. Ac. C. L. Tom. XXII. P. 1 erwähnt, daſs
innerhalb einer Knospe obiger Gewächse die Deckungsspirale bei jedem folgenden
Blatt der Knospendecke sich umwendet, wodurch schon die Knospe ein symmetrisches
Gepräge, nämlich eine in Beziehung auf links und rechts gleiche, auf vorn und hinten
verschiedene Organisation erhält.

sämmtlich, sowohl die der rechten als die der linken Blattreihe, nach der oberen resp. vorderen Seite der Axe gerückt erscheinen. Bei der Linde entspringen überdiefs auch die durch Anticipation aus dem Winkel der untersten Knospenschuppe erzeugten Blüthenstiele sämmtlich auf e i n e r Seite in Beziehung auf die Hauptaxe, nämlich ebenfalls nach der oberen Seite hin. Ueberhaupt steht*) von den beiden ersten die Basis der Knospe umfafsenden, nach links und rechts einander gegenüberstehenden „Knospenkeimblättchen" das untere stets nach einer und derselben Seite.

Selbst bei Bäumen mit höheren Blattstellungszahlen, also mit noch mehr concentrischer Vertheilung der Blätter an der Axe bildet sich ein solcher Gegensatz zweier verschiedener Seiten heraus; bei der *Eiche* (mit $^2/_5$-Blattstellung) ist ebenfalls die Insertionsebene der Blätter nicht genau senkrecht gegen die Axe, wenn auch weniger stark geneigt als bei der *Buche;* und die Hebungsseite wechselt auch hier bei den aufeinander folgenden Blättern links und rechts ab, — und bei der *Rothtanne* wird die ursprünglich ringsum gleichmäfsige Vertheilung der Blätter um die Axe dadurch modificiert, dafs die Nadeln der nach unten gekehrten Seite abfallen und überdiefs die nach beiden Seiten stehenden an Länge die der oberen Seite überwiegen; — bei *Taxus baccata* bekommen die Zweige, indem sich die der Insertion nach concentrisch vertheilten Nadeln durch Drehung in eine Ebene legen, eine flache Gestalt, an welcher sich aufserdem, weil die Nadeln ihre obere und untere Fläche nach gleichen Seiten richten, eine obere und untere Seite unterscheidet.

Wenn nach Maafsgabe der vorhin besprochenen Blattstellungsgesetze der Jahrestrieb als ein zwei- oder mehrgliedriges concentrisches Gebilde erscheint, welches z. B. in jenen Fällen mit zweizeiliger Anordnung der Blätter, durch zwei verschiedene verticale Ebenen je in zwei e b e n b i l d l i c h gleiche Hälften getheilt wird, so beschränkt sich in Folge der zuletzt dargestellten Umstände diese Regelmäfsigkeit insofern, dafs nunmehr durch den einen Verticalschnitt der Jahrestrieb in zwei durchaus u n g l e i c h e (eine vordere und hintere) Hälften, durch den anderen Schnitt aber in zwei nur gegen- (spiegel-) bildlich gleiche (rechte und linke) Hälften getheilt wird. Aus dem c o n c e n t r i s c h regelmäfsigen ist

---

*) Nach **H e n r y** in **N. A. Ac. C. L. Tom. XXII. P. 1.**

ein symmetrisches Gebilde hervorgegangen; als concentrisches
Gebilde würde der Jahrestrieb in sich vollendet sein, als symme-
trisches erscheint er einseitig, damit zugleich aber um so mehr
geeignet, sich mit anderen ähnlichen Axen zu ergänzen und als
Glied in ein höheres Ganzes einzufügen; und so ist jene symmetrische Ausbildung der Axe ein wesentlicher Fortschritt in der
Metamorphose des Baums, wie diefs bei dem weiteren Aufbau des
Gewächses immer mehr sich geltend machen und in der folgenden
Betrachtung deshalb noch mehrfach hervorzuheben sein wird. Einstweilen kam es darauf an nachzuweisen, dafs die symmetrische oder
wedelförmige Bildung der Zweige ihren Grund nicht, wie Hartig*)
annimmt, in der Einwirkung der äufseren Umstände namentlich
des Lichteinflufses, sondern (mit etwaiger Ausnahme von *Abies* und
Taxus) bereits in der Organisation selbst und zwar in den ersten
Stufen des Aufbaus, in der Anlage des einzelnen Stengelgliedes
und in der Art, wie die ersten zwei Glieder sich aneinanderreihen,
beruht.

Im Obigen haben wir nur Rücksicht genommen auf die Anordnung der Laubblätter am Haupttheil des Jahrestriebes; betrachten wir aber den letzteren nach seiner ganzen Länge mit
Einschlufs seiner in der Winterknospe enthaltenen Basis, so bemerken wir, dafs häufig mit der oben dargestellten Steigerung der
Länge des Stengelgliedes auch eine Metamorphose der Blattstellung
von unten nach oben mehr oder weniger parallel fortschreitet.

Bei der *Buche* sind zwar die an den verkürzt bleibenden Stengelgliedern am Grund der Knospe sitzenden Nebenblattpaare eben-
sogut wie die an den gestreckten Hauptgliedern nach ¹/₂ gestellt;
beide Reihen liegen jedoch nicht in einer Ebene, indem die Niederblätter sich mit der Insertionsebene der Hauptaxe unter einem
schiefen Winkel kreuzen**), während die Laubblätter mit dieser
Ebene zusammenfallen. Es mufs also der Jahrestrieb beim Uebergang aus dem gestauchten Basaltheil in die gestreckten Glieder
eine gewisse Drehung erleiden, und zwar scheint diefs in der Region
der Anfangsglieder (der untersten noch sehr genäherten Laubblätter)
stattzufinden, indem dieselben stets spiralig (nach welchem Zahlengesetz, läfst sich bei ihrer geringen Zahl nicht entscheiden, wahr-

---

*) Naturgeschichte der forstlichen Culturpflanzen 1851. S. 177.
**) Cf. Henry a. a. O.

scheinlich noch $^2/_5$) um die Axe vertheilt sind, und erst mit dem ersten gestreckten Glied tritt die reine $^1/_2$-Stellung ein. Aehnlich scheint es bei der *Hainbuche* und bei der *Linde* zu sein.

Bei der *Heidelbeere* stehen (nach Henry) die Blätter an der Basis des Triebes noch $^2/_5$, und erst vom vierten an bildet sich allmählich die $^1/_2$-Stellung aus.

Hierher gehört auch die wenigstens für den ersten Jahrestrieb eines jeden Sprofses geltende Erscheinung, dafs (nach Henry) bei den meisten dikotyledonischen Pflanzen, insbesondere bei den *Cupuliferen*, *Coniferen*, *Pomaceen*, *Rosaceen*, *Amygdaleen* an der Basis jeder Seitenknospe zwei „Knospenkeimblättchen" links und rechts opponiert stehen, und erst mit dem dritten Blatt (resp. Nebenblattpaar) die nach oben herrschende Stellung (z. B. bei *Quercus, Rosa, Pyrus, Cydonia, Prunus, Amygdalus, Pinus* die $^2/_5$-Stellung) eingeleitet wird. Bei *Salix* folgen auf die (nach Bravais' und Henry's Ansicht) aus zwei links und rechts stehenden Blättern verwachsene Knospenhülle noch zwei ebenfalls links und rechts einander gegenüberstehende Laubblätter, und erst das fünfte Blatt leitet die spiralige (gewöhnlich $^2/_5$) oder bei *S. purpurea* gekreuzte ($^1/_2$ [$^1/_4$]) später in die spiralige übergehende Stellung ein. Bei *Populus* stehen die zwei untersten Schuppen nach vorn und hinten, und mit der dritten beginnt die spiralige Reihe, während die Terminalknospen (d. h. die nach dem ersten folgenden Jahrestriebe) von Anfang an spiralige Anordnung haben. Das letztere gilt auch von *Alnus*, welcher die „Knospenkeimblättchen" fehlen. Bei Pflanzen mit drei oder viergliedrigen Blattwirteln, z. B. *Wachholder*, besteht der unterste Wirtel fast immer nur aus zwei Blättern*).

Noch ausgezeichneter zeigt sich der Fortschritt der Metamorphose in den Stellungsverhältnissen beim Uebergang aus der vegetativen Region, auf welche wir uns einstweilen beschränken, in die Blüthe oder in den Blüthenstand, indem hier theils eine andere Art der Anordnung (Wirtelstellung nach vorhergegangener Spiralstellung), theils andere (und zwar höhere) Zahlengesetze auftreten.

Eine eigenthümliche Erscheineng in der Art und Weise, wie die Stengelglieder sich aneinanderreihen, ist die insbesondere bei den Bäumen mit zweigliedrigem Cyklus: *Buche, Hainbuche, Hasel,*

---

*) Cf. Henry a. a. O.

Linde, *Ulme*, sowie bei der *Erle*, in geringerem Grade auch bei der *Birke*, nicht aber bei der *Eiche*, *Pappel*, *Weide*, *Vogelbeere*, *Apfel*, *Birne*, *Kirsche*, *Zwetsche*, *Mandel*, den Nadelhölzern, und noch weniger bei der opponierten Blattstellung: *Kornelkirsche*, *Ahorn*, *Esche*, *Spindelbaum* etc., mit jedem folgenden Stengelglied eintretende Veränderung der Richtung und zwar abwechselnd nach links und rechts, wobei das Blatt jedesmal an dem convexen Winkel entspringt. So erscheint der Stengel mehr oder weniger scharf zickzackartig hin und her gebogen. Da diefs aber nur für die gestreckten Hauptglieder, nicht aber für die Anfangsglieder gilt, so äufsert sich auch in dieser Beziehung eine mit den früher unterschiedenen Stufen zusammenfallende Metamorphose des Jahrestriebes.

§. 15.

c. Die Metamorphose des Blattes längs des Jahrestriebes.

Am meisten wird das Stengelglied durch sein Blatt charakterisiert, und da dieses Organ überhaupt eine reichere Mannigfaltigkeit in seiner Ausbildung zeigt als die Axe, so wird auch in der Reihe der in einer Vegetationsperiode producierten Blätter ein Gesetz des Fortschrittes noch bestimmter hervortreten, als wir diefs zwischen den Stengelgliedern gefunden haben. Die Stufen, auf denen überhaupt die Metamorphose des Blattes an der Axe aufsteigt, treten auch in dem Baum auf, indem sich dieser Cyklus mehr oder weniger vollständig an jedem Jahrestrieb wiederholt. Diese Stufen sind[*]:

a) Die Formation des Niederblatts (im Allgemeinen schuppenförmig, lederig oder häutig, weniger grün).

b) Die Formation des Laubblatts (höhere Formausbildung, lebendiges grünes Gewebe).

c) Den Uebergang von der vegetativen Region zu der Region der Blüthe bildet die Hochblatt-Formation; und es folgen darauf die vier verschiedenen Formationen innerhalb der Blüthe.

Innerhalb der Lebensperiode des Baums, auf welche wir uns für jetzt beschränken, findet ein Oscillieren zwischen der Nieder-

---

[*] Vergl. Schimper in Geiger's Magazin für Pharm. 1829. Oct. S. 44 ff. Döll, Rheinische Flora. Wydler, Bot. Zeit. 1844. S. 625. Al. Braun, Verjüngungserscheinungen. S. 66.

blatt- und der Laubblattformation statt, und zwar wird in jedem Jahr im Allgemeinen dieser Cyklus nur einmal und gesetzmäfsig in der angegebenen Folge durchlaufen. Doch kann bald die eine, bald die andere der beiden Stufen fehlen; z. B. wird die Nieder-blatt-Stufe beim *Wachholder* und der *Heide* gänzlich übersprungen, während bei den *Kiefern* das Blatt längs des ganzen Jahrestriebes auf der ersten Stufe verharrt, ohne sich zum Laubblatt zu erheben.

Das Niederblatt bekommt für jede Art eine nähere Bestim-mung, wobei es sich darum handelt, welche der drei Regionen des vollständigen Blatttypus in dem Niederblatt repräsentiert ist. Ent-weder nämlich besteht die Niederblattbildung nur in einer minder kräftigen und gegliederten Erscheinung, gleichsam schuppenför-migen Zusammenziehung des Blattes verbunden mit einer lederigen oder häutigen Structur. Bei denjenigen Pflanzen, deren Blätter übrigens mit Nebenblättern begabt sind, pflegt man alsdann die einfache Schuppe sehr uneigentlich als „Verschmolzung des Haupt-blattes mit seinen Nebenblättern" aufzufassen. Hierher gehören: *Schneeball, Staphylea pinnata, Pappel, Weide* (nach H e n r y), ferner *Liguster, Syrene, Kornelkirsche, Mafsholder*, bei welchen zum Theil nur eine sehr schwache Grenze zwischen Nieder- und Laubblatt besteht. Oder die Knospendecke besteht aus dem sich verflachen-den Blattstiel mit verschwindender Blattscheibe, z. B. bei der *Roskastanie, Wallnufs*. In den meisten Fällen erkennen wir in den Niederblättern der Knospe die (freien oder unter sich ver-wachsenen) N e b e n b l ä t t e r, deren Hauptblatt nicht ausgebildet ist. Hierher gehören z. B. die *Buche, Eiche, Hainbuche, Hasel, Kastanie, Birke, Erle, Ulme, Platane*, der *Kreuzdorn, Tulpenbaum*, die *Linde, Rose, Kirsche* und *Zwetsche, Mandel, Apfel* und *Birne, Weinstock*.

Ein weiterer Punkt, der hier in Betracht kommt, ist die Ver-theilungsweise der Metamorphosenstufen des Blattes in Beziehung auf die früher (nach der Längenentwickelung der Stengelglieder) unterschiedenen Regionen des Jahrestriebes. Im Allgemeinen kön-nen wir als Regel annehmen, dafs die reine Niederblatt-Formation sich auf die vollkommen unentwickelten Stengelglieder, welche die Basis der Knospe (die Knospenspur) bilden, beschränkt. Ausnäh-men bilden die *Rose*, wo auch die etwas gestreckten Anfangs-glieder des Triebs noch Niederblätter tragen, und die *Eiche*, wo sich die Schuppen mehr oder weniger weit auch über die Reihe der vollkommen entwickelten Hauptglieder hinauf erstrecken.

Entweder springt die Metamorphose plötzlich und unvermittelt von der einen Stufe zur anderen, wie bei der *Kiefer*, *Lärche*, *Tanne*, *Ahorn* — oder sie gleitet mehr allmählich durch mancherlei Uebergangsstufen (z. B. durch allmähliches Auftreten und Zunehmen des Hauptblattes an dem in gleichem Verhältnis zurücktretenden Stipulartheil) von der Niederblattbildung zu der Stufe des Laubblattes hinauf, z. B. bei der *Rose*, *Süfskirsche*, *Buche*, *Weinstock*, *Liguster* u. s. w.. Auch innerhalb der Formation des Laubblattes findet ein gesetzmäfsiger Fortschritt in Beziehung auf Gröfse und Ausbildung statt. Insbesondere sind die Anfangsglieder der Blattreihe gewöhnlich kleiner und weniger ausgebildet als die folgenden an den gestreckten Stengelgliedern, und so findet in manchen Fällen nach oben auch wieder eine Abnahme statt, wie z. B. bei der *Rose*. Im Allgemeinen geht die Metamorphose des Blattes gleichen Schritt mit der Ausbildung der Stengelglieder eines Jahrestriebes. Der Höhepunkt fällt bald in die Mitte (*Rose*), bald mehr nach oben, bald in die untere Hälfte des Triebs, wie beim *Sauerdorn*, wo die Reihe der Blätter überdiefs durch dornartige Anamorphosen des Blattes bereichert wird.

Dem Gesetz, wonach die Metamorphose des Blattes an einem Jahrestrieb stets von der Niederblatt- zur Laubblattstufe fortschreitet, scheint durch zwei Fälle widersprochen zu werden. Bei der *Eiche* steigen die schuppenförmigen Niederblätter nicht nur an dem gestreckten Trieb ziemlich weit empor, sondern mischen sich auch hier und da in die Reihe der Laubblätter, indem sie mit den letzteren abwechseln. Neben diesem Mangel an scharfer Sonderung bei der *Eiche* zeigen gewisse *Pinus*-Arten geradezu eine Umkehrung jenes Gesetzes; indem bei der *Kiefer* und der *Krummholzkiefer* der zweite Jahrestrieb der Hauptaxe und bei der letzteren auch der zweite Jahrestrieb der untersten Seitenaxen, abgesehen von den Knospendecken, mit grünen Nadeln beginnt und zu Niederblättern fortschreitet, wie sie an den übrigen Stengelgliedern dieser Bäume ausschliefslich vorkommen.

In der Metamorphose des Blattes am Jahrestriebe herrscht eine ebenso grofse Mannigfaltigkeit bei verschiedenen Bäumen, als Gesetzmäfsigkeit bei jeder einzelnen Species. Aufser den oben genannten Punkten gehört zur Charakteristik dieser Metamorphose noch deren innere Oekonomie, d. h. die Anzahl der Glieder, welche zu je einer Formation gehören, sowie endlich die Form- und Structurverhältnisse im Einzelnen. Einige Beispiele mögen das Vorstehende weiter erklären.

Kiefer. Der erste Jahrestrieb mit lauter grünen Nadeln (L)[*], die folgenden Haupttriebe mit lauter Niederblättern (N), mit Ausnahme des oben erwähnten Falles bei der gemeinen und der *Krummholz-Kiefer* und mit Ausnahme der Nadelzweige, deren Metamorphose weiter unten beschrieben wird.

Tanne, Lärche und *Eibe.* N an der Basis, L am übrigen Trieb.

Wachholder. Lauter L.

Mistel. 1) Ein Paar kleine schuppenförmige, dünnhäutige Niederblätter am unentwickelten Anfangsglied. 2) Ein Paar Laubblätter an dem entwickelten Stengelglied.

Buche. 1) 2 Knospenkeimblättchen[**]. 2) 7 — 8 Paare von schuppenartigen Nebenblättern ohne Hauptblatt. 3) Nach oben folgen Nebenblätter mit allmählich zunehmendem Hauptblatt. Aehnlich bei der *Hainbuche* (nach Ohlert[***]) 14 Knospenschuppen, 8 Laubblätter in der Knospe, durch Verkümmerung der letzten nur höchstens 6 Laubinternodien am Jahrestrieb), — *Hasel* (nach Ohlert 9 Knospenschuppen, höchstens 11 Laubinternodien), — *Kastanie,* — *Ulme* (nach Ohlert bei *U. camp.* 6 Knospenschuppen, höchstens 9 Laubinternodien).

Bei der *Eiche* ebenso, nur dafs die Schuppen auch an den unteren Gliedern des gestreckten Triebes und sogar mit den Laubblättern unregelmäfsig wechselnd vorkommen. An einigen Keimpflanzen (erster Jahrestrieb) fand ich die Niederblätter in zwei verschiedenen Modificationen: die 6 — 7 am unteren Theil des gestreckten Triebes entspringenden waren einfache nicht getheilte Schuppen, darauf folgten entweder die Laubblätter oder vorher ein Paar schuppenförmige Nebenblätter ohne Hauptblatt. Die Laubblätter treten zuweilen in allmählicher Ausbildung auf, indem das Hauptblatt Anfangs nur rudimentär oder mit kleinerer ganzrandiger Lamina ausgebildet ist. Im Allgemeinen ist bei der *Eiche* die Ordnung in der Blattmetamorphose ebenso wenig fest, wie wir diefs bei der Reihe der Stengelglieder dieses Baums gesehen haben.

Birke. Die 2 ersten Schuppen der Knospe sind (nach Henry) die Nebenblätter von dem obersten Blatt des vorhergehenden Triebes; darauf folgt ein Paar Nebenblätter ohne Hauptblatt, welches bei den folgenden Paaren ausgebildet ist (nach Ohlert 2 Knospenschuppen, höchstens 10 Laubinternodien).

Erle. Von unten an Hauptblätter und Nebenblätter zugleich, das unterste Paar der letzteren bildet die Knospendecke.

---

[*] L bedeutet Laubblatt-, N: Niederblatt-Formation.

[**] Diese bei mehreren der folgenden Beispiele wiederkehrende Niederblattbildung gehört jedoch nur dem ersten Jahrestrieb eines jeden Sprofses an.

[***] Ohlert, Bemerkungen über die Knospen unserer Bäume und Sträucher. Linnaea 1837, S. 682.

Weide. 1) Eine einfache (vielleicht durch Verwachsung aus zwei) Knospenhülle = *N.* 2) Die folgenden Blätter sind sämmtlich *L.* (Nach Ohlert 2 Knospenschuppen, höchstens 23 Laubinternodien).

Pappel (Populus pyramidalis). Zuerst mehrere Paare getrennter Nebenblätter = *N,* weiter nach oben tritt neben denselben auch das Hauptblatt (als *L*) auf, vom 7. bis 9. an entwickelt sich das letztere über die Nebenblätter überwiegend.

Platane. 1) Mehrere *N* durch die geschlofsene Ochrea des Blattes gebildet, nach innen immer zarter werdend. 2) Allmählich tritt auch das Hauptblatt in fortschreitender Ausbildung zu dem gleichzeitig zurücktretenden Stipulartheil hinzu.

Heidelbeere. Am Grund (2) braune derbe, darauf 2 weifse zarte blumenblattartige Niederblätter, worauf die Laubblätter folgen.

Heide. Sämmtlich *L,* untereinander gleich, nur die ersten etwas kleiner.

Kornelkirsche. Ein Paar *N* als Knospendecke, die folgenden = *L.*

Epheu. Am Grund einige *N.*

Sauerdorn. Am Grund der Knospe Niederblätter, die Laubblätter stehen an den unentwickelten Anfangsgliedern als dichte Rosette und aufserdem an den untersten gestreckten Gliedern des Triebs, nach oben gehen sie theils plötzlich, theils durch Mittelbildungen allmählich in dreizackige Dornen über, welche ganz nach oben einzackig werden.

Stachelbeere. Eine Metamorphose des Blattes wird hier durch die Stacheln bedingt, welche den dornartigen Blättern von *Berberis* ganz ähnlich, gleichwohl durch den anatomischen Bau, indem sie, der Gefäfsbündel entbehrend, nicht in den Holzkörper sondern in die Rinde übergehen, sowie durch ihre Stellung an der Basis wahrer Blätter als blofse Epidermoidalgebilde und zwar wegen ihrer constanten Stellung als charakteristische Anhängsel der Blätter erkannt werden. Hierin zeigt sich insofern ein gesetzmäfsiger Fortschritt, als an den Anfangsblättern des Triebes die Stacheln fehlen, an den folgenden mit einem und an den obersten Blättern mit drei Zähnen auftreten.

Linde. Auf die 2 Knospenkeimblättchen folgen unmittelbar die Hauptblätter mit Nebenblättern. (Nach Ohlert höchstens 11 Laubinternodien).

Weinstock. Vergl. unten.

Ahorn (A. platanoides). 1) 2 Paar sich kreuzende kleine Niederblätter. 2) 2 Paar längere *N.* 3) 3 — 4 Paar Laubblätter (nach Ohlert 6 Knospenschuppenpaare, höchstens 9 Laubinternodien).

Kirsche (Prunus avium). 1) 2 Knospenkeimblättchen. 2) 8 — 10 Knospenschuppen. 3) An den folgenden tritt nach und nach das Hauptblatt auf und der Stipulartheil zurück.

Rose (R. centifolia). 1) 2 Knospenkeimblättchen. 2) Mehrere *N* = Stipulartheil mit verschwindendem Hauptblatt, nach und nach tritt das letztere auf und bekommt das Uebergewicht über den ersteren. Zugleich zeigt sich in der Ausbildung des Hauptblattes ein Fortschritt, in der Gröfse und Zahl der Blättchen, welche von 5 zu 7 zunehmen, von da wieder nach oben zu 5, 3, 1 bis zu den nebenblattartigen Hochblättern abnehmen. Das Maximum fällt etwas über die Mitte des Jahrestriebes (nach Ohlert 6 Knospenschuppen, höchstens 15 Laubinternodien)*).

§. 16.

d. Die Metamorphose des Jahrestriebes in Beziehung auf das Sprofsvermögen.

Das Vermögen der Axe, Sprofse aus sich hervorzubringen, ist gebunden an das oberste Ende des Stengelgliedes, oder, was dasselbe ist, an die Achsel des Blattes; und im Allgemeinen ist in jedem Blattwinkel die Anlage zu einem oder mehr als einem Seitentrieb (z. B. *Hainbuche, Mafsholder, Kornelkirsche, Pfeifenstrauch, Zwetsche, Ginster* [*Genista tinctoria*], *Ahlkirsche* [*Lonicera Xylosteum*], *Hollunder*) vorhanden, mag dieselbe nun zur Verwirklichung kommen oder durch besondere Umstände, wie in der Blüthe, ganz oder zum Theil unterdrückt werden. Auch in der vegetativen Region, von welcher wir handeln, treibt nur ein Theil der Blätter entwickelungsfähige Knospen, und zwar herrscht in dieser Beziehung bereits an dem einzelnen Jahrestriebe ein bestimmtes Gesetz, ganz entsprechend der oben dargestellten Ordnung zwischen den aufeinander folgenden Stengelgliedern in Beziehung auf deren Länge und auf die Verschiedenheit der Blätter. Wie dort, so sehen wir auch hier im Allgemeinen eine Steigerung der vegetativen Kraft von unten nach oben.

In den meisten Fällen äufsert sich dieses Gesetz darin, dafs weder in den Winkeln der Knospenschuppen noch in denen der untersten genäherten Laubblätter, sondern nur in den (und zwar sämmtlichen) Blattwinkeln des oberen entwickelten Theils des Jahrestriebes kräftige Knospen erzeugt werden.

Noch mehr tritt die Erscheinung hervor, wenn selbst von dem gestreckten Theil des Jahrestriebes die ganze untere Hälfte steril

---

*) Dieser gesetzmäfsige Stufengang des Blattes mit seinen Modificationen längs des Jahrestriebes ist grofsentheils schon im Knospenzustand ausgesprochen. Reiche Beiträge zur Kenntnis dieses Gegenstandes hat Henry in seinen drei Abhandlungen in Nov. Act. Ac. C. L. Tom. XVIII. 1, XIX. 1, XXII. 1 geliefert, welchen die obigen Angaben zum Theil entlehnt sind. Später erschien Döll: Ueber die Laubknospen der Amentaceen. 1848.

bleibt und die Knospenproduction auf die obersten Glieder beschränkt ist, z. B. *Eiche, Pappel, Weide, Hängeesche, Spindelbaum.* Weiter unten werden wir sehen, daſs sich nicht nur die Fähigkeit zur Sproſsbildung, sondern auch die Kraft in den erzeugten Sproſsen von unten nach oben steigert. In vielen Fällen findet nach oben wiederum eine Abnahme statt, indem wenigstens das letzte Blatt oder Blattpaar z. B. *Buche, Mandel, Vogelbeere, Kornelkirsche, Roskastanie,* keine oder nur schwächere Knospen erzeugt. Der *Feldahorn (Maſsholder)* bildet auch in dieser Hinsicht eine Ausnahme von der sonst allgemeinen Regel, indem das Maximum der Productionskraft mehr in die untere Region des Jahrestriebes fällt als in die obere. Ueber die *Kastanie* vergl. unten S. 56.

Es wirft sich hiernach die Frage auf: hängt dieses Steigen resp. Sinken der Sprosung mit der analogen in der Gestalt des Blattes und in der Länge des Stengelgliedes erkannten Erscheinung zusammen? Was das erste betrifft, so scheinen sich zwar im Allgemeinen die Laubblätter von den Niederblättern durch die Fähigkeit Axillartriebe zu erzeugen, zu unterscheiden, wenigstens sind die in den Winkeln der basilären Knospenschuppen entspringenden Knospen nur rudimentär und entwickeln sich entweder nie oder erst später und unter besonderen Umständen*), oder wenigstens nur zu schwachen Sproſsen (z. B. *Roskastanie*); doch findet man bei der *Eiche* in den Achseln der hier und da, wie oben erwähnt, am entwickelten Stengel mit Laubblättern wechselnden Niederblätter ebenso kräftige Knospen wie in den Achseln der ersteren; bei der *Mistel* erzeugen die zarten weiſsen Niederblätter am untersten verkürzten Stengelglied jene gewöhnlich als Beiknospen aufgefaſsten angesehenen Knospen resp. scheinbar quirlständigen Zweige, und bei *Pinus* entspringen ja sämmtliche zahlreiche Zweiglein und selbst die Kraftsproſse aus schuppenförmigen Niederblättern; — während andererseits manche Laubblätter wie eben jene grundständigen und in den betreffenden Fällen auch das oberste Laubblatt steril bleibt.

Oder ist es etwa vielmehr der Entwickelungsgrad der erzeugenden Stengelglieder, womit die Sproſsfähigkeit in unmittelbarem Zusammenhang steht? Dafür spricht allerdings das

---

*) Z. B. an älteren Axen der *Buche* etc., nach Hartig, Naturgeschichte der forstlichen Culturpflanzen.

gleichzeitige Steigen beider Wirkungen von unten nach oben, die Unfruchtbarkeit nicht nur der vollkommen unentwickelten Knospenglieder, sondern auch der nur wenig entwickelten unteren Laubglieder, sowie der Endglieder, insofern dieselben (*Kornelkirsche, Mandel*) zugleich an Länge abnehmen. Bei der *Mistel* ist das blafshäutige Schüppchen an dem ersten nicht entwickelten Stengelglied eines jeden Sprofses mit der Anlage begabt, aus seiner Achsel je eine Knospe zu treiben, die sich in der Regel und zwar in demselben Jahr wie der primäre Sprofs zu scheinbar quirlständigen Aesten hervorzubilden. Bei der *Buche* zeigt sich der Zusammenhang beider Erscheinungen deutlich darin, dafs der unterste Sprofs des Triebes im dritten oder erst im vierten Blattwinkel auftritt, je nachdem das vierte Stengelglied mehr oder weniger entwickelt ist. Es scheint bei diesem Baum eine Länge von mindestens 3‴ für das betreffende Stengelglied die Bedingung für eine Sprofserzeugung zu sein. Deshalb verzweigen sich auch jene kümmerlichen Sprofse, welche jährlich fast nur um die Knospenlänge fortwachsen, bei der *Buche* nie, während diefs bei anderen Bäumen, z. B. *Eiche, Kornelkirsche* etc., vorkommt.

Dafs aber die Sprofsung, wenn auch nach dem Vorigen im Allgemeinen mit der Blattmetamorphose und noch mehr mit der Längenentwicklung der Stengelglieder parallel, doch davon nicht abhängig ist, dafs vielmehr jenes Gesetz der sich nach oben steigernden Productionskraft der Axe ihren Grund unmittelbar in dem Wesen des Jahrestriebes, unabhängig von dessen Gliederbau, hat, lehren uns die Nadelhölzer, insbesondere die *Rothtanne*, wo in den an der unteren Hälfte des Jahrestriebes ganz mangelnden, an der oberen Hälfte vereinzelt und erst dicht an der Spitze reichlich und kräftig auftretenden Sprofsen jenes Gesetz sich auf das Bestimmteste ausprägt; trotzdem, dafs alle Stengelglieder gleich unentwickelt sind, und die Blätter, wenngleich ihre Winkel die gesetzmäfsigen Ursprungsstätten für die Knospen bleiben, doch bei ihrer durchgehenden Gleichartigkeit auf die ungleiche Vertheilung der Sprofse keinen Einflufs üben. Ebenso erscheint beim *Taxus* und am *Lebensbaum* das Sprofsvermögen und bei der *Kiefer, Lärche* und *Heide*, wo bei durchgehends gleichen Stengelgliedern und Blättern sich ein so auffallender Unterschied in der Natur der oberen und unteren Sprofse zeigt, wenigstens die Kraft der Sprofse vollkommen unabhängig von den beiden anderen Factoren.

Folgende Beispiele liefern einige Belege für diese Sätze im Einzelnen, sowie für die auch in diesem Punkte herrschende specifische Eigenthümlichkeit.

Kiefer. Aus jedem (Nieder-) Blattwinkel, mit Ausnahme der circa 11 untersten, entspringt ein Sprofs, welcher sich sogleich entfaltet, nur die der Spitze zunächst im Quirl stehenden 5 Kraftsprofse werden im ersten Jahr als Winterknospe angelegt.

Lärche. Verhältnismäfsig nur wenige Blätter treiben Sprofse, welche aber längs des Triebes gleichmäfsig vertheilt sind. Unterschied in Beziehung auf die Entwickelungszeit wie bei der *Kiefer.*

Rothtanne. Der untere Theil des Jahrestriebes frei von Knospen, in der mittleren und oberen Region sind ungefähr 6 Knospen unregelmäfsig vertheilt, an der Spitze 5 scheinbar wirtelförmig zusammengedrängt, an den Seitenaxen nur 2 — 4 in der Nähe der Spitze. Zuweilen findet man Jahrestriebe an der Hauptaxe ohne alle Verzweigung; an anderen fehlen die unteren Seitenaxen und auch von dem Endwirtel haben sich nur 1 oder 2 Sprofse entwickelt.

Eibe. Die untersten Blätter leer; das Sprofsvermögen nimmt nach oben zu, aber auch noch zwischen den oberen Sprofsen sterile Blätter.

Lebensbaum (*Thuja occidentalis*). Die Sprofsbildung unabhängig von den Blättern, nach selbständiger Anordnung, nämlich zweizeilig, während die Blätter vierzeilig stehen.

Mistel. Das einzelne unentwickelte Anfangsglied treibt aus den 2 dünnhäutigen Schuppen je eine Knospe, die sich mitunter als Zweig oder als Blüthe entwickelt. Das obere entwickelte Glied mit einem Paar Laubblätter, die mit den vorigen alterniren, erzeugt in jedem Blattwinkel eine Knospe.

Buche. An den Knospengliedern, sowie an den 3 — 4 untersten Laubgliedern keine oder nur rudimentäre (in der Regel) nichtentwickelungsfähige Knospen, in allen übrigen Blattwinkeln, mit Ausnahme des obersten, kräftige Knospen.

Hainbuche und *Hasel.* Ebenso, jedoch hier auch in dem obersten Blattwinkel, ein und zwar der kräftigste Sprofs. Bei der *Hainbuche* unter der Hauptknospe eine kleine Beiknospe.

Kastanie. Sprofsung vorzugsweise aus den oberen Gliedern, aber kein Gesetz der Steigerung von unten nach oben, sondern bald treiben alle, bald mehrere unregelmäfsig mit unfruchtbaren wechselnd, meistens aber nur die unteren und oberen Blätter Knospen, während die mittleren gewöhnlich leer bleiben.

Eiche. Die Knospen vorzugsweise in den oberen Blattwinkeln entspringend und wegen deren genäherter Stellung selbst sehr zusammengedrängt; übrigens das oben S. 54 Gesagte.

Birke. Die 1 oder 2 untersten Blätter steril, in den folgenden bis zum obersten werden Knospen erzeugt.

Erle. Die unterste Knospe entspringt regelmäfsig aus dem vierten Blatt des Jahrestriebes, also aus dem ersten Glied des zweiten Blattcyklus. Auch die obersten Stengelglieder, obgleich verkürzt, erzeugen kräftige Sprofse.

Weide (Salix fragilis). Die untere Hälfte des Jahrestriebes meist ohne Knospen, die der oberen Hälfte fast alle entwickelt, wegen der abnehmenden Internodien nach oben immer näher zusammengerückt.

Pappel. Es entwickeln sich verhältnismäfsig wenig Knospenanlagen, namentlich die der unteren Hälfte gar nicht.

Ulme. Wie die *Hainbuche.*

Heidelbeere. An den unteren Jahrestrieben des Strauchs entspringt gewöhnlich nur ein kräftiger Sprofs und zwar am oberen Theil des Triebes; an den oberen Trieben dagegen gewöhnlich mehrere.

Heide. Im Allgemeinen treiben nur die entwickelten Stengelglieder, und zwar diese regelmäfsig, Sprofse, welche deshalb längs des ganzen Triebes gleichmäfsig vertheilt sind; hier und da auch ein Sprofs aus einem der unentwickelten Anfangsglieder.

Geisblatt. Das unterste Stengelglied leer; die übrigen sämmtlich mit Knospen, welche sich jedoch nicht alle weiter entwickeln.

Hollunder. Die Knospen der 2 — 3 untersten Stengelglieder rudimentär, die der oberen sämmtlich entwickelungsfähig. Eine kleine Beiknospe am Grund der Hauptknospe.

Syrene. Die untersten (zuweilen 6) Glieder ohne Sprofse; von den oberen entwickeln sich regelmäfsig nur die aus dem obersten Blattpaar, oft auch die aus dem zunächst oder mehreren vorhergehenden Blattpaaren.

Esche. Die Knospen der 2 untersten Laubstengelglieder fehlen oder sind nicht entwickelungsfähig, nach oben nimmt die Kraft der Knospen zu; bei der *Hängeesche* kommen nur die obersten Sprofse des Jahrestriebes zur Ausbildung.

Kornelkirsche. Die Knospenschuppen leer, die Laubblätter entwickeln regelmäfsig ihre Knospen, das oberste Paar jedoch nicht immer. An der Basis einer jeden Knospe eine Beiknospe, welche sich aber, wenn überhaupt, erst später zum Trieb entwickelt.

Sauerdorn. Nur aus den Winkeln der Dornen und oberen Laubblätter, d. h. nur an den gestreckten Stengelgliedern entwickeln sich Sprofse.

Stachelbeere. Die unteren (genäherten) Laubblätter leer.

Pfeifenstrauch. Die unteren kurzen Stengelglieder leer; die oberen, oder nur das letzte Glied, treiben aus je einem Blattwinkel einen Sprofs, deren jeder 2 Beiknospen neben sich hat, die sich jedoch erst später weiter entwickeln.

Linde. Die 2 — 3 Anfangsglieder ohne, alle übrigen, namentlich das oberste Glied mit Sprofsbildung.

Weinrebe. Ueber den eigenthümlichen Wechsel zwischen den verschiedenen Gliedern eines Jahrestriebes in Beziehung auf Sprofsbildung, indem bald 1 bald 2 Sprofse aus je 1 Blattwinkel entspringen, vergl. unten §. 38 das Nähere.

Ahorn (A. platanoides). Die untersten Internodien ohne, nur die 1 oder 2 obersten mit Sprofsung.

Feldahorn (Mafsholder). Auch die Anfangsglieder mit kräftigen Knospen, jede Knospe rechts, links und an der Basis mit Beiknospen.

Spindelbaum. Die unteren, auch die der entwickelten Stengelglieder, leer.

Vogelbeere. Gewöhnlich erst das vierte oder fünfte der entwickelten Stengelglieder bildet Sprofse, so dafs gewöhnlich die untere gröfsere Hälfte des Jahrestriebes nackt ist; auch das oberste sehr entwickelte Glied ist leer, es scheinen an einem Trieb nicht mehr als 2 Sprofse vorzukommen.

Rosa centifolia. Das Sprofsvermögen nimmt von unten nach oben zu.

Zwetsche. Mit Ausnahme der untersten entwickelt jedes Blatt seine Knospe; oft 2 Knospen in 1 Blattwinkel. — *Mandel.* Die Knospen der Anfangsglieder sind gar nicht entwickelt, die der folgenden mehr oder weniger verkümmert, die der oberen stärker; die obersten Blätter in der Nähe der Spitze wieder leer.

Genista germanica. Aus jedem Blattwinkel (mit Ausnahme der untersten) entspringen je 2 Knospen übereinander, von denen sich die obersten noch in demselben Jahr als Dornzweige entwickelen; die unteren bilden sich, aber nur zum Theil, zu belaubten Sprofsen aus.

Die Gesetzmäfsigkeit, welche wir im Vorhergehenden für das Verhalten des Jahrestriebes in Beziehung auf Längenentwickelung, Ausbildung der Blätter und Erzeugung von Seitensprofsen erkannt haben, stimmt vollkommen überein mit dem bekannten Gesetz für die anatomische Ausbildung je einer Jahresschicht des sich verdickenden Holzkörpers, nämlich ein von innen nach aufsen fortschreitendes Vorherrschen der dickwandigen Holzzellen über die allmählich verschwindenden weiten und dünnwandigen Gefäfse, oder bei den *Coniferen* ein allmähliches Zunehmen der Holzzellen von innen nach aufsen in Beziehung auf die Dicke ihrer Wand*). Fafsen

---

*) Eine Steigerung im Verlauf des Jahrestriebes, die sich etwa in einer von unten nach oben fortschreitenden Zunahme des Dickenwachsthums äufsern könnte, woraus

wir diefs Alles zusammen, so können wir sagen: die einfache Axe
des Baums wächst nicht gleichförmig, sondern das Wachsthum oder
der Bildungstrieb steigert sich bis zu einem gewissen Maximum,
sinkt darauf in Ruhe, um sich von Neuem zu erheben und wiederholt zu sinken, — und so gleicht das Wachsthum einer immer
weiter eilenden im Einzelnen wohl organisierten und für jede Baumart charakteristischen Welle; im Allgemeinen überwiegt jedoch der
Weg der Hebung den der Senkung, indem die Welle entweder
auf ihrem Gipfel schroff abstürzt oder wenigstens auf einem kürzeren
Weg fällt, als der, auf welchem sie gestiegen ist. Hierbei sehen
wir jedoch von aller Periodicität ab; wenn wir auch wifsen, dafs
jener Cyklus im Allgemeinen jedes Jahr einmal durchlaufen wird,
so kennen wir doch nicht die Zeit, welche zu den einzelnen Stadien dieses Wachsens gehört, und wir dürfen nicht sagen, die von
der Zeit bedingte Intensität des Wachsthums nehme im Laufe des
Jahros zu; vielmehr haben wir bei unserer Betrachtung nur das
Product des Wachsens im Auge; die Gliederung der Axe ist eine
morphologische Gliederung, und jedes Glied, d. h. jeder Jahrestrieb erscheint uns als ein wohlgeordnetes Ganzes, welches Anfang
und Ende und ein bestimmtes Gesetz des Fortschrittes in sich trägt.
Wir werden sehen, wie sich diese Individualität des Jahrestriebes
auch auf den Stufen der weiteren Entwickelung, nämlich bei seiner
seitlichen Fortbildung durch Verzweigung nicht nur erhält, sondern immer schärfer ausprägt; zuvor jedoch müfsen wir dem Jahrestrieb in seiner Fortbildung nach der Richtung der Länge, in seiner
Verkettung mit anderen zum mehrjährigen Sprofs folgen.

§. 17.

Anhang zur Lehre vom Jahrestriebe.

Bevor wir in unserem Gegenstand weiter gehen, drängen sich drei
(nach S. 5 und 6) zur Charakteristik des Baum-Habitus gehörige

denn eine verkehrtkegelförmige Gestalt des Triebes folgen würde, existiert nicht. Jede
folgende Jahresschicht des Holzkörpers ist im Allgemeinen cylindrisch oder die Dicke
nimmt umgekehrt nach oben ab, indem in den meisten Fällen der eine Jahrestrieb in
den folgenden (um ein Jahr jüngeren) sich allmählich verdünnt; Zweige, welche im ersten Jahr ihr Wachsthum abschliefsen, haben eine spitze Kegelform wie die einjährigen
Dornzweige bei dem *Schleh-* und *Weifsdorn*; in manchen Fällen, z. B. bei der *Weide*
erscheint jeder Jahrestrieb als ein Cylinder, welcher an der Grenze gegen den folgenden eine Art Absatz bildet.

Punkte auf, nämlich die Anordnung der Zweige, das Maaſs der Verzweigung, sowie Art und Maaſs der Belaubung, welche an dieser Stelle berührt werden müſsen, weil dieselben gerade in den im Vorhergehenden dargestellten Verhältnissen zum Theil ihre Erklärung oder nähere Bestimmung finden.

Insofern das Maaſs der Verzweigung des Baums in einer Beziehung bestimmt wird durch die Zahl der Seitenaxen und durch die Länge der Hauptaxe, auf welcher sich dieselben vertheilen, oder mit anderen Worten: durch die durchschnittliche Entfernung je zweier Seitenaxen, so beruht dieses Maaſs lediglich in dem Bau des einfachen Jahrestriebes, wie wir denselben oben betrachtet haben, nämlich in den beiden Factoren: durchschnittliche Länge des Stengelgliedes einerseits und durchschnittliches Sproſsungsvermögen desselben andererseits, — und zwar wird, da, wie wir gesehen haben, im Allgemeinen nur die minder entwickelten Stengelglieder unfruchtbar sind, die Länge des Stengelgliedes der vorzugsweise Maaſs gebende Factor sei, so daſs es in den meisten Fällen nur einer geringen Einschränkung bedarf, wenn wir sagen: die Entfernung zweier Sproſse ist gleich der durchschnittlichen Internodiallänge. Das gewöhnliche Maaſs bei unseren meisten Wald- und Obstbäumen beträgt ungefähr einen Zoll; die Verschiedenheiten treten mehr an dem einzelnen Baum als zwischen den verschiedenen Arten hervor; das Maximum von Reichthum an Zweigen (wenn wir nämlich von der Qualität der Zweige ganz absehen) findet sich bei der *Heide* und den *Pinus*-Arten, theils wegen der kurzen Stengelglieder, theils wegen der verhältnismäſsig reichen Sproſsbildung; Beispiele, wo dieses Maaſs mehr oder weniger bedeutend überschritten wird, bieten der *Hollunder*, die *Robinie*, die *Roskastanie* (wo die Entfernung zwischen 1 — 2″ und 5″ schwankt), die *Esche* und vor Allem die *Hängeesche*. In den letzten wie in anderen Fällen, z. B. bei der *Weide*, *Pappel* und kräftigen Axen der *Eiche*, wo die obige Voraussetzung insofern nicht paſst, als hier auch ein Theil der entwickelten Stengelglieder steril ist, erleidet dadurch das Maaſs der Verzweigung noch eine Verminderung zu Gunsten der Längenentwickelung. Gänzlich unabhängig aber ist, wie wir oben sahen, die Entfernung der Seitenaxen bei der *Tanne* (*Abies*), *Eibe*, *Lebensbaum*, und zeigt hier vielmehr ein eigenthümliches Maaſs, welches mit dem oben für die meisten Bäume gewöhnlichen ʼziemlich übereinstimmt (für *Abies* und *Taxus*

circa $^2/_3''$). — Aber nicht nur durch die mittlere Entfernung der
Zweige, sondern auch durch die mehr oder weniger gleichmäfsige
Vertheilung derselben längs ihrer Hauptaxe wird die Verzweigung des Baums charakterisiert, und auch hierfür haben wir den
Schlüfsel in dem gegenseitigen Verhältnis der beiden genannten
Factoren. Eine vollkommen gleiche Vertheilung der Sprofse, bedingt durch Uebereinstimmung sämmtlicher Stengelglieder des Jahrestriebes in Beziehung auf Längenentwickelung und Sprofsung,
findet sich unter unseren Holzgewächsen ziemlich annähernd wohl
nur bei dem *Mafsholder*. Auch bei der *Kornelkirsche* wird trotz der
verschiedenen Länge und Sprofsfähigkeit der Glieder die Entfernung der Zweige ziemlich gleichmäfsig (bei kräftigen Axen circa
$1^1/_2''$) dadurch dafs sowohl das letzte Laub-Stengelglied des einen
als das erste des nächstfolgenden Jahrestriebes etwas kürzer als
die anderen, das dazwischen liegende Knospenglied aber ganz verschwindend ist, und somit diese drei einzigen unfruchtbaren Glieder durch ihr Zusammenstofsen keine merklich von der gewöhnlichen Internodiallänge verschiedene Entfernung der benachbarten
Zweige bilden. Bei den meisten Bäumen entsteht durch den Mangel an Sprofsbildung an den unteren Gliedern des einen und zum
Theil an den obersten des vorhergehenden Triebes an der Grenze
zweier Jahrgänge jedesmal eine Unterbrechung der Sprofsreihe,
welche, jedoch erst dann merklichen Einflufs auf den Habitus der
Axe übt, wenn auch die gestreckten Stengelglieder der Sprofs-
kraft ermangeln, wie bei der *Weide, Pappel, Hängeesche, Spitzahorn* (wo die Entfernung der so ungleich vertheilten Seitenaxen
an einem Jahrestrieb bei einem mittleren Werth von $3^1/_2''$ zwischen den Extremen $^1/_8''$ und $9''$ schwankt). — In umgekehrtem
Sinn macht sich eine ungleiche Vertheilung der Seitenaxen bei
manchen Bäumen insofern geltend, wenn dieselbe in einer überwiegenden Verkürzung der sprofstragenden Stengelglieder beruht,
wie diefs bei der *Weide, Kirsche, Eiche, Kiefer, Rothtanne* für die
obersten Glieder der Fall ist, so dafs hier, zumal da zum Theil
die Wirkung durch das gleichzeitig damit verbundene vorher-
genannte Verhältnis noch verstärkt wird, mehrere, oft alle Zweige
des Jahrgangs dicht unter der Jahresgrenze scheinbar wirtelförmig zusammengehäuft stehen.

Die Vertheilung der Seitenaxen im Umfang der
Hauptaxe oder das Stellungsgesetz derselben bleibt, da im

Allgemeinen jedes Blatt einen Sprofs erzeugt, dasselbe, welches wir oben für die Vertheilung der Blätter im Jahrestrieb besprochen und für die verschiedenen Baumarten nachgewiesen haben. Daher die opponierte Zweigstellung bei *Acer, Aesculus* u. s. w. die zweizeilige Anordnung bei der *Buche, Linde* u. s. w. die spiralige Vertheilung nach $1/3$ bei der *Erle*, nach $2/5$ der *Eiche*, den Obstbäumen u. s. w. Modificationen treten aber auch hier durch die Beschränkung der Sprofsfähigkeit auf eine gröfsere oder kleinere Zahl von Blättern ein. Die Anordnung der Sprofse eines Jahrestriebes bleibt sich mehr gleich als die der Blätter, indem wenn bei den untersten der letzteren ein anderes Zahlengesetz als bei den oberen herrscht, diefs wegen der Unfruchtbarkeit gerade der Knospen- und der Anfangs-Glieder keinen Einflufs auf die Stellung der Zweige hat. Wenn wir an einem mehrjährigen Zweige, z. B. der *Buche*, die Seitenaxen fast niemals regelmäfsig nach rechts und links abwechselnd, sondern oft die zunächst aufeinander folgenden Seitenaxen auf einer und derselben Seite übereinander stehend finden, so erklärt sich diese scheinbare Abweichung von dem allgemeinsten Stellungsgesetz einfach dadurch, dafs wir eine mehrjährige Axe nicht als ein continuierliches Ganzes, sondern als zusammengesetzt aus mehreren selbständigen Gliedern, den Jahrestrieben, ansehen müfsen. Nur für jedes einzelne dieser Glieder und streng genommen nur für die Blätter gilt das Gesetz der alternierenden Stellung, bei der Verknüpfung derselben findet aber durch den Umstand, dafs im Grund eines jeden Jahrestriebes eine und zwar nicht immer eine ge rade Anzahl von sterilen Stengelgliedern auftritt, natürlich wenn die letztere eine un ger ade Zahl ist, eine Umkehrung der Ordnung statt; und man wird zwischen zwei Zweigen, welche auf derselben Seite unmittelbar übereinander stehen, jedesmal eine Jahresgrenze in Gestalt einer Knospenspur finden. Dieselbe Erscheinung kann natürlich auch darir hren Grund haben, dafs zuweilen ausnahmsweise zwischen lauter sprofsenden ein einzelnes Laubblatt steril bleibt. So findet man namentlich bei gegenständigen Blättern, wenn nur eins der beiden einen Sprofs treibt, die Zweige einzeln an den primären Axen zerstreut, wodurch der Habitus sehr verändert erscheint, z. B. bei der *Esche, Roskastanie, Mistel.* Nach ganz eigenthümlichem Gesetz, unabhängig von den Blättern, verhalten sich aber auch hier die Sprofse bei den Nadelhölzern, z. B. bei der *Rothtanne* und *Taxus baccata*, wo trotz der

rmgsum gleich vertheilten Blätter an den secundären Axen die
Sprofse zweizeilig auftreten, und bei *Thuja,* wo von den vier Längszei-
len der Blätter sich nur die zwei seitlichen Axillarknospen entwickeln.
Dafs bei der *Buche* und den Verwandten die zweizeilig gestellten Seitenaxen nach der einen Seite etwas zusammenneigen, hat, wie schon
oben bemerkt, seinen Grund bereits in der Insertion der Knospen.
Endlich wird auch das Maafs und der Modus der Belaubung des Baumes wenigstens zum Theil durch die Beschaffenheit
des Jahrestriebes bestimmt, nämlich die relative Fülle der
Beblätterung durch die durchschnittliche Länge des Internodiums, —
die Vertheilung des Laubes längs der Axe durch die ungleiche
Länge der Stengelglieder des einzelnen Triebes, daher z. B. die
reiche Blattrosette an der Basis eines langgestreckten dünnbelaub-
ten *Berberis*-Sprofses, die kronenartige Belaubung an dem oberen
Ende eines nach unten mehr oder weniger nackten Eichentrie-
bes. Nebst der Entfernung der Blätter selbst kommt die der
entwickelungsfähigen Knospen in Betracht, indem durch die
Nähe der daraus hervorgehenden Triebe das Maafs der Laubfülle
bestimmt wird, welche nach dem Abfall der Blätter an der Hauptaxe selbst das grüne Gewand der letzteren bildet. Grösse der
einzelnen Blätter sowie deren Dauer bestimmen nächstdem den
Charakter der Belaubung; beide Factoren scheinen mit den eben
genannten in Wechselbeziehung zu stehen. Bäume mit sehr entfernt stehenden Blättern, wie die *Roskastanie* und die *Esche,* ersetzen diese Armuth durch um so gröfsere und ausgebildetere Formen
dieses Organs, — und andererseits verdanken die *Tanne* und die
Heide mit ihren dürftigen Nadeln ihre ununterbrochene grüne Bekleidung theils der um so mehr genäherten Stellung der Blätter
und (bei der *Heide*) der Zweige, theils der mehrjährigen Dauer der
ersteren. Bei der üppig belaubten *Linde* hat sich die Gröfse des
Blattes mit der verhältnismäfsig reicheren Anhäufung desselben an
der Axe verbunden.

Viertes Capitel.

Der einfache Sprofs als Individuum.

Je mehr wir in jedem einzelnen Jahrestriebe einer Axe nicht nur das jährlich erzeugte Stück der Länge, sondern nach dem Vorhergehenden ein durch einen bestimmten Cyklus seiner Gestalt abgeschlofsenes selbständiges Individuum erkennen, um so mehr verliert die einfache Axe oder der Sprofs den Charakter des Einfachen, um so mehr erscheint er als eine Vielheit, als eine Kette mehrerer sich unter gleicher Glieder. Unsere Aufgabe ist nunmehr, zu untersuchen, inwiefern auch in dieser Vielheit wiederum ein Gesetz höherer Einheit herrscht, d. h. inwiefern jener Verkettung gleicher Glieder eine Gesetzmäfsigkeit zu Grunde liegt.

a. Der Sprofs individualisiert durch die Anzahl
seiner Triebe.

§. 18.

Obgleich der Axe im Allgemeinen die Fähigkeit unbegrenzter terminaler Fortentwickelung zukommt, so äufsert sich doch die Gesetzmäfsigkeit in dem Aufbau der Baumgestalt auch darin, dafs die einzelne Axe nach Maafsgabe des specifischen Typus sowie der besonderen Stelle, welche dieselbe in dem allgemeinen Verband des einzelnen Baums einnimmt, sich nach ihrer Entwickelung in gewisse Grenzen einschränkt. Eine solche gesetzmäfsige Begrenzung der terminalen Fortbildung wird zunächst wie in der einjährigen Pflanze bedingt durch das Auftreten der Blüthe am Ende der Axe, indem dadurch der gesetzmäfsig einfache Cyklus abgeschlofsen oder, wenn man so will, das Maafs der Bildungskraft erschöpft wird. Entweder endigt die Axe in einer Blüthe oder in einem Blüthenstand, — oder sie erstickt bisweilen gleichsam zwischen seitenständigen Blüthen, z. B. bei dem *Geisblatt*. Wenn aber für die krautartige Pflanze die Blüthenbildung nicht nur dem Wachsthum, sondern auch der Existenz der blühenden Axe ein Ziel setzt, so fragt es sich, wie weit bei den Holzgewächsen dieser tödtende Einflufs der Blüthe sich über die blühende Axe erstreckt, — und wir finden, dafs bei mehr als einjähriger Axe die Lebensdauer der vorhergehenden Jahrestriebe gar nicht, und die des diefsjährigen Triebes selbst nur soweit beeinträchtigt wird, als das Bereich der Blüthe sich erstreckt, und wir werden für die Mehrzahl der Fälle der Wahrheit am nächsten kommen, wenn wir als die Grenze dieses Bereichs dasjenige Laubblatt, welches, von der Blüthe aus gerechnet, die erste entwickelungsfähige Laubknospe erzeugt, bezeichnen, dafs, mit anderen Worten, eine Axe des Baumes so weit perennierend ist, als sie sprofsfähig ist, und erst darüber hinaus dem Schicksal der einjährigen blühenden Axen anheimfällt. In jedem einzelnen Fall bekommt nach der specifischen Eigenthümlichkeit dieses Gesetz einen besonderen Ausdruck, z. B. bei dem *Pfeifenstrauch*, wo der diefsjährige blühende Jahrestrieb in der Regel drei Paar Laubblätter trägt, stirbt die Axe in Folge der Blüthe bis zum zweiten Laubstengelglied, welches im nächsten Jahr einen vegetativen oder blühenden Seitensprofs entwickelt, ab.

Aber auch die rein vegetative Axe erfährt häufig nach einer bestimmten Anzahl von Jahrgängen eine nach inneren Gesetzen erfolgende Begrenzung, und zwar entweder durch ein plötzliches Abbrechen der terminalen Entwickelung, wie sich diefs bei der *Mistel* sogar nach einer ganz bestimmten durch die Länge der Glieder, die Metamorphose des Blattes und den Fortschritt des Sprofsvermögens zu einem Cyklus abschliefsenden Zahl von Stengelgliedern regelmäfsig wiederholt. Dieser zugleich das Maafs der Entwickelung bestimmende Cyklus des nicht blühenden Sprofses der *Mistel* besteht stets aus zwei Stengelgliedern, von denen das erste unentwickelt ist und jene zwei dünnhäutigen Niederblätter trägt, das zweite entwickelt ist und zwei opponierte Laubblätter trägt, welche mit jenen um 90^0 alternieren. So bietet uns diese Pflanze zwar in einfachster Form, aber auch um so schärfer ausgeprägt, ein Vorbild der Individualität dar, welche sich in der vegetativen einfachen Axe sowohl in einem bestimmten Formgepräge als in einer damit zusammenfallenden äusseren Abgrenzung ausspricht.

Als ebenso gesetzmäfsig (d. h. von äufseren Einflüfsen unabhängig) erscheint die Begrenzung des vegetativen Sprofses in der (meistens bereits am ersten Jahrestrieb stattfindenden) dornförmigen Zuspitzung gewisser Zweige beim *Weifsdorn, Schlehdorn, Kreuzdorn, Sanddorn* (*Hippophaë rhamnoides*) etc. Bei der *Linde*,

Hainbuche, Ulme, Birke, Kirsche, Pflaume, Weide, Heidelbeere u. s. w.
beschränkt sich jeder einfache Sproſs ohne Ausnahme auf einen
einzigen Jahrestrieb und schlieſst mit einem mehr oder weniger
stumpfen Rudiment ab.

In anderen Fällen ist zwar die Fortbildung des Sproſses durch
eine terminale Knospe der Anlage nach angedeutet, welche aber
gesetzmäſsig nicht zur Entwickelung kommt, z. B. bei den Nadelzweiglein, bei der *Kiefer* und *Heide,* oder ebenso regelmäſsig verkümmert und abstirbt, z. B. fast immer schon am einjährigen Sproſs bei
der *Syrene, Hollunder, Eiche, Robinia Pseudacacia.* Nicht so regelmäſsig, jedoch immerhin häufig, finden wir ein solches Absterben
der Terminalknospe bei den Kraftsproſsen der *Heide,* beim *Spindelbaum, Buche* u. s. w.

Wo aber ein solches plötzliches Abbrechen des Längenwachsthums nicht stattfindet, da erreicht der einfache Sproſs dennoch
nach einer gewissen, wenn auch weniger bestimmten, Reihe von
Jahren das Ziel seiner Entwickelung durch ein unter gewissen Umständen eintretendes allmähliches Erlöschen des Wachsthums,
wovon unten weiter die Rede sein wird.

b. Der Sproſs individualisiert durch das Längen-verhältnis seiner Triebe.

Das Element, durch dessen Wiederholung der Sproſs entsteht,
ist der Jahrestrieb. Welche Mannigfaltigkeit der letztere, trotz
einer gewissen Gesetzmäſsigkeit, in Beziehung auf Längenentwickelung und morphologische Eigenthümlichkeit, zuläſst, haben wir
oben gesehen. In der Art, wie sich diese Mannigfaltigkeit in der
Aufeinanderfolge mehrerer Jahrestriebe als einfache Axe äuſsert,
herrscht wiederum trotz der weitesten Freiheit eine gewisse Gesetzmäſsigkeit.

§. 19.
Die Form der Stauchlinge und ihr Einfluſs auf die Physiognomie des Baums.

Wenn sämmtliche Jahrestriebe einer Axe nur ein Minimum
der Entwickelung, nämlich nur die Länge einer Knospenspur und
wenige fast ganz unentwickelte Anfangs-Laubglieder zeigen, so
verschwindet auch die Verschiedenheit derselben; dagegen entsteht
dadurch eine specifische Form des Sproſses, welche in dem Auf-

bau der Baumgestalt eine ganz bestimmte Rolle spielt und in ihrem Auftreten am einzelnen Baum, sowie in ihrer für jede Pflanzenspecies constanten Eigenthümlichkeit durchaus gesetzmäfsig erscheint. Wir wollen diese eigenthümliche Modification des Sprofses, wo das Längenwachsthum sich regelmäfsig staucht und ein-für allemal unfähig ist, sich wieder wie in anderen Axen zu kräftigen, Stauchlinge *) nennen. Bei diesem allgemeinen Charakter entfalten diese eigenthümlichen Sprofse bei den verschiedenen Baumarten eine grofse Verschiedenheit. Bald sind dieselben in ihrer Entwickelung gesetzmäfsig beschränkt, z. B. die Nadelzweige bei den *Pinus-Arten* und die dornartigen Zweige des *Schlehdorn, Weifsdorn, Genista germanica,* auf ein Jahr, — bei der *Lärche, Heide, Hasel, Ahorn* auf wenige Jahre; bald erlischt die Entwickelung erst nach mehreren Jahren, allmählich und ohne bestimmte Grenze, wie bei der *Eiche* und *Buche.* Meistens sind sie durchaus unverzweigt, z. B. *Buche, Kiefer, Sauerdorn, Stachelbeere,* — in anderen Fällen mehr oder weniger regelmäfsig verzweigt, wie bei der *Kornelkirsche, Eiche, Linde.* — Gewöhnlich zeichnen sie sich vor den Kraftzweigen auch durch ein geringes Dickenwachsthum, durch ein schmächtiges Ansehen aus: *Buche, Eiche, Linde, Kornelkirsche,* während sie beim *Apfel-* und *Birnbaum* und bei der *Vogelbeere* sich durch ihre Dicke, die jedoch mehr in der Rinde als im Holzkörper beruht, auszeichnen. — In den meisten Fällen verholzen die Stauchlinge und dauern aus wie alle anderen vegetativen Axen, dagegen bleiben sie bei den *Kiefern* und der *Heide* krautartig und fallen nach einer gewissen Zeit ab; auch die holzigen Stauchlinge der *Eiche* und *Pappel* lösen sich früher oder später von ihrer Hauptaxe ab. — In der Regel sind diese Axen rein vegetativer Natur und tragen niemals Blüthen, bei manchen Arten dagegen scheinen sie zugleich oder sogar vorzugsweise zur Erzeugung von Blüthen bestimmt zu sein, wie bei der *Kornelkirsche,* dem *Sauerdorn,* der *Stachelbeere,* dem *Apfel-* und *Birnbaum.* — Nicht immer sind sie von den übrigen Sprofsen absolut unterschieden, wie bei der *Kiefer, Kornelkirsche* etc., häufig zeigen sich durch theilweise Längenentwickelung einzelner Jahrgänge oder durch Verzweigung Uebergangsstufen zu den gewöhnlichen Sprofsen, ohne dafs indes dadurch ihr eigenthümliches Gepräge verwischt würde.

---

*) Hartig (a. a. O.) nennt dieselben „Kleinzweige" oder „Brachyblasten".

Einige genauere Angaben mögen diese eigenthümliche Sprofsform bei verschiedenen Pflanzen näher charakterisieren.

Bei den *Kiefer-Arten* unterscheiden sich die Stauchlinge von den Kraftsprofsen nicht sowohl durch die Länge der Stengelglieder als durch das Maafs der Gesammtentwickelung, insbesondere durch die Beschränkung der terminalen Fortbildung auf ein einziges Jahr, ferner durch den Mangel an Verzweigung, — durch ihre vorübergehende Existenz, indem sie bereits nach wenigen Jahren, und zwar ehe sie verholzt sind, abfallen, — aufserdem aber auch durch die Blattmetamorphose, indem die Kraftzweige nur Niederblätter tragen, die Stauchlinge aber auf die scheidenartigen Niederblätter an der Spitze auch 2 (bei der *gemeinen* und *Krummholz-Kiefer*) oder 5 (*Zirbel-* und *Weymouths-Kiefer*) grüne Niederblätter folgen lafsen, und dadurch mit der Hauptaxe übereinstimmen. Die Blattmetamorphose an einem Nadelzweiglein von der *Kiefer* ist folgende: Am Grund sitzen 10 sehr genäherte Niederblätter; sie beginnen mit 2 links und rechts von der Tragschuppe stehenden, die folgenden 2 nach vorn und hinten u. s. f. abwechselnd[*]), wiederum ein Unterschied von den spiralig gestellten Blättern der Kraftzweige; die untersten sind braune Schuppen mit häutigem Rand, die folgenden werden immer länger, der Rand breitet sich zu einer wirklichen Scheide aus (besonders am vierten bis sechsten Blatt), weiterhin werden sie wieder schmal, lang, ganz dünnhäutig, ohne Scheidentheil; daran schliefsen sich mit einem Sprung der Metamorphose zwei grüne Nadeln an, welche mit dem vorhergehenden Paar Niederblätter alternieren und stets nach vorn und hinten, zwischen Tragschuppe und Hauptaxe stehen. — Uebergänge zwischen den Nadelzweigen und den Kraftsprofsen fehlen vollständig, aufser dafs unter abnormen Umständen die ersteren sich weiter entwickeln können.

Lärche. Die Stauchlinge sind ebenso scharf von den übrigen Sprofsen unterschieden wie bei der *Kiefer*, und können nur bei einer Störung des Längenwachsthums der Hauptaxe zu einem Trieb auswachsen. Sie unterscheiden sich von denen der *Kiefer* dadurch, dafs sie sich nicht wie diese im ersten, sondern im zweiten Jahr entfalten, und dafs ihre Nadeln nicht ausdauern, sondern jedes Jahr durch einen neuen Büschel ersetzt werden, dafs also der ganze Zweig sich fortentwickelt, nach 4 — 6 Jahren aber abstirbt.

Buche. Die Stauchlinge rücken in jedem Jahr um die Länge einer Knospenspur und 2 — 4 büschelartig zusammensitzende Laubblätter voran; das Dickenwachsthum ist in demselben Maafse kümmerlich, Seitenknospen kommen wohl niemals zur Entwickelung, — das Längenwachsthum dauert oft längere Jahre (12 oder mehr), bis es endlich versiecht, worauf die dürren Zweiglein sitzen bleiben oder abbrechen, aber nicht sich organisch abgliedern.

Hainbuche. Aehnlich wie die *Buche*, etwas mehr Längenentwickelung in den Stauchlingen.

Eiche. Die Stauchlinge weniger durch ihre Länge als durch ihren geringen Durchmesser ausgezeichnet, — verzweigt, — nach dem Absterben abfallend.

Hasel. Die Stauchlinge vegetiren 3 — 4 Jahre lang.

---

[*]) Nach Henry, N. A. Ac. C. L. Tom. XIX. 1. S. 94 sollen die Schuppen nach $^2/_5$ oder $^3/_8$, nicht, wie oben angegeben, nach $^1/_2$ stehen.

Birke. Die Stauchlinge von den Kraftzweigen noch stärker als bei der *Buche* unterschieden. Sie vegetiren nur 2, höchstens 3 Jahre lang mit einigen genäherten Blättern, sterben alsdann ab und bleiben als dürre geringelte Zacken an den älteren Axen sitzen.

Erle. Aehnlich wie bei der *Birke.*

Bei der *Ulme* zeigen sich Uebergänge zwischen den kurzen und fadenförmigen Stauchlingen und den Kraftzweigen.

Aspe (*Populus tremula*). Die im späteren Stadium des Baums überhand nehmenden Stauchlinge bestehen aus sehr kurzen Stengelgliedern und bekommen durch die dicken Blattkifsen der genäherten Blätter ein sehr knotiges Ansehen.

Bei der *italiänischen Pappel* (*P. pyramidalis*) werden die schwächeren Sprofse bald abgestofsen.

Bei den *Weiden* scheint diese Modification der Zweige zu fehlen.

Heide. Die Stauchlinge, welche hier in grofser Anzahl, nämlich fast ohne Ausnahme in allen Blattwinkeln auftreten, wachsen etwa 3 Jahre lang ununterbrochen, d. h. ohne Bildung einer Winterknospe fort, so dafs die Jahresgrenzen an den dicht beblätterten Zweiglein kaum zu erkennen sind. Von den coordinierten Krafttrieben unterscheiden sie sich a) durch die vollkommen unentwickelten Stengelglieder und eine geringe Längenentwickelung im Ganzen, b) durch den Mangel an Verzweigung; c) durch ihre krautartige Beschaffenheit, welche sie behalten, bis sie sich nach 3 — 4 Jahren vom Stamm ablösen und denselben nackt und mit vier Längsreihen von vertieften Narben hinterlafsen, während die übrigen Sprofse ausdauern, verholzen und sich verdicken. — Doch fehlt es nicht an mannigfachen Uebergängen zwischen beiderlei Sprofsarten in Beziehung auf Länge, Dicke und Verzweigung, wobei jedoch durch die vorübergehende Existenz der Stauchlinge ein durchgreifender Unterschied stehen bleibt.

Kornelkirsche. Die Stauchlinge sind hier einerseits durch eine sehr langsame Entwickelung der Länge und Dicke, andererseits aber gerade durch eine reichere Verzweigung vor den übrigen Zweigen ausgezeichnet; auch sind es gerade diese, an welche sich vorzugsweise die Blüthenbildung knüpft.

Esche. Die betreffenden Zweige wachsen hier jährlich um $\frac{1}{2}$ — 1'', höchstens $1\frac{1}{2}$'', und treiben jedesmal 2 — 5 unentwickelte Stengelglieder.

Stachelbeere. Die Stauchlinge wachsen, indem sie jährlich einen kurzen Büschel von 3 — 4 Laubblättern an der Spitze treiben, 2 — 3, höchstens 5 Jahre lang fort und sterben alsdann ab. Zuweilen verzweigen sie sich. Die Blüthenbildung ist an diese Zweige gebunden, indem aus der Achsel eines Blattes derselben eine Blüthe entspringt.

Sauerdorn. Verkürzte Blattbüschel wie bei der *Stachelbeere*, gleichsam die oben (S. 52) erwähnten Blattrosetten, aus deren Mitte sich der gestreckte Trieb nicht entwickelt hat.

Linde. Die schwächeren Sprofse durch eine geringere Dicke und ein wiederholt geringes jährliches Wachsthum ($\frac{1}{4} - \frac{1}{3}$") ·von den übrigen, jedoch nicht so scharf wie bei der *Buche* unterschieden; auch zum Theil verzweigt.

Ahorn (Acer platanoides). Die Stauchlinge schliefsen ihr geringes Wachsthum nach 2 — 5 Jahren mit einer End - Blüthe ab.

Roskastanie. Zweige, welche jährlich nur um ein Paar sehr genäherte Blätter fortwachsen, sind verhältnismäfsig selten. Ueber eine damit verwandte Sprofsform der *Roskastanie* vergl. unten den Abschnitt über „*Sympodien*" (§. 39.).

Apfel- und Birnbaum. Die hier in grofser Menge auftretenden verhältnismäfsig stark (weniger am Holzkörper als in der Rinde) verdickten Stauchlinge verleihen den Hauptaxen das bekannte eigenthümliche knotig-zackige Ansehen. Die Blüthenbildung ist meistens an sie gebunden, entweder im ersten oder erst nach zwei oder mehreren Jahren; in Folge davon sterben sie ab oder verzweigen sich.

Vogelbeerbaum. Mit je 3 oder 4 Blättern jährlich, ohne sich zu verzweigen, fortwachsend, erreichen die Stauchlinge bei einem Alter von 13 Jahren eine Länge von $2\frac{1}{2}$" und sind dabei dicker (an Rinde) als die gleich alten gestreckten Triebe.

Weifsdorn. Die hierher gehörigen einfachen Dörner gehen in die kräftigen Zweige über.

Schlehdorn. Wie beim vorigen.

Kirsche und *Mandel* besitzen Stauchlinge ähnlich denen der *Buche.*

Beim *deutschen Ginster (G. germanica)* sind die Dornzweige bald einfach, bald durch kleinere secundäre Dörner, welche aus den Winkeln von mehr oder weniger nadelförmigen Blättchen entspringen, verzweigt; — von verschiedener Gröfse, dadurch sowie durch die zuweilen vorkommende seitliche Erzeugung eines gewöhnlichen Blattzweiges, zeigen die Dornzweige zu der letzteren Art hier und da Uebergänge, sind aber im Allgemeinen scharf davon unterschieden.

Wenn diese eigenthümlichen kleinen Zweige nur von Jahr zu Jahr ihr kümmerliches Leben fristen, ohne es zu einer irgend bedeutungsvollen Gestalt zu bringen, so ist ihr Dasein von um so gröfserer Bedeutung für das Ganze. Die wenn auch wenigen Blätter, d. i. Ernährungs- und Belebungsorgane, kommen nicht ihnen, sondern dem Leben des Ganzen zu Gute. Und zwar ist es wiederum die Belaubungsweise des Baums zunächst in physiognomischer Hinsicht, welche nächst den oben Seite 63 erwähnten Punkten vorzugsweise durch die charakteristische Erscheinung der Stauchlinge bestimmt wird, indem sie es sind, welche, nachdem die Hauptaxen ihres Blätterschmuckes beraubt sind, und während

der letztere durch die kräftig fortwachsenden Seitenaxen immer
mehr nach der Peripherie geschoben wird, gerade durch das Verschwinden ihrer eigenen Axenausdehnung die Belaubung concen-
trieren, und im eigenen Wachsthum zurückbleibend, die Zwischen-
räume zwischen den entblößten größeren Axen ausfüllen und beleben. Bei den *Kiefern* sind sie es ja ohnehin ausschließlich,
welche die grüne Bekleidung für die Zweige liefern; aber auch
die *Buche*, *Linde*, *Hasel* etc. verdanken ihr dichtes Laubgewand
vorzüglich dem Dasein der Stauchlinge. Der *Stachelbeer-* und
Berberitzenstrauch, die *Heide*, *Lärche* und der *Apfelbaum* würden mit
Ausnahme der in der Peripherie vereinzelten äußersten Spitzen
ein kahles und ödes Axengestell darbieten, wenn nicht die zahlreichen kurzen Laubbüschel die abgefallenen Blätter reichlich er-
setzten. Wo dieselben wirklich fehlen oder nur in geringer Zahl
auftreten, da wird jener Bloßstellung der Aeste entweder wie bei
den *Tannen* (*Abies*) und der *Föhre* durch die mehrjährige Dauer,
oder wie bei *Robinia Pseudacacia*, der *Roßkastanie* u. s. w. durch
entsprechende Ausdehnung des Blattes vorgebeugt, — oder wenn
nicht, so sehen wir bei dem *Heidelbeerstrauch* als Folge des Mangels an Stauchlingen, überhaupt an schwächeren Zweigen den grösten Theil des Axensystems frei von Belaubung. Dieser Einfluß
der Stauchlinge auf die grüne Bekleidung des Baums wird aber
beschränkt durch die vorübergehende Existenz derselben. Die für
die *Birke* so charakteristische leichte und lichte Belaubung, welche
die schlanken kahlen Zweige verhältnismäßig stark durchscheinen
läßt, beruht eben auf der, wie oben erwähnt, so frühzeitig erlöschenden Fähigkeit der Stauchlinge, jährlich neue Blattbüschel zu
treiben, wodurch sich dann die Belaubung früher als z. B. bei der
Buche nach den äußersten Enden zurückzieht. Auch für den *Pappel*-Habitus ist die spärliche, vorzugsweise auf die Spitzen der Axen,
also auf die Peripherie beschränkte Belaubung charakteristisch, und
es liegt davon der Grund nicht bloß in der vorwiegenden Streckung der Axen, sondern gerade auch in dem nach einigen Jahren erfolgenden Abfallen der die unteren Theile der Zweige bekleidenden Stauchlinge. Aehnliches gilt für die verhältnismäßig licht
belaubte *Eiche*.

Auch die gleichmäßige Vertheilung der Blüthen am Baum
hängt zum Theil von dieser Sproßform ab, wie z. B. der *Birnbaum* sein dichtes, fast ununterbrochenes Blüthengewand dem gro-

fsen Reichthum jener kümmerlichen hier aber gerade zur Blüthenbildung befähigten Zweiglein verdankt.

§. 20.
Gesetzmäfsigkeit in dem Wachsthumsgang einer entwickelten Axe.

Wenden wir uns jetzt von dieser an und für sich so kümmerlichen und einförmigen, bei der Vergleichung verschiedener Baumarten dagegen sehr mannigfaltigen und insbesondere für den physiognomischen Charakter eines Baums so bedeutungsvollen Form
des einfachen Sprofses zur Betrachtung des Entwickelungsgesetzes
in den kräftiger ausgebildeten Sprofsen. Da sehen wir denn, dafs
das Wachsthum einer einfachen Axe nicht nur durch die Ungleich-
mäfsigkeit im Laufe eines jeden Jahres besonders durch den winterlichen Stillstand ohne Stetigkeit, vielmehr stofsweise stattfindet, sondern auch dafs die den aufeinanderfolgenden Jahren entsprechenden Stöfse durchaus ungleichmäfsig sind. Wie eine flü-
fsige Säule oscilliert die sich entwickelnde Axe, kräftig emporschie-
fsend, dann eine Zeit lang kaum merklich steigend, dann wieder
mit einem plötzlichen Anstofs gehoben. Die Verschiedenheit der
Gesammtlänge unter sämmtlichen Axen eines Baumes ist kaum
gröfser als die zwischen den Jahresstücken, aus welchen eine einzige kräftige Axe zusammengesetzt ist. Stockung und alle möglichen Grade des jährlichen Längenwachsthums wechseln in bun-
tester, und zwar in jeder Axe in eigenthümlicher Weise. Die
Mannigfaltigkeit, welche wir zwischen den Zweigen eines Baums
in Beziehung auf die absolute Längenausdehnung bewundern, wird
ins Unendliche gesteigert, wenn wir zugleich Rücksicht nehmen auf
die Art, wie das Längenmaafs der einzelnen Zweige zu Stande
kommt. Gleich lange Axen erscheinen alsdann im höchsten Maafse
verschieden. Ich habe zwei *Buchenzweige* vor mir, von denen der
eine in einem Jahr die doppelte Länge (zwei Fufs) erreicht hat von
dem anderen, nachdem er dreifsig Jahre lang vegetiert hat, so dafs bei
gleicher Länge das Alter beider Zweige sich wie 1 : 60 verhält;
und die eigentlichen Stauchlinge würden es durch ihre ständigen
Hemmungen des Wachsthums in einem noch viel längeren Zeit-
raume kaum so weit bringen als irgend ein einziger kräftiger Jahrestrieb. Wir können den Wechsel von schwachen und starken
Jahrestrieben an einer Axe vielleicht als eine abwechselnde Re-

mission und Erholung der vegetativen Kraft auffafsen; indes ist dieser Wechsel, abgesehen von den quantitativen Verhältnissen, keineswegs regelmäfsig; bald tritt zwischen mehreren kräftigen Jahrgängen eine einzelne Hemmung (d. h. Fortschritt um die blofse Knospenspur und wenige unentwickelte Laubglieder) ein, bald dauert der lebhafte Fortschritt und ebenso die Remission mehrere Jahre hintereinander. Es scheint für die Zahl der aufeinanderfolgenden Hemmungen ein Maximum zu bestehen, über welches hinaus eine nochmalige Erstarkung des Wachsthums zu kräftigen Trieben nicht mehr möglich ist, mit welchem vielmehr die Axe in ihrem kümmerlichen Fortrücken verharrt und so allmählich erlischt. Bei der *Buche* findet man selten Fälle, wo nicht mit einer Folge von fünf Stockungen zugleich das Stadium der permanenten jährlichen Stockung eingetreten wäre; doch giebt es auch Beispiele, wo nach 8 — 10 Hemmungen noch ein Fortschritt von 4 Zoll erfolgt; auch bei dem *Vogelbeerbaum* fand ich Zweige, welche sich sieben Jahre hindurch nur um die Länge ihrer Knospe verlängert hatten und darauf mit erneuter Kraft emporschofsen.

Jeder Sprofs hat seine eigenthümliche Wachsthumsgeschichte, — eine für alle Sprofse einer Baumart gemeinsame Ordnung in jenem Wechsel in der Intensität des jährlichen Wachsthums besteht nicht, es herrscht im Einzelnen wenigstens die gröste Freiheit. Es ist die Freiheit, welche dem einzelnen Sprofs als Individuum zukommt. Sie ist so grofs, dafs der Wachsthumsgang zwischen zwei Sprofsen verschiedener Baumarten nicht verschiedener sein kann als derselbe zwischen den Sprofsen zweier Bäume derselben Art ist. Für die Charakteristik der Species giebt uns daher dieser Punkt keinen Stoff. Gleichwohl verhalten sich die Baumarten nicht alle gleich in Beziehung auf den Grad der Gleichmäfsigkeit in dem Wachsthum der Axen. Am stärksten unter unseren Bäumen sind wohl die Extreme des jährlichen Wachsthums und zugleich am grösten die Freiheit, womit sich letzteres zwischen denselben bewegt, bei der *Buche*, wo Hemmungen und die kräftigsten Jahrestriebe in stärkstem Contrast wechseln; ihr gegenüber stehen diejenigen Bäume, wie die *Tannen*, *Weiden*, bei welchen nicht einmal Stauchlinge mit permanenten Hemmungen auftreten; aber auch bei der *Eiche*, *Birke*, *Linde*, *Hasel* kommen an den Kraftsprofsen keine solche unentwickelten Jahrestriebe zwischen gestreckten Trieben eingeschaltet vor; das Wachsthum ist bei diesen Bäumen im Allgemeinen, namentlich bei den Nadelhölzern bedeutend gleichmäfsiger, es fehlt ihnen die innere Mannigfaltigkeit und Beweglichkeit in ihrem biologischen Verhalten, durch welche sich gerade die *Buche* auszeichnet.

Mag nun das Wachsthum ruhig und ebenmäfsig einherschreiten oder in unordentlichen Sprüngen von Jahr zu Jahr dahineilen, wenn wir, von diesem Tact im Einzelnen absehend, die Entwickelung des Sprofses in ihrem ganzen Verlaufe überblicken, so wird uns ein Gesetz in dem Wachsthumsgang, ein Rhythmus im Grofsen nicht entgehen, so sehr derselbe auch oft durch die Unregelmäfsigkeit im Einzelnen verhüllt wird. Dieses Gesetz besteht aber darin, dafs das jährliche Längenwachsthum in den ersten Jahren zunimmt, zu einer gewissen Zeit sein Maximum erreicht und von da wieder abnimmt, bis es am Ende vollständig versiecht, — so dafs also auch die einfache aber mehrjährige rein vegetative Axe ebenso wie die einjährige blühende Pflanze ihre Entwickelung in einem einmal durchlaufenen Cyklus, gleichsam in einem Wellengang vollendet. So erscheint hierdurch der Sprofs, wenngleich durch eine für den ersten Blick durchaus planlose Zusammensetzung aus Einheiten, den Jahrestrieben, entstanden, als ein harmonisches Ganzes, als eine höhere Individualität; — und was für unsere weiteren Betrachtungen über den ganzen Baum von Bedeutung ist: in diesem einfachen gesetzmäfsigen Rhythmus ist zugleich ein Gesetz der Selbstbeschränkung des einfachen Sprofses, ein im Wesen der Axe selbst begründeter Verlauf ihres Daseins gegeben.

Es kommen aber überhaupt folgende drei Formen vor, in welchen sich jenes Gesetz äufsert: entweder 1) der Rhythmus wird vollständig in seinen beiden Perioden des Zunehmens und Abnehmens durchlaufen, die Welle steigt und sinkt im Verlauf des Sprofses; — diefs finden wir am ausgezeichnetsten an der Hauptaxe des Baums. Aber auch an den schwächeren schon der Anlage nach innerhalb engere Grenzen des Wachsthums gewiesenen Zweigen ist es oft nicht schwer, dieses Gesetz wahrzunehmen, indem dieselben ihre Entwickelung häufig in den ersten Jahren mit einer oder mehreren Stockungen oder doch nur sehr schwachen Trieben gleichsam mit einem Anlauf beginnen*), dann aber oft plötzlich

---

*) Ich habe Axensysteme bei der *Buche* beobachtet, wo sämmtliche einzelnen

mit kräftigen Trieben fortschreiten, um später wiederum nachzulaſsen. Oder 2) der Rhythmus ist nur unvollständig, und zwar alsdann stets in seiner zweiten Periode dargestellt, wenn die Sproſse mit kräftigem Wachsthum beginnen und in der Folge darin nachlaſsen *). Oder 3) sogar diese zweite Hälfte des Rhythmus ist unvollständig, indem manche Axen, nämlich die vielerwähnten Stauchlinge, gleichsam die ersten Stadien der Entwickelung überspringend, gleich mit dem letzten auftreten, in welchem das jährliche Wachsthum bereits auf sein Minimum beschränkt ist, so dafs nur noch das vollständige Erlöschen der Entwickelung übrig bleibt, — es sind Sproſse, welche gleichsam als Greise geboren werden.

Die Steigerung des Wachsthums sowohl als die Remission geschieht in der Regel nicht allmählich sondern oft plötzlich, indem an einer kräftig vegetierenden Axe mit einem Male das Stadium der permanenten Stockungen eintritt. Die mehrfachen Schwankungen innerhalb jenes allgemeinen Entwickelungsganges sind schon erwähnt; dieselben zeigen zuweilen einen gröſseren Umfang und eine gewisse Regelmäſsigkeit, so dafs der ganze Rhythmus der Hebung und Senkung mehrere secundäre Oscillationen, welche sich auf mehrere Jahre erstrecken, zu umfaſsen scheint. Dieſs würde sich namentlich an der Hauptaxe eines Baums zeigen, wenn es nicht zu schwierig wäre, noch an einer hundertjährigen Axe die Jahresgrenzen zu unterscheiden. Ich schließe dieſs unter Anderem aus der Wahrnehmung, dafs an einem etwa 15jährigen kräftigen Buchenstämmchen das Wachsthum in den letzten sechs Jahren von 10″ bis zu 2½″ abnahm. Da es aber ausgemacht ist, dafs an einem Baum die durchschnittliche jährliche Verlängerung gröſser als 2½″ ist und erst nach achtzig Jahren auf dieses Maaſs herabsinkt, so muſs jenes wohl nur eine vorübergehende Remission sein.

Unser obiges Gesetz wird durch die von den Forstmännern auf

Sproſse sich so verhielten, während in anderen Fällen auch die coordinierten Sproſse sich in dieser Beziehung verschieden zeigten.

*) Als Beispiel diene eine vierjähriger *Lindenzweig*. Wenn man die betreffenden Jahresstücke sämmtlicher Axen desselben summiert und durch die Anzahl dividiert, so nehmen diese durchschnittlichen Werthe für das jährliche Wachsthum der einfachen Axe in den aufeinanderfolgenden Jahren 1847 bis 1850 (das Jahr der Beobachtung) ab in dem Verhältnis: 84‴, 14‴, 15‴, 6‴; — an einem anderen *Lindenzweig* ebenso zwischen den Jahren 1848 — 1852: 33‴, 52‴, 86‴, 32‴, 18‴. Bei anderen Bäumen, namentlich bei der *Buche*, würde sich das Gesetz der Abnahme erst bei längerer Lebensdauer der Axen offenbaren.

anderem Wege gewonnenen Erfahrungen über das periodische Längenwachsthum der Bäume bestätigt, und es zeigt sich danach, daſs jener Rhythmus für jede Baumart einen gesetzmäſsigen Charakter hat, daſs z. B. das Lebensalter, in welchem die Culmination des Wachsthums stattfindet, für jede Baumart ein bestimmtes ist. Dieser Gegenstand ist für unseren Zweck zu wichtig, als daſs ich nicht einige specielle, Hartig's Werke über die forstlichen Culturpflanzen entlehnte Angaben über verschiedene Bäume hier zur Vervollständigung des Obigen zusammenstellen sollte.

Rothtanne (*A. excelsa*). Der Wuchs im Anfang sehr langsam, im ersten Jahre gewöhnlich nicht über 2—3"; mit dem fünften Jahre unter günstigen Umständen 10—12" Gesammtlänge; erst mit dem 10. (resp. 15.) Jahre beginnt ein stärkeres Wachsthum; eine auſserordentliche Steigerung mit dem 40.—50. Jahre, von da bis zum 100.—120. Jahre gleichmäſsig aushaltend. — Auf gutem Boden schwankt das durchschnittliche jährliche Wachsthum bis zum 40., 60., und 80. Jahre zwischen 1,2—1,3', und sinkt von da ab auf 0,9—1,0'; auf Mittelboden in der ersten Periode 1—0,9', in der zweiten 0,8—0,75'.

Edeltanne (*A. pectinata*). Wachsthum anfangs langsam, vom 6.—8. Jahre an stärker, so daſs im 14.—15. Jahre die Höhe gewöhnlich 5—6' beträgt; von da an jährlich 1' und darüber, vom 100. Jahre etwas weniger als 1'.

Kiefer (*Pinus silvestris*). Durchschnittliches jährliches Längenwachsthum im

		1.	Jahre	2	Zoll
		2.	„	3—4"	
bis	zum	10.	„	0,8*)	Fuſs
„	„	20.	„	1,2	„
„	„	40.	„	1,3	„
„	„	60.	„	1,2	„
„	„	80.	„	1,1	„
„	„	100.	„	0,9	„
„	„	120.	„	0,8	„

Zirbelkiefer (*Pinus Cembra*). Nach dem ersten Jahrestriebe von circa 2" läſst das Wachsthum in den folgenden Jahren wieder nach (¼—½") und steigert sich erst wieder vom 6.—12. Jahre an.

Weymouthskiefer (*Pinus Strobus*). Das Wachsthum von Jugend auf rasch, (in 3 Jahren schon über 1' Länge), vom 4. Jahre an noch mehr gesteigert, vom 10. Jahre an oft 2' jährlich. Culmination um das 40. Jahr.

Lärche. Wachsthum von Jugend auf rasch,
im 1. Jahre 4—5 Zoll
„ 2. „ circa 3 Fuſs }
„ 3. „ „ 3 „ } unter sehr günstigen Umständen;

---

*) Im Original wohl durch einen Druckfehler 0,08'.

von da an geringer:

jährliches Wachsthum durchschnittlich bis zum 10. Jahre 1 Fufs

„	„	„	„	„	20.	„	1½	„
„	„	„	„	„	40.	„	1¹⁄₄	„
„	„	„	„	„	60.	„	1⅓	„
„	„	„	„	„	80.	„	1¹⁄₄	„

Wachholder. Wachsthum in den ersten Jahren sehr langsam, vom 5. — 20. Jahre am raschesten.

Eibe (*Taxus baccata*). Wachsthum von Anfang an sehr langsam, durchschnittlich etwas über 1″, vom 6. Jahre an etwas mehr.

Buche. Wachsthum in den ersten 5 Jahren durchschnittlich nur 3 — 4″, von da an rasch gesteigert: durchschnittlich 1′; Maximum: 2′ mit dem 40. — 45. Jahre (im Schlufs; im freien Stand fällt das Maximum vor das 30. Jahr), von da bis zum 80. Jahre bis 1′ und von da rasch auf wenige Zoll sinkend, mit dem 100. Jahre kaum noch beachtenswerth. Das Wachsthum der Stockausschläge im Niederwald bis zum 10. Jahre viel gröfser als das der Samenpflanzen (1½′), von da an bis 1′ sinkend, also vom 15. Jahre ab bedeutend hinter den Samenpflanzen zurückbleibend.

Kastanie. Wachsthum in der Jugend sehr rasch, vom 50. Jahre an bedeutend abnehmend.

Eiche (*Qu. pedunculata*). Wachsthum im ersten Jahre 3 — 4″ (oder auch viel mehr); unter günstigen Umständen ist das Wachsthum in der Jugend ziemlich rasch (fünfjährige *Eichen* von 10′ Höhe).

Im Hochwald (Samenpflanzen):

jährliches Wachsthum bis zum 40. Jahre 1 Fufs

„	„	„	„	60.	„	0,8	„
„	„	„	„	80.	„	0,7	„
„	„	„	„	100.	„	0,65	„
„	„	„	„	140.	„	0,6	„

Hasel. Das Wachsthum beginnt im ersten Jahre mit circa 2″, in den nächsten 5 — 6 Jahren circa ½′. Bei Stockausschlägen ist das Wachsthum weit rascher. Die Culmination fällt zwischen das 5. — 10. Jahr.

Hainbuche. Das Wachsthum steigert sich in den ersten 3 Jahren von 1″ bis 4 — 5″ u. s. f. bis zum 20. Jahre, von wo es bis zum 40. ziemlich gleich (circa 1′) bleibt, um alsdann wieder nachzulafsen.

Birke. Das Wachsthum steigert sich innerhalb der ersten 5 Jahre im Verhältnis von 2 — 3″, 9 — 10″, 1′, 1¹⁄₄′ und culminiert auf gutem Boden im 10. — 15., auf schlechtem im 20. — 25. Jahr mit einem durchschnittlichen Maafs von 2′; vom 20. — 40. Jahre sinkt das Wachsthum auf die Hälfte, vom 40. — 60. Jahre auf den vierten Theil des Wachsthums vom 1. — 20. Jahre.

Erle (*A. glutinosa*). Das stärkste Wachsthum (für die *Stocklode*) in den ersten 5 Jahren, von da bis zum 20. mit 2 — 2¼' aushaltend, bis zum 30. 1', mit dem 40. bedeutender, bis ⅛' herabsinkend.

Ulme (U. campestris). Wachsthum in der Jugend kräftig, durchschnittlich 1', Culmination zwischen 20 und 30 Jahren mit 1,5', von da allmählich abnehmend, zwischen 90 — 100 Jahren 0,4'.

Schwarzpappel. Das Wachsthum steigt in den ersten 20 Jahren von 1,6' bis 3', von da an rasch zu 0,4' und weiterhin 0,3' sinkend.

Zitterpappel (Aspe). Wachsthum anfangs rasch, im 30. — 40. Jahre nachlafsend.

Esche. Im ersten Jahre nur einige Zoll, im 2. — 5. Jahre durchschnittlich 1'; Maximum zwischen 20 — 40 Jahren 1½'.

Linde (T. parvifolia). Das Wachsthum bis zum 45. Jahr gleichmäfsig durchschnittlich 0,6'; vom 45. — 60. Jahr mit 0,8' culminierend, alsdann rasch herabsinkend: 60. — 70. Jahr 0,6'; 70. — 80. Jahr 0,4'; 80. — 110. Jahr 0,2'; 110. — 130. Jahr 0,1'.

Birnbaum. Wachsthum in den ersten 5 — 6 Jahren rasch: durchschnittlich ¾ — 1', dann allmählich abnehmend.

Süfskirsche. Wachsthum in den ersten Jahren 1,2', bis zum 10. — 15. Jahr zu 3' zunehmend, von da rasch abnehmend, z. B. 35. — 40. Jahre nur 0,4'.

Aus dem Vorstehenden erhellt, dafs der Rhythmus in der Entwickelung der Hauptaxe für jede Pflanzenspecies in einer eigenthümlichen Form erscheint, und zwar lafsen sich folgende Hauptverschiedenheiten erkennen.

Zunächst ist das Lebensalter, in welches die Culmination des Längenwachsthums fällt, charakteristisch, bald rückt dieses Stadium mehr in den Anfang bald weiter hinaus, scheint aber im Allgemeinen häufiger der ersten (*Birne, Kirsche, Birke*) als der zweiten Lebenshälfte (*Buche, Kastanie*) anzugehören; bei manchen Bäumen, z. B. *Eiche, Erle, Hasel,* beginnt das Wachsthum von vorneherein mit seinem höchsten Maafs, nimmt in der Folge nur ab, und das erste Stadium, das Steigen, wird übersprungen.

Ferner umfafst das Stadium der Culmination entweder eine längere Reihe von Jahren, während deren sich das Wachsthum ziemlich auf gleicher Höhe erhält, z. B. bei der *Fichte, Eiche, Hainbuche, Esche,* — oder es sind nur wenige, oft nur ein Jahr, welches den Gipfel zwischen der aufsteigenden und der absteigenden Reihe des jährlichen Wachsthums bildet, wie bei der *Hasel* (das erste Jahr), *Kastanie* (das funfzigste), *Schwarzpappel* (das zwanzigste), *Birne* (das fünfte bis sechste) u. s. w.

Abgesehen von den kleineren Schwankungen bewegt sich das Wachsthum bei einigen Bäumen in zwei Hauptwellen; so fällt bei der *Zirbelkiefer* das erste Maximum in das erste Lebensjahr, worauf das Wachsthum sinkt und abermals steigt; und bei der *Lärche* fällt das erste Maximum in das zweite bis dritte, das zweite in das vierzigste Jahr.

Bald findet das Steigen und Fallen mehr gleichmäßig und allmählich statt, bald treten zu bestimmten Zeiten plötzliche Beschleunigungen, gleichsam Stromschnellen ein, z. B. bei der *Tanne* im vierzigsten (steigend), *Buche* im achtzigsten Jahre (fallend), — oder der Gipfel des Wachsthums erhebt sich nach einem bisher ganz gleichförmigen Wachsthum plötzlich gleichsam senkrecht, wie bei der *Linde* gegen das fünfundvierzigste Jahr, — oder das Wachsthum stürzt auf der anderen Seite ebenso plötzlich und jäh vom Gipfel herab in das Stadium des Erlöschens wie ebenfalls bei der *Linde* (nach dem sechzigsten Jahr), *Schwarzpappel* (nach dem zwanzigsten Jahre), *Kirsche* (nach dem zehnten bis funfzehnten Jahre).

Wir werden durch diese Erscheinung in dem Kreislauf der Axe an eine ähnliche Oscillation des Bildungstriebes innerhalb des einzelnen Jahrestriebes erinnert, welche, wie wir oben sahen, eine entsprechende Mannigfaltigkeit in der Form der dieses Steigen und Sinken darstellenden Curve zeigt, mit dem Unterschiede, daß dort der Culminations- oder Schwerpunkt vorzugsweise das Streben hatte, nach dem Ende des Jahrestriebes hin, hier dagegen nach dem Anfang der Axe hinzurücken.

c. Der Sproſs individualisiert durch die Qualität seiner Glieder.

§. 21.

Im vorigen Abschnitte haben wir nur auf die relative Längenentwickelung der die Axe zusammensetzenden Jahrestriebe Rücksicht genommen und darin eine Gesetzmäßigkeit nachgewiesen. In der That beschränkt sich darauf in der vegetativen Periode die Verschiedenheit zwischen den näheren Elementen einer Axe; abgesehen von den Dimensionen ist die letztere im Allgemeinen durch einfache Wiederholung derselben Einheit entstanden. Es sind indes auch einige Thatsachen bekannt, welche eine Verschiedenheit der aufeinanderfolgenden Jahrestriebe in Beziehung auf deren Qualität, nämlich auf Stellungsverhältnis und Metamorphose ihrer Blätter begründen, und welche, indem dadurch gerade der erste Jahrestrieb vor allen folgenden ausgezeichnet wird, der ganzen Axe das Gepräge einer höheren Einheit verleihen.

Zunächst beginnt die Hauptaxe eines jeden dikotyledonischen Baums mit einem in der Folge niemals wiederkehrenden Kotyledonar-Stengelglied, ausgezeichnet durch die eigenthümlichen Formation der Saamenlappen, sowie durch deren, auch bei aufwärts durchgängig spiraliger Blattstellung, stets wirtelige Anordnung. Auch die Seitenaxen der meisten unserer Bäume haben an ihrer Basis zwei den Saamenlappen der Hauptaxe entsprechende Knospenschuppen („Knospenkeimblättchen"), welche den die folgenden Jahrestriebe enthaltenden terminalen Winterknospen fehlen, und welche einander auf gleicher Höhe gegenüberstehen, auch wenn die spiralige Anordnung sich durch die ganze Blätterreihe der Axe, selbst durch die Schuppen der Winterknospe, hindurchzieht. — Bei der *Buche, Hainbuche, Linde* stehen auch die den Kotyledonen folgenden zwei Blätter opponiert und mit den ersteren sich kreuzend *), während für die Laubblätter der übrigen Axe die alternierend zweizeilige Anordnung gilt. — Bei der *Tanne* (*Abies excelsa*) beginnt die Hauptaxe (nach Hartig) mit einem Jahrestriebe, dessen Nadeln vierzeilig angeordnet sind zum Unterschiede der für den ganzen weiteren Verlauf der Axe geltenden Anordnungsweise nach höheren Zahlengesetzen. — An den Seitensprofsen der *Esche* stehen die auf die Winterknospe folgenden ersten zwei Laubblätter nicht auf gleicher Höhe, sondern das äufsere tiefer als das der Hauptaxe zugekehrte, während jeder folgende Jahrestrieb desselben Sprofses mit genau opponierten Blättern beginnt. — Wo der Sprofs schon in dem ersten Jahre seinen Abschlufs erreicht, da stehen natürlich auch seine Blätter in einem einfachen Cyklus, dem des einfachen Jahrestriebes. Die Metamorphose des Sprofses der *Mistel* vergl. oben S. 51. 56, die des Nadelzweiges von der *Kiefer* S. 67. Die Hauptaxe der *Kiefer* trägt an ihrem ersten Jahrestriebe sowie auch an der Basis des nächstfolgenden (einzeln stehende)

---

*) Hartig, a. a. O. Tab. 103. 104.

Nadeln, während dieselben von da an in die schuppenförmigen Niederblätter übergehen, welche die obere Axe in ihrem ganzen Verlaufe ausschliefslich bekleiden, und aus deren Achseln jene Nadelzweiglein entspringen. Während jeder einzelne Jahrestrieb in Beziehung auf die Formation des Blattes nur einseitig und unvollständig ist, wird also der Cyklus der Blattmetamorphose erst durch die Ergänzung derselben in der ganzen Axe vollständig. Die Nadelzweiglein stellen diesen Cyklus in einfachster Form, aber in umgekehrter Ordnung dar wie die mehrjährige Hauptaxe, wogegen die übrigen Seitensprofse unvollständig sind wie jedes obere Stück der Hauptaxe selbst; bei der *Krummholzkiefer* verhalten sich übrigens auch die am zweiten (bei *Pinus austriaca* auch die am dritten) Jahrestrieb der Hauptaxe entspringenden Seitentriebe im Wesentlichen so wie die letztere, indem sie ebenfalls an der Basis Nadeln tragen; bei der *Zirbel-* und *Weymouthskiefer* dagegen beschränkt sich die Laubblattformation nur auf den ersten Trieb der Hauptaxe*).

Auch nach dem Sprofsvermögen ist der untere Theil der Hauptaxe von ihrem oberen unterschieden, indem die Erzeugung von Seitenaxen in der Regel in den ersten Jahren unterbleibt.

Es zeigt sich hiernach, dafs der Anfang des Sprofses im Allgemeinen auf irgend eine Weise als solcher bezeichnet ist; nach oben dagegen bleibt die Metamorphose offen und unvollständig, wenn die Axe im ersten Jahr abschliefst oder wenn sie, den rein vegetativen Charakter festhaltend, von Jahr zu Jahr ihr Wachsthum in derselben Weise erneuert. In entgegengesetztem Sinne unvollständig ist die Metamorphose der Axe, wenn die letztere entweder die Stufe des Niederblattes und des Laubblattes überspringend unmittelbar als Blüthe oder Blüthenstand aus der Hauptaxe entspringt, oder als Fruchtauge wenigstens die Niederblattbildung in den Knospendecken durchläuft. In beiden Fällen heifst die Blüthe „seitenständig"; — in anderen Fällen dagegen wird in der (endständig) blühenden Axe die Metamorphose vollständig durchlaufen, z. B. bei der *Mistel, Platane* etc., wobei es nur darauf ankommt, wie vielmal sich die vegetative Wachsthumsperiode bis zur Erreichung des Ziels in der Blüthe wiederholt. Doch wir behalten diesen Punkt sowie überhaupt die Art, wie sich das letzte

---

*) Vergl. H a r t i g, forstliche Culturpflanzen.

Stadium der Metamorphose an die vegetative Region anknüpft, einem anderen Abschnitt dieser Schrift vor.

d. Ueber das Verhältnis des Dickenwachsthums zum Längenwachsthum.

§. 22.

Der Wachsthumskegel.

Längen- und Dickenwachsthum der Axe gehen im Allgemeinen Hand in Hand, nicht allein, indem beide überhaupt mit dem Alter fortschreiten, sondern auch in der Weise, daſs der ungleichen Länge zweier gleich alten Axen ein ähnlicher Unterschied in der Dicke entspricht. Je länger ein Sproſs, desto stärker ist derselbe auch im Allgemeinen. Oder wenn man in zwei verschiedenen Sprofsen eines Baums gleiche Entfernungen von der Spitze nach unten nimmt, so stimmen sie an diesen Punkten ziemlich genau an Stärke überein. Je mehr Stockungen eine Axe in ihrem Längenwachsthum erlitten hat, desto mehr ist sie auch in ihrer Verdickung zurückgeblieben. Jene eigenthümlichen Zweige mit regelmäfsig wiederkehrender Stockung sind fast allgemein, z. B. bei der *Buche*, sehr schmächtig; — ein *Buchenzweig*, welcher es in den dreifsig Jahren seines Wachsthums nur bis zur Länge von 1 Fuſs gebracht hat, steht auch in Beziehung auf seine Stärke den jüngsten kräftigen Trieben nach.

Das Wachsthum der Axe besteht einerseits in einer successiven Aufeinanderthürmung von jährlich einem neuen Jahrestrieb, wobei die bisher gebildeten in der Länge unverändert bleiben, und andererseits in einer gleichzeitig damit fortschreitenden Umkleidung des ganzen vorhergehenden Theils der Axe mit einer Verdickungsschicht (Holz- und Rindenschicht) ebenfalls ohne weitere Ausdehnung der inneren (älteren) Theile. Um uns den Zusammenhang dieser beiden verschiedenen, aber gleichzeitig entstehenden Wachsthumsproducte klar zu machen, lafsen wir die Rinde aufser Acht und beschränken uns auf den Holzkörper als den eigentlichen variablen und die Verdickung der ganzen Axe fast ausschliefslich bestimmenden Bestandtheil.

Der Holzcylinder des letzten Jahrestriebes schliefst sich nicht etwa, wie es von vornherein nicht undenkbar wäre, als obere

Fortsetzung an den primären Holzcylinder des vorletzten Jahrestriebes an, in welchem Falle der Holzkörper der mehrjährigen Axe
als ein System von dergestalt aufeinander gestellten Cylindern aufzufassen wäre, dafs die diefsjährige Holzschicht eines jeden Jahrestriebes stufenartig gegen die des nächstfolgenden (wenn auch durch
secundäre Ausgleichung unmerklich) vorspränge, indem diejenige
Holzschicht, um welche der eine Jahresring sich gegen den nächst
oberen (jüngeren) vergröfsert, der äufserste wäre, während die
innersten Holzcylinder sämmtlicher Triebe einen continuierlichen Cylinder bildeten (vgl. die schematische Fig. 1, Tab. II.) *), — vielmehr
treten jene stufenartigen Vorsprünge nach innen auf, indem jeder
neu aufgesetzte Holzkegel sich nach unten in einen gleichzeitig entstehenden, die vorhergehenden Jahrestriebe umkleidenden Hohlkegel
fortsetzt, im folgenden Jahr aber sich nach oben verlängernd, an der
Jahresgrenze sich mehr oder weniger nicht sanft zuspitzend innerhalb der Basis des neuen Kegels endigt (vgl. Tab. II, Fig. 2) *). Der
Holzkörper einer mehrjährigen Axe ist demnach als ein System von
übereinander gesteckten Hohlkegeln zu denken, durch deren Axe
sich der Markcylinder continuierlich von unten nach oben hindurchzieht. Von diesem Bau überzeugt man sich unter anderen an *Abies
excelsa, Populus italica, P. tremula, Fraxinus excelsior, Acer platanoides, Laurus nobilis.* Vergl. die schematische Figur 3 und 4 (ein
Stück der Axe an der Grenze zweier Jahrestriebe vergröfsert).

Dafs die ganze Axe im Allgemeinen eine kegelförmige Gestalt hat, d. h. trotz des von Jahr zu Jahr stufenmäfsig sich ver-
jüngenden Aufbaus allmählich nach oben sich zuspitzt, beruht
auf der Kegelform des primären (einjährigen) Holzkörpers des
einzelnen Jahrestriebes, — und letzterer wird entweder durch einen
von unten nach oben sich verschmälernden Markkörper bei
gleichbleibender Dicke der Holzschicht (Fig. 3), z. B. bei *Fraxinus, Populus, Abies,* oder durch eine von unten nach oben abnehmende Dicke der Holzschicht bei gleichmäfsig dickem (cylindrischen) Mark (Fig. 4), z. B. *Acer,* bedingt, — woher es dann kommt,
dafs die Dicke einer Axe unterhalb der Jahresgrenze mit der oberhalb der letzteren gemefsenen fast übereinstimmt.

Um zu ermitteln, ob eine Jahresschicht in verschiedenen Höhen

---

*) m = Markcylinder, — a, b, c, d = die von innen nach aufsen aufeinander-
folgenden Holzschichten; — r = Rinde.

gleiche Dicke behält, verglich ich dieselbe an einem 6′ hohen *Buchenstämmchen* 1) unmittelbar, 2) 1³/₄′, 3) 3¹/₃′, 4) 4¹/₃′, 5) 4¹/₂′ über dem Boden, und es ergab sich, daſs irgend ein Jahresring, z. B. der vorjährige, in allen diesen Höhen, soweit bei dem nicht ganz concentrischen Wachsthum eine genaue Vergleichung möglich war, übereinstimmend dick war. Dagegen gibt für die Hauptaxe des Baums (*Buche*) Hartig (a. a. O. S. 158) an, daſs eine und dieselbe Jahresschicht von der Basis bis zu 10 — 15′ Höhe an Breite ab-, von da an aber wieder zunehme, so daſs dieselbe in der Spitze des Baums nicht selten 2 — 3 mal so breit als in der Brusthöhe sei.

Längenwachsthum und Dickenwachsthum sind hiernach nicht sowohl zwei verschiedene Factoren, sondern zwei Wirkungen eines und desselben Wachsthumactes, nämlich der Bildung eines sich in jedem Jahr wiederholenden zusammenhängenden hohlen Kegels, dessen oberstes Stück, mehr oder weniger hoch über den bisherigen Gipfel der Axe hinausragend, die Verlängerung derselben um einen Jahrestrieb bewirkt und mit neuer Rinde und Blättern versehen ist, während in seinem unteren Theil der Kegel die ganze Axe innerhalb der Rinde mit einer continuierlichen Schicht überzieht, an seiner ganzen äuſseren Oberfläche (Cambium) aber den Heerd für die Wiederholung desselben Bildungsactes im folgenden Jahr darbietet.

Diese Form des Wachsthums ist nicht ohne Bedeutung für das Wesen der Axe überhaupt. Denn der durch die oben dargestellte innere Vollendung und Abrundung des einzelnen Jahrestriebes bestimmte Charakter des mehrjährigen Sproſses als einer Vielheit, als einer äuſserlichen Verkettung mehrerer wesentlich gleichbedeutenden Glieder, erfährt auſser der oben aus der Anzahl und Länge der Jahrestriebe sowie aus der Metamorphose und Stellungsweise der Blätter abgeleiteten inneren Einheit auch eine Modification gerade durch die Art des jährlichen Wachsthums, durch den Zusammenhang der Verdickungsschichten sämmtlicher Jahrestriebe zu einer einzigen continuierlichen Schicht und durch die Existenz einer einzigen allen Jahrestrieben gemeinsamen durch Blätter vegetierenden S p i t z e. Mit jedem neuen Trieb, wodurch auf der einen Seite die V i e l h e i t der Axe sich vergröſsert, wird zugleich die ganze Kette von Trieben gleichsam mit einem neuen Gewand der E i n h e i t umkleidet; — mit anderen Worten: jeder Jahrgang, welcher durch Hinzufügung eines neuen Gliedes von der ursprünglichen Einheit der (einjährigen) Axe abführt, sammelt vermöge des Wachsthumskegels das neue Glied sofort mit den übrigen zu einem organischen Ganzen, und ist so ein neuer Schritt zur Einheit der Axe. Dieses Verhältnis ist es ja eigentlich, worauf sich die Fähigkeit des einzelnen Sprofses, künstlich oder freiwillig von der Mutterpflanze getrennt, in einem eigenen Boden als Ableger, Pfropfreifs u. s. w. selbständig sich weiter zu entwickeln, gründet, — ein Umstand der von physiologischer Seite her gerade der wichtigste Beweis für die Bedeutung des Sprofses als Pflanzenindividuum ist.

Für unseren nächsten Zweck haben wir durch die Vorstellung vom Wachsthumskegel die richtige Beurtheilung der Beziehung zwischen Längen- und Dickenwachsthum gewonnen. Beides sind Gröfsenverhältnisse von einem und demselben Körper, dem Wachsthums-Hohlkegel, dessen Dicke das eine Mal in seiner Spitze in der Richtung seiner Axe (d. i. Länge), das andere Mal senkrecht auf seiner Seitenlinie (d. i. Dicke) gemelsen wird. Aus dieser nothwendigen Verbindung beider Wachsthumsrichtungen versteht es sich nun auch von selbst, dafs die Zahl der Holzringe genau übereinstimmen mufs mit der Zahl der von dem betreffenden Punkte ab nach oben folgenden Jahrestriebe, — dafs es also, um das Alter einer Axe für irgend einen Punkt zu bestimmen, gleichgiltig ist, ob man die Knospenspuren zwischen ihm und der Spitze oder die Jahresringe des Querschnittes zählt.

Es folgt ebenso daraus die Möglichkeit, zu irgend einer beliebigen Verdickungsschicht das gleichzeitig mit derselben erzeugte Stück des Längenwachsthums zu bestimmen, und demnach auch das Verhältnis zweier oder mehrerer verschiedener Jahrestriebe mit dem Verhältnis der denselben entsprechenden Verdickungsschichten zu vergleichen, und auf diese Weise den oben für die allgemeinen Dimensionen der Axe ausgesprochenen Parallelismus der beiden Wachsthumsformen in Beziehung auf ihr Maafs nunmehr auch in den einzelnen Jahresproducten nachzuweisen.

§. 23.
Abhängigkeit des Wachsthums von der Thätigkeit der Blätter.

Aus dem in der Form eines hohlen Kegels stattfindenden Wachsthum des Holzkörpers würde sich unter der Voraussetzung

eines constanten Zuspitzungswinkels*) für den Kegel bei allen
Axen eines Baums allerdings nach einer einfachen geometrischen
Betrachtung ein genaues gegenseitiges Verhältnis beider Factoren ergeben, d. h. die jährliche Verlängerung und Verdickung
müfste gleichzeitig und in gleichem Verhältnis ab- und zunehmen.
Daraus folgt aber keineswegs eine Abhängigkeit des einen Factors
vom anderen, sondern beide werden durch die Form des Kegels bestimmt. Die letztere ist aber selbst kein Erklärungsgrund, weil sie
keine Kraft, sondern selbst erst Wirkung oder Resultat aus dem
gegenseitigen Verhältnis der beiden Factoren des Wachsthums ist
(der Kegel wird spitzer in dem Verhältnis wie das Längenwachsthum über das Dickenwachsthum überwiegt). Beide Factoren müfsen
demnach einen anderen, gemeinschaftlichen Grund haben, und es
liegt die Annahme nahe, dieser Grund beruhe in der assimilierenden
Thätigkeit der gleichzeitig mit dem fraglichen Wachsthumsact längs
des betreffenden, die Spitze des Kegels bildenden Jahrestriebes vegetierenden Blätter. Die Betrachtung der Gestalt des Baums
führt uns mit Nothwendigkeit auf die Erörterung einer rein physiologischen Frage, welche wir um so weniger umgehen mögen,
als dieselbe gerade durch die hier gebotenen Thatsachen vielleicht
mehr Aufklärung findet als durch andere Methoden.

Ist die Längenentwickelung des Jahrestriebes abhängig
von den gleichzeitig an demselben vegetierenden Blättern? Wir haben hier natürlich wieder wie früher die zwei Factoren, welche
die Längenentwickelung bedingen, zu sondern. Der erste, die Zahl
der Stengelglieder und zwar, nach Abzug der fast unentwickelten
„Anfangsglieder" des Jahrestriebes, die Zahl der durch ihre gröfsere Ausdehnung vorzugsweise die Gesammtlänge des Triebes bestimmenden „Hauptglieder", ist gleichbedeutend mit der Zahl der
entsprechenden Blätter und hängt mit diesen ab von der Productivität der vorhergehenden Vegetationsperiode, also vielleicht von
der Anzahl der Blätter des vorhergehenden Jahrestriebes, — weil
bekanntlich die im vergangenen Spätsommer angelegte Winterknospe
bereits die Zahl der im folgenden Jahr zur Erscheinung kommenden Blätter vollständig einschliefst. Der zweite Factor aber, der
Entwickelungsgrad der einzelnen Stengelglieder, hängt nicht

---

*) Bravais und Martins nehmen einen solchen constanten Winkel der äufse-
ren Fläche mit der Axe des Stammes an, nämlich 0°21' (Ann. des sc. nat. XIX).

sowohl von der Anzahl der Blätter des Triebes als von der vegetativen Thätigkeit der einzelnen Blätter, vor Allem aber von den
anderweitigen Bedingungen des Wachsthums ab (äufsere Einflüfse
und die das Maafs der Entwickelung bestimmende Stellung der
Axe am ganzen Baum).

Was dagegen das Dickenwachsthum betrifft, so ist die
Abhängigkeit desselben von der Masse der gleichzeitig vegetierenden Blätter im Allgemeinen bereits von Mohl*) nachgewiesen
worden, und wir sind hier im Stande, diese Wahrheit auf einem
anderen Wege zu bestätigen, — oder vielmehr, wenn wir die Richtigkeit des Gesetzes von vornherein anerkennen, noch einen Schritt
weiter zu gehen, indem wir die Frage genauer so stellen: ob die
jährliche Verdickung einer Axe bedingt wird allein durch die
Thätigkeit der Blätter an dem Endtrieb derselben Axe, — oder
ob zugleich die Blätter der Seitenaxen oder des ganzen Axensystems mitwirken? — es handelt sich also um die Frage: ob die
einzelne Axe physiologisch selbständig ist oder ein Glied eines
Ganzen in der Art, dafs sämmtliche Blätter eines Axensystems
oder des Baums eine gemeinsame Nahrungsquelle bilden, aus welcher das Bildungsmaterial für alle Axen geschöpft und nach einem
allgemeinen Gesetz vertheilt wird?

Obgleich es leicht ist, für jede beliebige Verdickungsschicht
die Zahl der demselben Jahr entsprechenden Blätter nachzuweisen,
so ist im Folgenden doch nicht die letztere selbst, sondern die
Länge des betreffenden Jahrestriebes, welche ja, wie wir früher
gesehen haben, einen im Allgemeinen richtigen Maafsstab für die
Blätterzahl desselben Jahres darbietet, bei der Vergleichung mit
dem Dickenwachsthum zu Grunde gelegt worden, wodurch jedenfalls der Richtigkeit der Resultate kein Eintrag geschehen wird.

Zunächst liegt in dem Umstande, dafs eine Axe, welche ihrer
Spitze, also ihres terminalen Wachsthums und ihrer eigenen Belaubung beraubt worden ist, gleichwohl, und zwar vermöge der
Vegetation ihrer Seitenaxen, fortfährt in die Dicke zu wachsen,
kein Grund gegen die Selbständigkeit der Axe, indem diefs nur
beweist, dafs eine Axe mit den daran entspringenden anderen in
einer solchen Communication der Saftwege steht, dafs in aufserordentlichen Fällen, wo einer Axe die gewöhnliche Nahrungsquelle ab-

---

*) Bot. Zeit. 1844, S. 89.

geschnitten worden ist, eine solche auf einem anderen Weg (aus Seiten-axen) eröffnet werden kann. Dasselbe gilt von denjenigen Bäumen, deren Axen, sei es durch Blüthe oder Verkümmerung der End-knospe, in jedem Jahr oder von Zeit zu Zeit abschließen, alsdann aber in dem obersten Seitentrieb in physiologischer Beziehung eine Fortsetzung erhalten (z. B. *Linde, Hasel* etc.).

Gesetzt nun, die einzelne Axe sei insofern für sich bestehend, dafs sie bei ihrem Dickenwachsthum unter normalen Umständen nur durch die Thätigkeit ihrer eigenen Blätter gespeist wird, so könnte weiter die Frage entstehen, ob sich jener Einfluß der Blät-ter auf das Wachsthum derselben Axe, vielleicht sogar von Seiten eines jeden einzelnen Blattes auf eine bestimmte, etwa auf die von demselben abwärts sich erstreckende Gegend äußere? und es scheint z. B. die fünfkantige Gestalt des Holzkörpers der *Eiche*, die drei-kantige bei der *Erle* im Zusammenhange mit der Zweifünftel-resp. Eindrittel-Stellung der Blätter bei diesen Bäumen für diese Annahme zu sprechen. Dagegen beweist auf entschiedenere Weise das rein concentrische Wachsthum der Axen bei denjenigen Bäumen (*Buche, Linde, Ulme* etc.), deren Blätter (und Verzweigung) zweizeilig angeordnet sind, dafs die ganze Axe in dem Cam-biumcylinder einen gemeinsamen Bildungsheerd besitzt, in welchen die besonderen Nahrungsquellen der einzelnen Blätter einmünden, und aus welchem sich das Wachsthumsmaterial gleichmäßig nach allen Seiten vertheilt.

Dafs aber der Grund für das Wachsthum der einzelnen Axe nicht in dieser selbst, d. h. in der Summe ihrer Blätter, allein liege, geht aus folgenden Betrachtungen hervor:

a) Angenommen, die Zahl der Blätter eines Endtriebes be-stimmte das Maafs des Wachsthums für die ganze betreffende Axe, so wäre, — da die Wirkung der Blätter eines Jahres eine dop-pelte ist: einerseits der Entwickelungsgrad des entsprechenden Jah-restriebes nach Länge und Dicke, und andererseits die Zahl der Blätter für den in demselben Jahr angelegten, im nächsten Jahr zur Ausbildung gelangenden folgenden Jahrestrieb, dessen Länge ja hauptsächlich durch die Zahl der Blätter bestimmt wird, — und da diese beiden Wirkungen offenbar in einem Wechselverhältnis stehen, d. h. die Anlage für das nächste Jahr um so kräftiger aus-fallen wird, je weniger von der Wirkung der Blätterthätigkeit auf das Wachsthum des diesjährigen Triebes verwendet ist, und umge-

kehrt, — so wäre zu erwarten, daſs auf einen gestauchten Jahrestrieb
ein um so kräftigerer folgen müſste, indem bei der im Verhältnis zur Blätterzahl geringen Axenproduction der Ueberschuſs an
Kraft sich gerade in der Erzeugung um so zahlreicherer Blätter
in der Knospe für das nächste Jahr geltend machen werde, und
umgekehrt, — daſs mithin stark und schwach entwickelte Triebe
regelmäſsig mit einander wechseln werden. Da dieſs aber in der
Wirklichkeit keineswegs der gewöhnliche Fall ist, da im Gegentheil
in der Regel an jeder einzelnen Axe Jahrestriebe von gleichem
Entwickelungsgrad (lauter schwache bei den „Stauchlingen", lauter
starke bei den „Kraftsproſsen") mit einander verknüpft sind, so
muſs der Grund für das Wachsthum der einzelnen Axe über die
Wirkung ihrer eigenen Blätter hinaus in einem allgemeinen Bildungsgesetz des Baums und in einem Zusammenwirken verschiedener Axen liegen.

b) Daſs das Dickenwachsthum nicht ausschlieſslich durch die
Blätter derselben Axe bedingt wird, geht ferner daraus hervor,
daſs dasselbe nicht vollkommen gleichen Schritt hält mit der jährlichen Verlängerung, wie es sich zunächst an dem Gesammtlaufe
der Axenentwickelung zeigt, indem die Culminationszeiten für beide
Arten des Wachsthums nicht bei allen Bäumen zusammenfallen.
Im Allgemeinen scheint das Längenwachsthum in der Geschichte
des Baums sein Maximum früher zu erreichen als das Dickenwachsthum; so ist es unter anderen bei der *Eiche* (*Qu. pedunculata*)
und *Buche*, wie man aus der Vergleichung der oben S. 32 und 76
angeführten Verhältnisse ersehen kann.

c) Wenn man diesen Parallelismus im Einzelnen prüfen und
deshalb die Differenz zweier Jahrestriebe mit der Differenz der
denselben Jahren entsprechenden Verdickungsschichten vergleichen
will, so wird dieſs schon deshalb gewöhnlich ohne Erfolg sein, weil
sich überhaupt die Ungleichheiten der letzteren in engeren Grenzen bewegen und daher meistens kaum wahrnehmbar sind; wählt
man aber zur Vergleichung solche aufeinanderfolgende Jahrestriebe,
welche einen starken Contrast bilden, z. B. einen kräftigen Trieb,
auf welchen eine Stockung folgt, so findet man die entsprechenden
gleichzeitig erzeugten Jahresringe der Verdickung gleichwohl fast
ganz gleich, was doch wohl darauf hindeutet, daſs hier die Blätter
der Axe selbst nicht allein, sondern zugleich auch die seitlichen
Axen mit ihren Blättern das Dickenwachsthum bestimmt haben. —

Klarer aber treten die Beziehungen hervor, wenn man den Einfluß der Seitenaxen dadurch zu eliminieren oder wenigstens auf ein Minimum zu bringen sucht, daß man solche Jahrestriebe zur Vergleichung wählt, deren Seitenaxen sämmtlich Stauchlinge sind, also die möglichst geringe physiologische Wirkung üben werden. Bei einem *Buchenzweig* von 1½' Länge, dessen Hauptaxe in den ersten drei Jahren jedesmal um 5 — 6" gewachsen ist, darauf aber in den letzten vier Jahren sich nur noch durch Stockungen ein wenig verlängert hat, — dessen secundäre Axen sämmtlich Stauchlinge sind oder in ihrem Längenwachsthum mit dem der Hauptaxe zusammenfallen, — zeigt der Querschnitt für die ersten drei Jahre drei ziemlich gleich dicke Holzringe, während die vier äußeren bedeutend schmäler sind. Umgekehrt hat sich die Hauptaxe eines anderen, neunjährigen, 1½' langen *Buchenzweiges*, welcher nur eine Generation von secundären Axen, und zwar diese sämmtlich als Stauchlinge trägt, in den ersten sechs Jahren nur durch Stockungen, in den letzten drei Jahren aber durch kräftige Triebe in die Länge entwickelt; dem entsprechend zeigen sich denn auch die äußersten Jahresringe entschieden dicker als die inneren. — Zum Beweis, daß die Menge der Blätter an der Axe selbst nicht genügt, das Maaß der jährlichen Verdickung zu erklären, mögen noch zwei Fälle genannt werden. Ein Zweig von zwanzig Jahren und 2' Länge zeigt auf dem Querschnitt funfzehn ganz schmale und nach außen fünf plötzlich viel breitere Jahresringe, — obgleich an derselben Axe das Längenwachsthum gerade in den letzten Jahren sehr abgenommen hat. — An einem *Buchenzweig* von neunzehn Jahren und 1½' Länge zeigt der Holzkörper von innen nach außen sechzehn schmale aber gleiche, und darauf folgend drei stärkere Jahresschichten. Mit dem successiven Längenwachsthum der Hauptaxe kann diese Steigerung nicht zusammenhängen, indem darin in diesem Fall eine ganz andere Folge herrscht; vielmehr scheint der Grund darin zu liegen, daß das ganze Reiß, welches 33 Axenenden besitzt, 11 von denselben allein den letzten drei Jahren verdankt. So hängt die Zu- oder Abnahme in der Dicke der Jahresringe vorzugsweise von dem Grad ab, in welchem sich die Anzahl der in das Bereich der betreffenden Axe gehörenden blättererzeugenden Sproßenden vermehrt.

d) Ein Einwurf gegen die Abhängigkeit des Dickenwachsthums von der physiologischen Thätigkeit der Blätter könnte etwa noch

darauf gegründet werden, daſs die jährliche Zunahme des Holzkörpers von einem gewissen Zeitpunkt in der Entwickelung der
Hauptaxe des Baums an abnimmt, obgleich die Zahl der Blätter
des ganzen Baums wie an jedem Zweig von Jahr zu Jahr zunimmt;
denn wenn sich auch gleichzeitig damit die Zahl und Masse der zu ernährenden Axen vermehrt, so nehmen doch, weil, wie wir unten
sehen werden, die Länge der Stengelglieder mit dem Alter und
der Verzweigung des Baums abnimmt, die Blätter im Ganzen ver-
muthlich in einem stärkeren Verhältnis überhand als die Masse
der Axen. Wenn trotzdem die Jahresschichten von einem gewissen Punkt an schmäler werden, so erklärt sich dieſs wohl genügend
aus dem mit dem Alter immer mehr sich erweiternden Umfang
des wachsenden Cylinders, so daſs Dicke und Umfang der neu gebildeten Schichten und das Maaſs des durch die Blätter gelieferten
Baumaterials recht wohl fortwährend in gleichem Verhältnis stehen
mögen. —

Wir ziehen aus der vorstehenden Betrachtung den für unseren Zweck höchst wichtigen Schluſs: daſs der einzelne Sproſs,
wenngleich in morphologischer Hinsicht ein in sich abgeschloſse-
nes Ganzes, im physiologischen Sinne nicht nur wegen der einfachen, für den ganzen Baum gemeinschaftlichen Bewurzelung,
sondern auch in Beziehung auf die in den Blättern beruhende
Nahrungsquelle, unter der Herrschaft des ganzen Organismus, d. h.
in einem innigen gegenseitigen Abhängigkeitsverhältnis mit den
übrigen Sprofsen steht, daſs das Maaſs der Entwickelung nicht
durch ein individuelles, sondern durch ein gewissen gröfseren Sprofssystemen oder dem ganzen Baum innewohnendes allgemeines Gesetz dem einzelnen Sprofs zugemefsen wird, — und wir haben
hiermit bereits eine Wahrheit gewonnen, welche in der Folge unserer Untersuchung in bestimmterer, nämlich auch in morphologischer Beziehung mehrfach zum Vorschein kommen wird.

§. 24.

Die Gesammtform der einfachen Axe bedingt durch das Verhältnis von Längen- und Dickenwachsthum.

Längenwachsthum und Dickenwachsthum bestimmen das Verhältnis der Dimensionen und damit die Gesammtform der ganzen Axe. Und zwar erhalten wir durch das Verhältnis der Ge-

sammtlänge einer Axe zu deren mittlerer Dicke einen Ausdruck für den Grad der Schlankheit, eins der Hauptmomente,
wovon die Tracht des Baums abhängt. Aus einigen Mefsungen wird
man sehen, wie dieses Verhältnfs bei verschiedenen Baumarten,
aber auch bei verschiedenen Axen eines Baums variiert. Die erste
Zahl in der folgenden Tabelle bedeutet die Gesammtlänge der betreffenden Axe in Pariser Linien, die zweite den mittleren Durchmefser, die dritte den Quotient aus den beiden vorigen Zahlen bei-
läufig als Maafs der Schlankheit.

Tabelle B.

	Länge	Dicke	Schlkh.		Länge	Dicke	Schlkh.
Buche. I. Gen.	372	$2^2/_3$	140	*Erle.* I. Gen.	408	$3^2/_3$	111
II. „	204	$1^1/_3$	153	II. „	192	$1^1/_3$	144
„ „	308	$^2/_3$	205	„ „	192	$1^2/_3$	115
„ „	88	1	88	„ „	72	$1^1/_2$	48
„ „	54	$^2/_3$	88	*Birke,* jung.Bäumchen			
Eiche. I. Gen.			82	I. Gen.	342	$1^3/_4$	195
sec. Axen durch-				die gröfseren Zweige			
schnittlich			47	II. Gen.	168	1	168
Hängeesche.	744	3	248	„ „	180	$1^1/_3$	135
Rothtanne				„ „	60	$^2/_3$	90
Hauptaxe	456	5	91	*Birke,* von einem			
Seitenaxe	264	$2^1/_4$	117	älteren Baum . .	396	1	396

Beispiele von sehr schlanker Entwickelung der Axen sind die
Buche, Weide, Lärche, vor Allem die *Birke* und die *Hängeesche,* —
wogegen Sprofse von sehr gedrungenem oder plumpem Wachsthum
für die *Eiche, Esche, Apfelbaum, Roskastanie* bezeichnend sind.

Was die Verschiedenheit in diesem Punkt zwischen den Axen
eines und desselben Baumes betrifft, so scheint im Allgemeinen die
(auch in obiger Tabelle wahrnehmbare) Regel zu gelten, dafs die
Axen um so schlanker werden, je länger sie werden, — sowie
andererseits ein Unterschied zwischen den verschiedenen Generationen bemerkbar ist, in der Art, dafs die gröfseren secundären
Axen eines Baums oder einzelnen Sprofssystems ihre Hauptaxe an
Schlankheit übertreffen, wogegen bei jüngeren Trieben die Stärke
über die Länge mehr überwiegt. — An diesen Ungleichheiten unter gleichartigen Axen hat übrigens nicht blofs das Wachsthum des

Holzkörpers, sondern auch die Rinde Antheil, wie z. B. die dicken plumpen Stauchlinge beim *Apfel-* und *Birnbaum* ihre Form einer übermäfsigen Dicke der Rinde verdanken.

Das Verhältnis der Dimensionen nach Länge und Dicke allein genügt jedoch nicht, um die Gesammtform der Axe zu charakterisieren. Diese Form ist die eines Kegels und die Verdünnung der Axe von unten nach oben beruht, wie wir gesehen haben, einerseits auf der Kegelform des primären Holzkörpers (im einjährigen Jahrestriebe), und die letztere hat ihren Grund bald in einer von unten nach oben abnehmenden Mächtigkeit der Holzschicht, bald in einer Zuspitzung des Markkörpers, — andererseits auf der mit jedem Jahresstück von unten nach oben um 1 abnehmenden Anzahl der die Dicke der Axe hauptsächlich bestimmenden Holzschichten. Obgleich diese Verminderung schrittweise stattfindet, so geschieht die kegelartige Verjüngung der Axe doch gerade an den Jahresgrenzen bei den meisten Bäumen allmählich, ohne merklichen Absatz auf der Oberfläche; — und zwar wird die Abstufung ausgeglichen durch die ursprüngliche Kegelform des primären Holzkörpers und durch die Ueberkleidung der ganzen Reihe von Jahrestrieben mit je einem von der Spitze der Axe bis zur Basis gleichmäfsig herablaufenden Kegelmantel. Nicht immer ist aber die conische Verjüngung vollkommen gleichmäfsig; selbst bei der *Buche*, bei welcher der eine Jahrestrieb ganz allmählich in den folgenden zu verlaufen scheint, ergeben sich für den Sinus des Zuspitzungswinkels, je nachdem man die Messung in verschiedener Höhe, d. h. bald unterhalb bald oberhalb einer Jahresgrenze macht, etwas abweichende Werthe, z. B. für einen Zweig an vier Punkten in verschiedener Höhe gemefsen die Werthe: 0,0072, — 0,0083, — 0,0066, — 0,0060 —. In anderen Fällen zeigt sich schon ohne Mefsung zwischen je zwei Jahrestrieben ein deutlicher Absatz, also eine sprungweise Verjüngung der Axe, z. B. bei der *Weide* (*S. fragilis*), *Rothtanne, Linde, Ahorn* (*A. platanoides*). Andererseits erleidet die rein conische Form der Axe eine Beschränkung dadurch, dafs häufig wegen der mehr oder weniger cylindrischen Gestalt des einzelnen Stengelgliedes die Verjüngung an den Knoten plötzlich geschieht, z. B. bei der *Buche, Hollunder* etc., jedoch mehr an den jungen Theilen der Axe, während sich mit dem Alter die Dicke an diesen Stellen mehr und mehr ausgleicht; bei der *Eiche, Birke, Zwetsche* verlaufen überhaupt die Stengelglieder allmählich ineinander. Dagegen tritt diese plötzliche Verdünnung in höherem Grade und allgemeiner und ohne mit der Zeit ausgeglichen zu werden, an denjenigen Knoten auf, wo ein (kräftiger) Zweig entspringt, z. B. *Buche*, *Birke* etc. An einem *Buchensprofs*, dessen Dicke von unten nach oben sich verjüngte von 2''',8 bis zu 0''',7, fand ich, je nachdem die Dicke dicht unterhalb und dicht oberhalb eines Zweigursprungs gemessen wurde, eine Differenz, welche für die 11 Zweigablaufstellen zwischen 0,1''' und 0,3''' schwankt.

Von allen diesen Modificationen im Einzelnen abgesehen, erscheint die Axe als ein echter, mehr oder weniger abgestumpfter Kegel, indem die Mefsungen, man mag sie in jeder beliebigen Höhe vornehmen, für den Zuspitzungswinkel immer gleiche Werthe liefern. Wenigstens gilt diefs für die jüngeren secundären Axen bei der *Buche*, worauf sich meine Beobachtungen beschränken. An einem *Eichensprofs* von 2½' Länge nahm der Winkel nach oben hin etwas ab, indem der Sinus des Winkels für eine Entfernung von 2½' $1/128$, für 2' aber nur $1/192$ betrug.

Betrachtet man dagegen die Hauptaxe eines Baums in ihrem ganzen Verlaufe, so zeigen sich noch andere Abweichungen von der reinen Kegelgestalt. Nach Hartig ist der Stamm der *Hainbuche* bis 15 — 16' Höhe ziemlich cylindrisch, meist nur 1 — 2'' im Durchmefser abnehmend, von da an aber in der Art conisch, dafs dieselbe bei 30' Höhe selten mehr als halb so dick ist als bei 4' Höhe, und von da an noch mehr abfallend. Bei der *Buche* nimmt (auf Kalkboden) der Stamm von der Brusthöhe bis 50' Höhe meist nur um 2 — 3'' in der Dicke ab; darüber hinaus wird der Stamm entschiedener kegelförmig; auf anderem Boden ist der Stamm von unten an mehr kegelförmig. Diefs Verhalten erklärt sich zum Theil aus der oben (S. 84) angeführten Zunahme der Dicke der einzelnen Jahresschichten nach der Spitze des Baumes hin.

Wie nun der Zuspitzungswinkel, für die einzelne Axe als constant angenommen, nicht nur bei verschiedenen Bäumen, sondern auch unter den Axen eines Baumes oder eines kleinen Axensystemes variiert, möge folgende Tabelle C. zeigen. Als Ausdruck für das Maafs dieses Winkels berechnen wir den Sinus desselben, nämlich das Verhältnis der Differenz zwischen dem Durchmefser der Axe an der Basis und dem von der Spitze unterhalb der Terminalknospe (die Axe als abgestumpften Kegel betrachtet) zu der

Länge der Axe (Seitenlinie des Kegels); die Columne *A* enthält die genannten drei Größen in Par. Linien, die Columne *B* die daraus berechneten Werthe für den Sinus des Zuspitzungswinkels.

Tabelle C.

	A	B		A	B		A	B
1) *Buche,* Terminaltrieb eines Bäumchens			9) *Buche,* Hauptaxe eines Bäumchens			II. Gen.	$\frac{2 - \frac{3}{4}}{136}$	$\frac{1}{109}$
I. Gen.	$\frac{4\frac{1}{2} - \frac{3}{4}}{372}$	$\frac{1}{104}$	10) Desgl.	$\frac{18 - 1}{1008}$	$\frac{1}{60}$	„	$\frac{1 - \frac{3}{4}}{12}$	$\frac{1}{48}$
II. Gen.	$\frac{1\frac{3}{4} - \frac{1}{2}}{204}$	$\frac{1}{200}$		$\frac{4\frac{1}{2} - \frac{1}{2}}{216}$	$\frac{1}{54}$	„	$\frac{1\frac{1}{3} - \frac{3}{4}}{42}$	$\frac{1}{72}$
„	$\frac{2\frac{1}{3} - \frac{2}{3}}{308}$	$\frac{1}{154}$	11) *Eiche,* I Gen.	bei 360''' L.	$\frac{1}{128}$	„	$\frac{1\frac{1}{3} - \frac{3}{4}}{44}$	$\frac{1}{75}$
„	$\frac{1\frac{1}{2} - \frac{2}{3}}{88}$	$\frac{1}{149}$		„ 288''' „	$\frac{1}{192}$	„	$\frac{1\frac{1}{3} - \frac{3}{4}}{50}$	$\frac{1}{86}$
„	$\frac{\frac{3}{4} - \frac{1}{2}}{54}$	$\frac{1}{72}$	II. Gen.	„ 240''' „	$\frac{1}{160}$	„	$\frac{1\frac{1}{4} - \frac{3}{4}}{96}$	$\frac{1}{96}$
2) *Buche,* Terminaltrieb eines alten Baums			„	„ 132''' „	$\frac{1}{106}$	„	$\frac{1 - \frac{3}{4}}{4}$	$\frac{1}{16}$
			„	„ 132''' „	$\frac{1}{196}$	„	$\frac{1 - \frac{3}{4}}{16}$	$\frac{1}{64}$
I. Gen.	$\frac{5,5 - 1}{250}$	$\frac{1}{56}$	„	„ 72''' „	$\frac{1}{108}$	„	$\frac{1 - \frac{3}{4}}{18}$	$\frac{1}{72}$
II. Gen.	$\frac{2,3 - 1}{70}$	$\frac{1}{54}$	12) *Ulme*	$\frac{3 - \frac{2}{3}}{360}$	$\frac{1}{154}$	„	$\frac{1 - \frac{3}{4}}{36}$	$\frac{1}{144}$
„	$\frac{2,8 - 0,8}{140}$	$\frac{1}{70}$	13) *Linde*		$\frac{1}{50}$	„	$\frac{\frac{5}{4} - \frac{3}{4}}{42}$	$\frac{1}{84}$
„	$\frac{3,2 - 0,8}{130}$	$\frac{1}{54}$	14) *Rothtanne,* Bäumchen			16) *Erle*		
3) *Buche,* Zweig	$\frac{1,9 - 0,6}{180}$	$\frac{1}{138}$	I. Gen.	$\frac{8\frac{1}{2} - 1\frac{2}{3}}{456}$	$\frac{1}{67}$	I. Gen.	$\frac{6 - 1\frac{1}{3}}{408}$	$\frac{1}{87}$
4) „	$\frac{2,4 - 0,7}{24,8}$	$\frac{1}{175}$	II. Gen.	$\frac{2\frac{3}{4} - 1\frac{1}{3}}{244}$	$\frac{1}{172}$	II. Gen.	$\frac{2\frac{1}{3} - 1}{192}$	$\frac{1}{144}$
5) „	$\frac{5 - 1}{360}$	$\frac{1}{90}$	15) *Hainb.* I. Gen.	$\frac{3\frac{3}{4} - \frac{3}{4}}{432}$	$\frac{1}{144}$	„	$\frac{3 - 1}{192}$	$\frac{1}{96}$
6) „	$\frac{5 - 1}{480}$	$\frac{1}{120}$	II. Gen.	$\frac{1\frac{1}{2} - \frac{3}{4}}{92}$	$\frac{1}{123}$	„	$\frac{1\frac{2}{3} - 1}{72}$	$\frac{1}{108}$
7) *Buche,* Hauptaxe eines Strauchs	$\frac{2 - \frac{1}{2}}{288}$	$\frac{1}{192}$	„	$\frac{1\frac{1}{4} - \frac{3}{4}}{126}$	$\frac{1}{126}$	17) *Birke,* junges Bäumchen		
			„	$\frac{1 - \frac{3}{4}}{9}$	$\frac{1}{36}$	I. Gen.	$\frac{3 - \frac{1}{2}}{342}$	$\frac{1}{137}$
8) I. Gen.	$\frac{4 - 1}{444}$	$\frac{1}{148}$	„	$\frac{\frac{5}{4} - \frac{3}{4}}{36}$	$\frac{1}{72}$	II. Gen.	$\frac{\frac{5}{3} - \frac{1}{2}}{168}$	$\frac{1}{144}$
II. Gen.	$\frac{2 - 1}{276}$	$\frac{1}{276}$	„.	$\frac{1\frac{1}{2} - \frac{3}{4}}{84}$	$\frac{1}{112}$	„	$\frac{2 - \frac{1}{2}}{180}$	$\frac{1}{120}$
			„	$\frac{1\frac{1}{2} - \frac{3}{4}}{81}$	$\frac{1}{108}$	„	$\frac{1 - \frac{1}{2}}{60}$	$\frac{1}{120}$
						18) *Birke,* Zweig von einem ältern B.	$\frac{1\frac{1}{2} - \frac{1}{2}}{396}$	$\frac{1}{396}$

Was sich zunächst aus dieser Zusammenstellung ergibt, sind die weiten Grenzen, innerhalb deren der Zuspitzungswinkel selbst unter den Axen eines Baums mit der allergröfsten Freiheit variiert (auch darin äufsert sich ein Stück jener die Baumgestalt durchdringenden unbegrenzten Individualisierung). In dieser scheinbaren Unordnung läfst sich jedoch aus den angeführten Zahlen folgende Gesetzmäfsigkeit erkennen.

1) In einem Axensystem hat die primäre Axe stets einen stumpferen Winkel der Zuspitzung als die secundären Axen, die erstere ist deutlicher conisch, die letzteren mehr annähernd cylindrisch, zum Beweis, dafs das Dickenwachsthum in der Folge bei der Hauptaxe gegen das Längenwachsthum verhältnismäfsig, und zwar in höherem Grade vorwiegt als in den betreffenden Seitenaxen.

2) Für die an einer Hauptaxe coordinierten secundären Axen gilt das Gesetz, dafs dieselben um so mehr sich dem Cylindrischen nähern, je länger sie entwickelt sind, — und um so conischer verschmälert, je kürzer sie sind, was so viel heifst, dafs bei der Veränderlichkeit in den Dimensionen gleichwerthiger Axen die Dicke sich verhältnismäfsig mehr constant hält als das in weiteren Grenzen bewegliche Längenwachsthum.

Ein für die verschiedenen Baumspecies charakteristisches Verhalten der Axe in Beziehung auf ihre conische Zuspitzung läfst sich aus obigen Angaben wegen der aufserordentlichen Veränderlichkeit innerhalb eines und desselben Baums kaum erkennen. Dafs es gleichwohl eine solche specifische Verschiedenheit gibt, sehen wir bei der Vergleichung von Baumarten, welche in Beziehung auf die Zuspitzung der Axe am weitesten voneinander abweichen. Beispiele von deutlich conischer Axenform bieten die *Pappeln* (*P. italica, tremula*), die *Rothtanne* (*A. excelsa*) besonders an der Hauptaxe, der *Mafsholder* (*Acer campestre*), — wogegen sich eine annähernd cylindrische Form findet beim *Spitzahorn* (*Acer platanoides*), — *Esche* (*Fr. excelsior* und *Fr. pendula*), wo das Verhältnis noch durch die etwas verdickt zulaufenden Axenenden erhöht wird, — *Roskastanie, Kornelkirsche, Apfelbaum*; bei der *Birke* und *Sauerkirsche* tritt die fadenartige fast gleichdicke Form der langgezogenen Zweige vorzüglich in den weiteren Stufen der Verzweigung an älteren Bäumen auf.

e) Verhältnis der Axe zur geraden Linie.

§. 25.

Endlich gehört zur Charakteristik der einfachen Axe die Modification, welche die geradlinige Richtung derselben erleidet. Die schon oben (S. 47) erwähnte Erscheinung der zickzackartig hin und her gebrochenen Stengelglieder bei der *Buche, Hainbuche, Hasel, Linde, Erle* u. s. w. gilt auch für die ganze Axe, insofern die Ausgleichung dieser Richtungsverschiedenheit, welche allerdings an den jüngeren Trieben am stärksten auftritt, durch Streckung oft (z. B. bei der *Buche*) erst nach mehreren Jahren geschieht. Ferner gehört hierher die wurmförmige Krümmung der kümmerlichen Stauchlinge bei der *Buche.* Die in der Jugend gewöhnlich gerade Axe erleidet im Alter überhaupt mehr oder weniger unregelmäßige Verbiegungen besonders an dem Ursprung von Zweigen, in besonders hohem Grade bei der *Eiche,* dem *Apfelbaum,* der *Roskastanie* mit ihrer bogenartig aufwärts gekrümmten älteren Axe, während die *Tannen,* die *Waymouthskiefer,* die *Pappel* u. s. w. besonders in der Hauptaxe Beispiele für sehr geradliniges Wachsthum abgeben. Mangel an genügender Festigkeit hat bei der *Birke, Sauerkirsche, Trauerweide* u. s. w. das bogenartige schlaffe Herabhängen der ruthenförmigen Zweige zur Folge.

Fünftes Capitel.

Gesetzmäßigkeit in der einfachen Sprofsfamilie.

§. 26.

Die im vorigen Abschnitte betrachtete einfache Axe erzeugt aus den Achseln ihrer Blätter Seitensprofse, und wenn wir bedenken, daß ein solcher, mit Ausnahme der Hauptwurzel, welche nur der Hauptaxe der Pflanze zukommen kann, dieselben Theile, nämlich eine Axe und Blätter enthält und sich sowohl auf dieselbe Weise an der Spitze fortentwickelt als auch seitlich durch abermalige Sprofsbildung ebenso weiter verzweigt wie der Hauptsprofs, so müfsen wir diese Sprofserzeugung im Wesentlichen für nichts Anderes als eine Wiederholung der Hauptaxe halten. Nun haben wir aber im Vorigen selbst an einer Baumart eine unbegrenzte Mannigfaltigkeit des einfachen Sprofses erkannt, eine Mannigfaltigkeit, welche nicht blofs in verschiedenen Alterszuständen oder in zufälligen Ursachen, sondern bereits in der Anlage begründet und zum Theil in einem scharfen Gegensatz verschiedener Sprofsmodificationen (z. B. Stauchlinge, Dornzweige, Kraftsprofse) erschien, — und wir finden, dafs diese ungleichwerthigen Formen an der Reihe der coordinierten Zweige einer und derselben primären Axe miteinander in einer Weise wechseln, welche auf den ersten Blick das Bild der buntesten Unordnung darbietet, bei genauerer Betrachtung indes eine sehr bestimmte Gesetzmäfsigkeit wahrnehmen läfst. Um diese deutlich zu machen, müfsen wir aber an der Betrachtung des einzelnen Jahrestriebes, welche wir oben (S. 59) verlafsen haben, wieder anknüpfen. Indem der Jahrestrieb das eigentliche Element für den morphologischen Aufbau der Axe ist, bezeichnen wir denselben mit der Gesammtheit der aus ihm entspringenden Tochtersprofse als Sprofsfamilie und zwar, insofern wir einstweilen bei der ersten Generation der Verzweigung stehen bleiben, als einfache Sprofsfamilie. Wie die ganze Axe aus mehreren Jahrestrieben, so setzt sich der ganze Baum oder ein mehrjähriger verästelter Zweig aus mehreren Sprofsfamilien zusammen.

Der einfache Plan, welchen wir an dem unverzweigten Jahrestriebe in der Aufeinanderfolge der Stengelglieder und in dem Sprofsvermögen wahrgenommen haben, setzt sich in noch auffallenderer Weise fort in der Fortbildung des Jahrestriebes als Sprofsfamilie. Die coordinierten Seitenaxen eines Jahrestriebes zeigen selten einen annähernd gleichen Grad der Entwickelung wie bei der *Esche* und *Weide*; bei allen übrigen einheimischen Holzgewächsen zeigt sich bereits an dieser einfachen Periode die gröfste Verschiedenheit, und zwar gilt hier das allgemeine Gesetz: dafs die kleinsten Zweige stets die untersten in der Reihe sind und nach oben an Länge zunehmen, so dafs die obersten zugleich die längsten sind. Entweder geschieht diese Zunahme ganz allmählich wie bei der *Ulme*, *Aspe* u. s. w., oder durch ein plötzliches Auftreten stark entwickelter Zweige in schroffem Gegensatz gegen die die untere Region einnehmenden schwächeren Glieder der *Tanne*, *Eiche* u. s. w. Diefs zeigt sich besonders bei denjenigen Bäumen, bei denen jene eigenthümliche Sprofsform, welche wir Stauchlinge nannten, gegenüber den Kraftsprofsen scharf ausgeprägt ist, wo dann die ersteren stets die Reihe der Sprofse beginnen, wie bei der *Buche*, *Birke, Sauerdorn, Kiefer.* Wo Sprofse mit begrenztem Wachsthum z.B. die Dornzweige vorkommen, wie bei dem *Weifsdorn*, der *Schlehe* u. s. w., da beschränken dieselben sich stets auf den unteren Theil des Triebes. Selten erleidet diese Regel eine Einschränkung dadurch, dafs einige Glieder der Sprofsfamilie auf eine andere als die angegebene, sei es regelmäfsige (z. B. *Kastanie*) oder unregelmäfsige Weise (z. B. *Mafsholder, Spindelbaum, Heide* u. s. w.) in Beziehung auf Länge miteinander wechseln. Der Hauptcharakter, die vorwiegende Entwickelung der obersten Seitenaxen, bleibt dabei unverändert. Zuweilen findet jedoch, nachdem das Maximum der Länge erreicht ist, nach oben wieder eine, im Verhältnis zu der Zunahme jedoch stets nur geringe, Abnahme statt, entsprechend derselben Erscheinung, die wir oben in dem Längenverhältnis der Stengelglieder eines Jahrestriebes gefunden haben. Beispiele: *Erle, Kornelkirsche, Hasel.* Der ganze Cyklus der secundären Axen besteht hier also in einer Hebung und Senkung; das Maximum fällt zuweilen ziemlich in die Mitte der primären Axe, häufiger aber näher nach der Spitze zu. In den meisten Fällen findet die Zunahme bis zu dem obersten Seitensprofs statt, der Cyklus beschränkt sich auf die Hebung.

Mit der Längenentwickelung geht, wie wir oben gesehen haben, das Dickenwachsthum Hand in Hand. So zeigt sich denn auch in Beziehung auf das letztere ein entsprechender Fortschritt zwischen den coordinierten Gliedern einer Sprofsfamilie, eine Zunahme an Stärke von den untersten zu den obersten (bezw. wiederum Abnahme). Und dasselbe gilt in Beziehung auf die Sprofsfähigkeit der Axen, indem diese, bei den untersten Seitenaxen gewöhnlich ganz fehlend, auf dem Gipfel des oben gezeichneten Wellenbergs, also in der Regel in den obersten Seitenaxen ihr Maximum erreicht. Hier kommen jedoch auch Abweichungen vor, wie denn bei der *Kornelkirsche* z. B. gerade die untersten (blüthentragenden) Zweige eines Jahrestriebes verhältnismäfsig reicher verzweigt sind als die oberen kräftigeren.

Auch der Neigungswinkel der Seitenaxen gegen die Hauptaxe erleidet innerhalb einer jeden einzelnen Sprofsfamilie eine eigenthümliche Schwankung, in der Art, dafs im Allgemeinen die oberen kräftigeren Sprofse unter einem spitzeren Winkel als die unteren

ablaufen. Besonders auffallend ist diese Erscheinung an der *Ulme,*
Weide, Weifsdorn. Bei dem letzteren bilden die obersten Zweige
des Jahrestriebes einen Winkel von etwa 60⁰, die mittleren einen
rechten, die untersten einen stumpfen Winkel gegen die Hauptaxe;
ebenso nimmt bei *Genista germanica* dieser Winkel von den oberen
Dornzweigen nach unten zu, indem die untersten in einem Bogen
nach unten gekrümmt sind. Bei der *Buche* dagegen haben die
Stauchlinge umgekehrt ein Streben sich nach oben, der Hauptaxe
zu zu krümmen.

Um das Bild des eigenthümlichen Plans, nach welchem die
einfache Sprofsfamilie gegliedert ist, zu vollenden, müfsten wir
auch das Auftreten der Blüthe in die Betrachtung ziehen, indem
sich, wo an einem Jahrestriebe vegetative und Blüthenaxen zugleich
auftreten, beide Arten auf eine ganz . bestimmte Weise anordnen,
wie wir diefs weiter unten genauer betrachten werden.

Das oben ausgesprochene Gesetz tritt bereits im ersten Jahre,
wo sich die Seitenaxen entwickelt haben, auf das Bestimmteste entgegen; es erhält sich aber jener Fortschritt von den kürzesten und
schwächsten zu den längsten und kräftigsten Seitensprofsen innerhalb der ersten Generation einer Sprofsfamilie durch alle Perioden
ihrer weiteren Entwickelung und läfst sich deshalb an mehrjährigen
Zweigen ebenso deutlich erkennen wie an einem zweijährigen.

Diese Erscheinung hat ihren Grund darin, dafs zwar nicht alle
Axen in jedem Jahre sich um ein gleich grofses Stück oder in
gleichem geometrischen Verhältnis verlängern, dafs indes die grofse
Freiheit, welche im Allgemeinen in dem Maafs des alljährlichen
Längenzuwachses einer jeden einzelnen Axe herrscht, insofern eine
Einschränkung erleidet, als die Wachsthumsstücke eines gewissen
Jahres für die verschiedenen Axen einer Sprofsfamilie sich innerhalb gewisser ziemlich enger Grenzen halten, wodurch natürlich
der Umrifs der letzteren annähernd gleich bleibt. So liegt z. B.
an den fünf aus einem 1841 erzeugten Jahrestriebe der *Buche* erzeugten Seitensprofse deren jährliches Längenwachsthum im Jahr

1842	innerhalb der Grenzen		3	— 4″
1843	„	„	„	$1/2$ — 1″
1844	„	„	„	$1/4$ — 1″
1845	„	„	„	5 — 8″
1846	„	„	„	$1\frac{1}{2}$ — $9\frac{1}{2}$″
1847	„	„	„	$1/4$ — 1″

Jener Typus der Sprofsfamilie beruht, wie wir sehen, auf demselben Hindrängen der Bildungskraft nach der Spitze des Ganzen, wie wir diefs früher in Beziehung auf die Länge und Sprofsungsfähigkeit der Stengelglieder wahrgenommen haben. Das Ziel dieses Strebens ist gleichsam die Quirlbildung, am vollkommensten erreicht, wenn alle unteren Seitensprofse entweder unterdrückt oder, wie bei der *Kiefer,* nur als Stauchlinge auftreten oder, wie bei der *Pappel, Eiche,* in der Folge abgestofsen werden, die obersten dagegen um so kräftiger entwickelt und überdiefs, wie bei der *Eiche,* durch Verkürzung der obersten Stengelglieder annähernd wirtelförmig zusammengedrängt sind. Auf einem mehr oder weniger von Zweigen entblöfsten Stämmchen breitet sich an dessen Spitze gleichsam eine kräftige Krone aus, — und wir haben hier abermals wie früher in der Bildung des einfachen Stengelgliedes mit seinem Blatt oder Blattwirtel das Bild des ganzen Baumes vorgebildet in dem Typus seiner einzelnen Glieder. So prägt die bildende Natur der Mannigfaltigkeit ihrer Werke zugleich die Idee der Einheit ein, indem sie einen und denselben Gedanken von einer Stufe zur anderen erhebend, in immer höherer Vollendung zur Ausführung bringt.

Zur Veranschaulichung des Gesagten diene ein Blick auf Tab. I. dieser Schrift oder auf jeden beliebigen Baumzweig. Ich gebe hier eine Reihe von Beispielen, welche die Allgemeinheit des im Obigen erläuterten Gesetzes und zugleich die mancherlei Modificationen, deren dasselbe in den verschiedenen Baumarten fähig ist, zeigen.

Rothtanne (Abies excelsa). Die Zweige der mittleren Region klein, die des Wirtels an der Spitze überwiegend kräftig entwickelt, scheinbar wirtelförmig genähert. Ebenso die *Edeltanne.*

Kiefer. Die ganze Länge des Jahrestriebes mit lauter Stauchlingen, den Nadelbündeln besetzt und durch deren Abfallen in der Folge ganz entblöfst; an der Spitze stehen 5 Kraftsprofse in (scheinbarem) Wirtel zusammengedrängt. Ebenso die *Krummholz-* und *Zirbelkiefer,* jedoch mit weniger zahlreichen (oft nur 1 oder keinen) Seitentrieben unter der Spitze.

Lärche. Alle Sprofse verkürzt, später nicht weiter entwickelt, nur die obersten oder einzelne der obersten als Kraftaxen ausgebildet, aber nicht quirlförmig.

Eibe. Keine grofse Verschiedenheit zwischen den Zweigen, doch nehmen sie nach oben etwas an Länge und Stärke zu, so dafs die dicht unter der Spitze stehenden die stärksten sind.

Die *Mistel* bietet insofern ein bezeichnendes Beispiel dar, als zwar von den beiden Stengelgliedern, aus denen hier regelmäßig der einfache Sproß besteht, häufig auch der untere sehr verkürzte Seitensproß sich entwickelt, diese letzteren aber alsdann denen aus den obersten Laubblättern an Länge nachstehen oder nur als Blüthen erscheinen, und überdieß durch ihren Ursprung fast unmittelbar aus der Basis des Sproßes, sowie durch ihre um 1 Jahr anticipierte, also mit dem Hauptsproß gleichzeitige Entwickelung mehr das Ansehen von accessorischen als von Seitensproßen darbieten.

Bei der *Buche*, *Hainbuche*, *Hasel*, *Birke* findet eine ziemlich allmähliche, bei der *Eiche* eine plötzliche Längenzunahme von den Stauchlingen bis zu dem obersten Sproß der Reihe statt, bei der *Hasel* im allerobersten wieder eine geringe Abnahme. Bei der *Eiche* wird die einen Stamm und Krone vorbildende Form der Sproßfamilie noch besonders gehoben durch die unvollständige Sproßfähigkeit der meisten Laubblätter, durch das spätere Abwerfen der schwächeren Zweige, sowie durch die sehr genäherte Stellung der Kraftsproße dicht unter der Spitze.

Die *Kastanie* bildet einen eigenthümlichen, unser Gesetz etwas beschränkenden Fall, indem hier, wie früher bemerkt, von den Sproßen je eines Jahrestriebes nicht nur die obersten, sondern auch, was auffallend ist, die untersten, die mittleren aber n i c h t entwickelt sind.

Birke. An den 1 oder 2 untersten Stengelgliedern treten keine oder nur kleine Knospenrudimente auf; dann folgen ein oder mehrere Sproße, welche als Stauchlinge weiter vegetieren oder bald absterben, und aus den obersten Blattwinkeln entspringen die kräftigen sich fortbildenden Seitenaxen.

Erle. Von den untersten Zweigen eines jeden Jahrestriebes an, welche bald als Stauchlinge, bald als kräftige Triebe auftreten, findet eine Zunahme bis ungefähr in die Mitte der Hauptaxe statt, von da an eine allmähliche Abnahme bis oben, so daß hier eine vollständige Oscillation erscheint. Die Sproßfamilie der *Erle* hat demnach zum Unterschied von übrigen Bäumen einen pyramidalen Umriß. Es hängt dieß zusammen mit dem eigenthümlichen Verhalten, daß der Jahrestrieb, wie eine krautartige Pflanze, seine Seitenaxen im ersten Jahre anticipiert. Später wird jenes Verhältnis dadurch verwischt, daß die untersten Axen den oberen gleichkommen oder voreilen.

Pappel (*P. pyramidalis*). Es gilt das Gesetz der Zunahme der Seitenaxen von unten nach oben in ausgezeichneter Weise; die Knospen der unteren Hälfte entwickeln sich gar nicht, auch die folgenden Seitenaxen sind verhältnismäßig schwach, großentheils als Stauchlinge ausgebildet, und laßen, indem sie schon nach einigen Jahren abfallen, den größten Theil der primären Axe entblößt, während sich nur die obersten unter der Jahresgrenze zusammengedrängten secundären Axen kräftig (der Hauptaxe nahe kommend) entwickeln. Diese Eigenthümlichkeit in Verbindung mit der vorwiegenden Längenentwickelung der Axen, ist charakteristisch für den Pappelhabitus mit seiner vorherrschenden Gipfel- und peripherischen Belaubung.

Aspe. Sie zeigt den Fortschritt von den allerkleinsten, wenige Linien langen Stauchlingen am Grund des Jahrestriebes ganz allmählich bis zu den oft 2 Fuß langen die primäre Axe selbst übertreffenden obersten Seitenaxen deutlicher als irgend ein anderer Baum. An Zweigen aus späteren Perioden des Baums wird dieser Bau undeutlicher, indem mit dem remittierenden Wachsthum auch die Zahl und die Unterschiede zwischen den secundären Axen geringer werden.

Bei der *Weide* (*S. fragilis*) wo überhaupt kein merklicher Unterschied zwischen den coordinierten Zweigen eines Jahrestriebes stattfindet, tritt auch unser Gesetz nicht hervor.

Bei der *Ulme* liefern zweijährige Stämmchen oder Zweige mit ihren reichlich und gleichmäfsig längs der Hauptaxe vertheilten Seitenaxen ausgezeichnete Beispiele für die von unten nach oben gesteigerte Längenentwickelung der letzteren. Zuweilen, wenigstens bei der *Korkulme* findet die Zunahme in der oberen Region ziemlich plötzlich statt. So liegt mir z. B. von der letzteren Art ein Ast vor, dessen vorjähriger 22'' langer Trieb 17 Seitensprofse zweizeilig abwechselnd trägt, von welchen die untersten nur $\frac{1}{2}$ — 2'', der 11. und 12. 2 — 2$\frac{1}{2}$'' lang ist, die folgenden aber plötzlich so sehr zunehmen, dafs der oberste 30'' lang ist und selbst den gleichzeitig damit erzeugten folgenden Jahrestrieb der Hauptaxe noch übertrifft. Ebenso steigert sich die Dicke; die unteren Zweige sind fadenförmig dünn ($\frac{1}{2}$''' dick), der oberste 4''' (ohne Kork 2$\frac{1}{4}$''). Dazu kommt die schon oben erwähnte Verschiedenheit des Neigungswinkels zwischen den unteren zurückgekrümmten oder kammartig rechtwinklig gestellten und den obersten immer mehr aufgerichteten Zweigen. Bei den Aesten aus den älteren Perioden des Baums treten jene Längenverhältnisse weniger deutlich entgegen.

Heide. Es zeigt sich längs des Jahrestriebes zwar keine stetige Zunahme in der Länge der Zweige; die Axe ist der ganzen Länge nach mit den nicht weiter entwickelten in der Folge abfallenden Blätterbüscheln besetzt; die einzelnen kräftiger entwickelten und ausdauernden Sprofse stehen zwischen denselben ohne Ordnung zerstreut; nur die kräftigsten Zweige stehen dicht an der Spitze zusammengedrängt, je 2 und 2 ins Kreuz, so dafs das Ende des Jahrestriebes durch einen mehr oder weniger deutlichen Quirl kräftiger Aeste bezeichnet wird.

Ligusterstrauch. Die Zweige eines jeden Jahrestriebes nehmen von unten nach oben an Länge zu; zugleich stehen die oberen mehr genähert.

Esche. Die Seitenaxen eines Jahrestriebes sind ziemlich gleich lang und dick. Dagegen tritt bei der *Hängeesche* unser Gesetz deutlich hervor; die unteren Stengelglieder sind leer, dann folgen Stauchlinge und von da eine allmähliche Zunahme, so dafs die der Spitze zunächst stehenden Zweige die längsten sind.

Kornelkirsche. Entweder sind sämmtliche Seitensprofse Stauchlinge, oder wenn Kraftsprofse vorhanden sind, folgen dieselben auf jene, nach oben allmählich zunehmend, mit Ausnahme des obersten Stengelgliedes, welches, wenn überhaupt sprofsend, nur Stauchlinge erzeugt. Je 2 einander opponierte Zweige sind immer ziemlich gleichmäfsig entwickelt.

Sauerdorn. An nicht blühbaren Zweigen sind die unteren Seitentriebe Stauchlinge (Blattbüschel), nach oben hin werden sie immer gröfser, d. h. aus den grundständigen rosettenartigen Laubblättern setzt sich die Axe in kräftigem Längenwachsthum fort.

Weinrebe. An diese Stelle gehört das der *Weinrebe* eigenthümliche Vorkommen zweier in höherem Grade als alle übrigen Zweigformen specifisch von einander verschiedener Sprofs-Modificationen an einer und derselben Hauptaxe ja sogar an einem und demselben Internodium, nämlich der Lode und des Geizes, indem die erstere, die Fortsetzung der Rebe darstellend, als Hauptsprofs aus dem oder einigen obersten Internodien, die zweite als accessoriseher Sprofs aus demselben Blattwinkel, sowie als Hauptsprofs aus den unteren Blattwinkeln entspringt. Ueber diese Verschiedenheiten vergleiche unten §. 37 das Weitere.

Mafsholder. Das fragliche Gesetz gilt hier insofern, als wenigstens die kräftigen Seitenaxen mehr nach oben stehen; doch ist weder die Vertheilung so bestimmt, noch der Unterschied zwischen dem Entwickelungsgrade der Axen so deutlich wie bei anderen Bäumen.

Spindelbaum (*Evonymus europaeus*). Die obersten Zweige eines Triebes sind bei Weitem die kräftigsten; die, welche den Charakter der Hauptaxe am vollständigsten wiederholen, stehen zu alleroberst; übrigens zeigt sich in Beziehung, auf die Länge der coordinierten Seitenaxen des Jahrestriebes kein regelmäfsiger Stufengang; starke und schwache sind ohne Ordnung gemischt.

Linde. Unten Stauchlinge, von da ein Fortschritt nach oben zu den stets an den letzten Internodien entspringenden Krafttrieben.

Apfel- und *Birnbaum.* Unten lauter echte Stauchlinge, nach oben nehmen die Zweige an Länge zu.

Weifsdorn. An dem Jahrestriebe einer kräftigen primären Axe sind die untersten Blattwinkel leer, in den folgenden entspringen einfache Dornen von wenigen Linien ohne Seitenknospen, — diese gehen über in Zweige von 1 — 4 Zoll Länge, welche selbst wieder Knospen und Dornen tragen und an der Spitze dornartig abschliefsen, — weiter nach oben werden dieselben immer gröfser und endigen in Laubknospen, die obersten sind zum Theil wieder kleiner und schliefsen alle in Laubknospen. Zwischen dieser Reihe stehen auch einzelne ungestielte Knospen (Stauchlinge). — Jeder der genannten Seitensprofse hat im Allgemeinen 2 Beiknospen, links und rechts, von denen sich aber gewöhnlich keine oder nur eine ausbildet, und zwar alsdann entweder als verkürzter Laubtrieb neben dem Dornzweige, oder als zweiter kleinerer oder ebenso grofser Dornzweig. — Die kräftigeren secundären Axen tragen wiederum unten 2 leere Blattnarben, dann einige einfache Dornen begleitet von Knospen, die oberen Glieder der Reihe sind sämmtlich Knospen (1 oder 2 nebeneinander) nämlich die Anlage für einen nächstjährigen Laub- odar Blüthentrieb.

Mandelbaum. Der Fortschritt von kleinen zu grofsen Seitensprofsen in der Richtung von unten nach oben ist hier nicht so entschieden wie bei anderen Bäumen, indem auch einzelne Kraftzweige in den unteren, sowie kümmerliche Sprofse in der oberen Region zwischen den Krafttrieben auftreten.

Zwetsche. Es gilt das Gesetz der Steigerung; die obersten (an der Spitze zusammengedrängten) Zweige sind immer die längsten, während die untersten Stauchlinge sind.

Süfskirsche. Die unteren Zweige am Jahrestriebe sind Blüthen, die oberen Laubsprofse, welche erst im folgenden Jahre seitlich Blüthen erzeugen. Es verhalten sich also die oberen und die unteren Seitenaxen eines und desselben Jahrganges wie zwei aufeinanderfolgende Generationen; die unteren sind einjährig, die oberen perennierend gleich der Hauptaxe.

Schlehdorn (Prunus spinosa). Verhält sich ähnlich wie der *Kirschbaum.* Ein Jahrestrieb der Hauptaxe trägt unten im ersten Jahre Blüthen, von den Knospen am übrigen Triebe, welche sich im zweiten Jahre entwickeln, bilden sich die unteren als Dornzweige aus, die oberen werden nach und nach stärker mit Gipfelwachsthum. Ferner unterscheiden sich dieselben von den genannten Dornzweigen der unteren Region, indem die letzteren (mit Ausnahme der obersten) fast der ganzen Länge nach Blüthen, die Kraftzweige aber Laubknospen neben den Blüthen von unten an, nacd oben aber gar keine Blüthen erzeugen. — Kräftige Jahrestriebe, die der Blüthenbildung ganz entbehren, tragen an ihrer unteren Hälfte eine Anzahl von Dornen, welche, mit kleinen Knospen besetzt, zwischen $\frac{1}{2}$ — $1\frac{1}{2}$'' Länge schwanken, aber ohne Ordnung in Beziehung auf die Gröfse aufeinander folgen; sie werden bereits im ersten Jahr (durch Anticipation) entwickelt; dazwischen stehen auch Knospen, die obere Hälfte des Jahrestriebes trägt nur Knospen, welche nach oben immer mehr genähert sind.

Bei der *Traubenkirsche (Prunus Padus)* ist der untere Theil des Jahrestriebes ziemlich weit hinauf leer von Zweigen, dann folgen zahlreiche blüthentragende Zweige, die allerobersten sind Laubtriebe; an den folgenden Jahrestrieben sind aber auf den obersten Seitensprofsen Blüthenzweige.

Genista germanica. Ein kräftiger Jahrestrieb erzeugt noch in demselben Jahre seiner ganzen Länge nach aus sämmtlichen Blattwinkeln die früher erwähnten Dornzweige, welche von unten bis zur Mitte des Triebes etwas an Gröfse und Verzweigung zu- und nach der Spitze hin wieder abnehmen. Unterhalb eines jeden entspringt eine (accessorische) Knospe, welche sich (jedoch nicht alle, sondern ohne Ordnung hier und da eine) im nächsten Jahre zu einem Laubtrieb entwickelt. Wir haben also hier, wie bei der *Weinrebe,* 2 Modificationen des Sprofses nicht in einer Stufenfolge, sondern unabhängig nebeneinander. Die genannten Laubtriebe entwickeln sich entweder zu Kraftsprofsen, die sich ganz ähnlich wie die Mutteraxe verhalten, mit Dornzweigen und Knospen besetzt, — oder zu blüthentragenden Zweigen. Die letzteren tragen am unteren Theil Blätter ohne Dornzweige und endigen in einer Blüthentraube. Die primäre Axe des Systems bildet sich nicht weiter fort, und die Blüthen tragenden Zweige sterben im ersten Jahre ab; — die Blüthentriebe treten auch auf als Endtriebe einer mit Dornen besetzten primären Axe, welche alsdann von oben bis zum nächsten Seitentriebe abstirbt.

Sechstes Capitel.

Verknüpfung mehrerer Sprofsfamilien in der Richtung der Hauptaxe.

§. 27.

An dem ganzen Baum oder überhaupt an einem mehrjährigen Axensystem scheinen längs der Hauptaxe lange und kurze Seitenaxen auf den ersten Blick ohne Ordnung miteinander zu wechseln. Das oben geschilderte Gesetz der einfachen Sprofsfamilie liefert den Schlüssel für diese Unordnung. Stets wird man nämlich dort einen Fortschritt von den kurzen zu den längeren Sprofsen und diesen Cyklus sich immer von Neuem wiederholen sehen, wobei die Zahl der Glieder desselben sehr ungleich sein kann; zwischen dem letzten Glied des einen Cyklus und dem untersten, kleinsten, des folgenden zeigt sich alsdann jederzeit in der Hauptaxe das Merkmal einer Jahresgrenze in Form einer Knospenspur. Ein Baum oder überhaupt ein mehrjähriges Sprofssystem ist kein continuierliches, sondern ein gegliedertes Ganzes. Jedes Glied, d. h. die aus dem Jahrestriebe hervorgegangene Sprofsfamilie, ist ein in sich geschlofsenes Individuum mit ungleichen Enden. Durch das unmittelbare Aneinanderstofsen des oberen durch kräftige Productivität, insbesondere durch die Länge seiner Seitenaxen bezeichneten Endes eines Jahrestriebes mit dem gänzlich davon insbesondere durch den Mangel oder die Kleinheit der Seitensprofse verschiedenen unteren Ende des nächstfolgenden Triebes entsteht bei dem Aufbau des Baums oder größeren Zweiges ein mehr oder weniger schroffer Contrast, wodurch jene Gliederung am zusammengesetzten Gewächs schon für die Betrachtung aus der Ferne ebenso sicher bezeichnet wird wie an der einfachen Axe durch die Ringe der Winterknospe. Für die Nadelhölzer, wo durch die fast quirlförmige Stellung der entwickelten Seitenaxen und durch die annähernde Nacktheit der ganzen Länge des Jahrestriebes jener Contrast ganz besonders in die Augen fällt, gründet sich darauf bekanntlich bei den Forstmännern schon lange die Praxis, das Alter eines Baums zu bestimmen. Aber auch an anderen Bäumen,

an der Hauptaxe und den gröfseren Aesten, z. B. an der *Pappel,*
Eiche ist es nicht schwer, jenen stockwerkartigen Aufbau des ganzen
Axensystems zu unterscheiden. So lösen sich unter Anderem die
langen schlanken Zweige des *Kirschbaums* in Glieder auf, welche
durch die an bestimmten Punkten, den Jahresgrenzen, knäulartig
gehäuften Knospen, Blüthen oder Zweige von Weitem erkennbar
werden.

Wie hiernach die Gliederung, das gesetzmäfsige und für jede
Baumart charakteristische Gepräge der Verzweigungsart eines
ganzen Sprofssystems wesentlich durch jenen eigenthümlichen Plan
in der einzelnen Sprofsfamilie bestimmt wird, — so ist dagegen
andererseits die Gesammtform, der äufsere Umrifs des Ganzen von
diesem Gesetz unabhängig und beruht vielmehr auf anderen Umständen. Da nämlich der Gesammtumrifs nur durch die Enden
der längsten Seitenaxen je einer Sprofsfamilie bezeichnet wird, und
da diese, unter einstweiliger Voraussetzung vollständiger Gleich-
werthigkeit der verknüpften Sprofsfamilien, offenbar von Stufe zu
Stufe nach oben je um ein Jahr, also auch an Länge abnehmen,
so folgt daraus für das Sprofssystem natürlich eine allmähliche
Zuspitzung, eine pyramidale Gestalt, wie sie am schönsten ein
junges Tannenbäumchen darstellt, und welche auch bei fortdauern-
dem Wachsthnm sich gleich bleibt, für jede Baumart aber auf eine
charakteristische Weise modificiert erscheint. So kehrt sich jene
verkehrt eiförmige Grundform der einzelnen Sprofsfamilie bei dem
Aufbau eines gröfseren Ganzen zunächst um, die Spitze, im einzelnen Element nach unten, fällt nunmehr nach oben. — Aufser
dieser Abnahme des Alters von unten nach oben macht sich nun
aber noch ein anderer Umstand geltend. Wie die einfachen Jahrestriebe, so sind auch die daraus hervorgegangenen aneinandergereihten Sprofsfamilien, wenngleich im Wesentlichen gleichbedeutend, doch dem Entwicklungsgrade nach aufs Höchste verschieden, und die Freiheit, welche das einfache Element in seiner
Wiederholung in einer Richtung entfaltet, gilt natürlich ebenso
bei der Verknüpfung der nächst höheren zusammengesetzten Einheiten, und dient auf dieser Stufe in noch höherem Grade dazu,
die starren Formen der Gesetzmäfsigkeit in der Verzweigung des
Baums zu beleben. — Zugleich haben wir aber wiederum in jener
Mannigfaltigkeit beim Aufbau der mehrjährigen Axe, in jenen
Schwankungen des jährlichen Wachsthums ein für den Gesammt-

verlauf giltiges Gesetz: eine mit der Zeit erfolgende Remission und endliche Erschöpfung der Wachsthumskraft erkannt. Dasselbe gilt nun nicht blofs für die Längenentwickelung, sondern in gleicher Weise für die Seitenproduction der oberen Sprofsglieder. Die primären Seitenaxen, insbesondere die sich quirlartig zusammendrängenden Kraftsprofse, die Wirteläste bei den Nadelbäumen, nehmen in den späteren Wachsthumsperioden nicht blofs nach Maafsgabe ihres relativen Alters, sondern überdiefs nach einem eigenthümlichen Gesetz in Beziehung auf Länge, Stärke und Sprofsungsvermögen ab. Die pyramidale Gestalt des ganzen Sprofssystems wird so durch eine tiefer in dem Gestaltungsgesetz selbst gegründete Selbstbeschränkung, ohne jedoch die Fortbildung aufzuheben, gleichsam und zwar zugleich nach einem für jede Baumart charakteristischen Typus fixiert. Diefs erfährt sowohl der ganze Baum als die einzelnen Aeste und Zweige; es ist eine ähnliche Beschränkung des Wachsthums wie die, welche die Axen durch die Metamorphose in der Blüthe erleiden, und ist auch häufig von dieser Erscheinung begleitet (Beispiele an der *Kirsche, Mandel, Schlehe, Genista 'germanica* u. s. w.).

Ein solches Sprofssystem verliert durch diese Verbindung ungleicher Sprofsfamilien nach einem gewissen Plane den Charakter eines blofsen Vielfachen und wird abermals zu einem **Individuum** höherer Art.

Siebentes Capitel.

Gesetzmäfsigkeit in der Verknüpfung der Axen nach den successiven Generationen

oder

vom Generationswechsel des Baums.

§. 28.

Maafs der Verzweigung.

Der Aufbau des Baums durch Vermehrung seiner Axen geschieht nicht nur in der Richtung, in welcher sich die Hauptaxe verlängert, durch Nebenordnnng, sondern auch durch Wiederholung der Seitensprofsung von einer Generation zur anderen. Das

Maaſs der Verzweigung in diesem Sinne steht im Allgemeinen
im Verhältnis zur Längenentwickelung der primären Axe,
und zwar nicht bloſs insofern, als beide Verhältnisse abhängig von
der Dauer der Entwickelung sind, sondern auch weil beide ihren
Grund in einer kräftigen Anlage der primären Axe haben. Deshalb erzeugt im Allgemeinen eine Axe um so mehr Generationen
in der seitlichen Sproſsfolge, je mehr er zugleich in die Länge
entwickelt ist. Daſs jedoch beide Factoren nicht durchaus parallel
miteinander gehen, daſs der eine in dem Maaſse vorwiegen kann,
in welchem der andere zurücktritt, sehen wir besonders in solchen
Fällen, wo gerade in Folge eines Abbrechens des Längenwachsthums durch Blüthenbildung oder auf andere Weise (z. B. bei der
Mistel, Syrene) die successive Sproſsbildung in um so reicherem
Maaſse stattfindet. Um daher den letzteren Factor rein zu bestimmen, müſsen wir den anderen Factor durch Division aufheben. —
Dazu kommt, daſs dieselben in Beziehung auf ihre Wirkung für
die Gestalt des Baums im Ganzen und im Einzelnen in einem
reciproken Verhältnis stehen. Die Verzweigung macht sich in dem
Eindruck der Gestalt um so mehr geltend, je stärker die Dimension
der Länge in der primären Axe vor der Entfaltung in die Breite
durch die Seitensproſsung zurücktritt, und umgekehrt. Um deshalb das Maaſs der successiven Verzweigung an verschiedenen
Axen zu vergleichen, erhalten wir den entsprechenden numerischen
Ausdruck dafür in dem Quotient aus der Länge der primären Axe
dividiert durch die Anzahl der daraus erzeugten Generationen. In
der Tabelle D ist für eine Reihe von willkürlich ausgewählten
Axensystemen in der ersten Columne (L) die Länge der betreffenden
Hauptaxe in Par. Zollen, in der zweiten (G) die Zahl der Generationen
von entwickelten Sproſsen, welche jene, selbst mitgerechnet, höchstens erzeugt hat; — in der dritten ($L:G$) der obige Quotient
aus beiden Gröſsen angegeben.

Tabelle *D*.

	L.	*G.*	*L.*:*G.*	*A.*	*J.* für 1 G.		*L.*	*G.*	*L.*:*G.*	*A.*	*J.* für 1 G.
Buche	31″	4	4¾	7	1¾	*Hasel*	26	4	1½		
	25	3	8⅓	6	2	*Ulme* (*U. ef-*					
	17	2	7½	6	3	*fusa*)	6	3	2	3	1
	17	3	5⅔	5	1⅔		30	2	15	2	1
	11	2	5½	4	2	*Weide* (*S.*					
	25	5	5	18	3⅗	*fragilis*)	42	2	21	2	1
	18	2	9	7	3½		72	4	18	4	1
	24	3	8	4	1⅓		36	1	36	1	1
	12	3	4	7	2⅓	*Pappel*	72	3	24	6	2
	18	4	4½	8	2	*Birke*	28	5	5½	5	1
	9	3	3	7	2⅓		16	4	4	4	1
	20	5	4	8	1⅗		14	2	7	4	2
	4	2	2	8	4		6	2	3	3	1½
	15	3	5	7	2⅓		8	1	8	2	2
	19½	4	5	7	1¾	*Erle*	34	2	11⅓	2	⅔
		2		6	3		16	2	8		
		3		5	1⅔		15	2	7½		
		2		1	½		15	1	15		
	40	2	20	12	6		16½	1	16½		
	4½	1	4½	11	11		8½	1	8½		
	10½	1	10½	11	11		5	1	5		
	23	4	6	7	1¾		1	1	1		
	15	3	5	6	2	*Fichte* (*Abies*					
	28	4	7	10	2½	*excelsa*)	38	4	9½	5	1¼
	12	3	4	30	10		22	3	7⅓	4	1⅓
	24	1	24	1	1	*Kornel-*					
	12	3	4	9	3	*kirsche.*	21	1	21	5	5
	9	3	3	5	1⅔		21	2	10½	5	2½
		4		7	1¾	*Esche*	42	2	21	2	1
	48	3	16	3	1	*Hängeesche*	62	2	31	2	1
	84	6	14	18	3	*Roskastanie*	9	4	2¼	18	3¼
Eiche	9	2	4½	12	6		26	9	3	10	1⅑
	18	4	4½	13	3¼		23	10	2⅓	11	1 1/10
	12	4	3	13	3¼		20	8	2⅕	12	1½
		1		3	3	*Spitzahorn*	28	2	14	6	8
	32	3	10⅔	3	1	*Heidel-*					
	60	3	20	5	1⅔	*beere*	12	7	1 5/12	7	1
	9	2	4½	12	6	*Zwetsche*	12	3	4	3	1
	18	4	4½	13	3¼		24	3	8	3	1
	12	4	3	13	3¼	*Schlehe*		2		1	½
		4		13	3¼	*Weiſsdorn*		3		3	1
		2		12	6	*Mistel*	2	10	⅕	10	1
		1		3	3						
Hainbuche	23	3	12	5	1	*Linde*	24	5	5	5	1
	5½	2	3	2½	5/4		35	5	7	5	1

Wenn wir hieraus sehen, daſs jener Quotient für die verschiedenen Axensysteme einer und derselben Baumart in hohem Grade, z. B. bei 29 Buchenzweigen, zwischen den Grenzen 1½ und 24, bei der *Eiche* zwischen 3 und 20 differiert, so erklärt sich dieſs einerseits aus dem ungleichen Lebensalter (indem z. B. ein zwei Fuſs langer einjähriger Trieb das Minimum der Verzweigung, nämlich nur eine Generation darstellt, während bei einer viel kürzeren aber mehrjährigen Axe die Zahl der Generationen sehr überwiegt) — andererseits aus den verschiedenen Entwickelungsphasen des Baums, welchen die angeführten Zweige entnommen sind (bald der Haupt-axe selbst, bald der Peripherie, bald von einem jüngeren, bald von einem älteren Exemplar). Aber auch abgesehen von diesen Umständen, auf welche streng genommen bei der Auswahl der zu vergleichenden Zweige Rücksicht genommen werden müfste, zeigt eine jede Baumart solche Schwankungen in jenem Quotient, dafs sich für dieselbe kein einfacher Ausdruck feststellen läfst. Indes fallen doch einige Verschiedenheiten sehr bald ins Auge. Man halte die Fälle von überwiegender Längenentwickelung, z. B. *Kornelkirsche* (10 — 21), *Esche* (21), *Hängeesche* (31), *Pappel* (24), *Weide* (18 — 36), neben solche mit vorherrschender Verzweigung, z. B. *Mistel* ($^1/_5$), *Heidelbeere* ($1^1/_2$), — auch die *Syrene*, der *Liguster* gehören hierher, überhaupt alle diejenigen Holzgewächse, deren Axen, wie bei den hier genannten, mit jedem Jahre durch end-ständige Blüthenbildung oder ohne solche abschliefst, wobei es denn ganz natürlich ist, dafs die in der primären Axe gehemmte Ve-getationskraft nur zur um so reicheren Verzweigung verwendet wird.

Wir wollen nach Erwähnung dieser quantitativen Beziehungen jetzt genauer auf die qualitative Betrachtung des Sprofssystems nach seiner inneren Oekonomie eingehen, indem wir versuchen, ähnlich wie oben in der coordinierten Aufeinanderfolge der Seiten-axen, auch eine Gesetzmäfsigkeit in der Art und Weise zu finden, wie die ungleichwerthigen Axen eines Systems in der Richtung der successiven Seitensprofsung mit einander verknüpft sind. Die individuelle Sonderung der einzelnen Sprofsfamilie verschwindet bei dieser Art der Fortbildung, vielmehr scheint der ganze Complex mehrerer Sprofsfamilien zu einem Sprofssystem (Baum, Ast oder Zweig) von einem gemeinsamen Gesetz beherrscht zu sein. Die-ses äufsert sich in folgenden Beziehungen.

§. 29.
Remission der Längenausdehnung der Axen in der Generationsfolge.

Dafs eine Abnahme der Axen eines Baums oder Astes von Gene-ration zu Generation in Beziehung auf Längenentwickelung statt-findet, lehrt schon der erste Blick. In der Tabelle *E* enthält die

Namen der Baumart.	Ordnung der Generation.	a	b	c	d	e	f	g	h	i
		Durchschnittliches jährliches Längenwachsthum.	Durchschnittliche jährliche Zahl der Blätter.	Durchschnittliche jährliche Zahl der Sprofse.	Durchschnittliche Länge des Internodiums.	Zahl der Blätter auf 1 Sprofs.	Gesammtsumme des Längenwachsthums.	Gesammtsumme der Blätter.	Gesammtsumme der Sprofse.	Alter des Zweigs im Verhältnis zur Zahl der Generationen.
							Die zweite Zahl gibt den mittleren Werth f. jeden einzelnen Sprofs an.			
Buche 1.	I	4 1/2″	5 1/3	2 1/2	7/8″	2	28″ . 28″	32 . 32	15 . 15	J. 6 : Gen. 3
	II	1 1/3″	3 3/5	4/5	2/5″	4 1/3	67″ . 5″	170 . 13	42 . 3	
	III	1/5″	3	1/11	1/6″	25	25″ . 1″	159 . 6	6 . 1/4	
„ 2.	I	6 1/2″	6	3	1″	2	13″ . 13″	12 . 12	6 . 6	7 : 3
	II	1″	2 1/3	1/2	1/6″	5	35 1/2″ . 5″	85 . 12	15 . 2	
	III	Stauchlinge								
„ 3.	I	2 1/4″	3	1 7/8	3/4″	1 1/2	18″ . 18″	23 . 23	15 . 15	8 : 3
	II	a) 1 1/4″ b) Stauchlinge	2 1/2	1	9/16″	2 1/4	a) 39″ . 39″ b) 21″	16 . 16	7 . 7	
„ 4.	I	1 1/2″	2 1/5	1	1″	2	59″	88 . 11 3/5	43 . 8 2/5	8 : 5
	II				5/8″					7 : 2 1/2
	III	1 1/6″	1 5/6	5/6	7/11″	2 1/5	21 1/2″	33 . 11	15 . 5	5 : 2 2/3
	IV	4 3/8″	5 3/4	2 1/4	3/4″	2 1/9	17 1/2″	23 . 5 3/4	9 . 2 1/4	1 : 2
„ 5.	I	3 1/3″	4	2 2/3	5/6″	3/2	40″ . 40″	48 . 48	32 . 32	12 : 2
	II	11/12″	2 7/11	1/2	1/3″	3	51″ . 1 1/3″	137 . 4	44 . 1 3/8	11 : 1
„ 6.	I		3 1/2	1 1/5	1″	2 1/2	23″ . 23″	16 . 16	6 . 6	7 : 4
	II			25/27	2/3″		83″ . 9″	121 . 13 1/2	50 . 5 1/2	6 : 3
	III			1/7			. 3 1/3″	. 6 3/4	. 1 3/4	
„ 7.	I	2 4/5″	8 3/10	1 4/5	14/17″	11/6	28″ .	33 . 33	18 . 18	
	II	1 14/17″	8	1/13	16/25″	100/49	64 3/4″ .	100 . 25	49 . 12	10 : 4
	III	1 1/8″	2 1/2	1/43	7/18″	65/29	35″ .	65 . 11	29 . 5	
	IV	1/3″	1 2/5	1/63	1/3″	3	6 1/2″ .	21 . 10	7 . 3	

" 8.	I, II	12" / 7"	2 / $1\frac{1}{5}$	$\frac{18}{80}$ / $\frac{1}{48}$					13 / 7	30:3
" 9.	I, II		11 / 7	8 / $4\frac{3}{5}$	$1\frac{1}{16}$"	$\frac{1}{2}$		19.19 / 6	12.12 / 10.5	9:3
" 10.	I, II		18	14	1"	$1^{3}{}^{4}$ / $1\frac{13}{23}$		33. / 135.	24. / 23.	3:3
" 11.	I					$\frac{3}{7}$	20"	18.	14.	1:1
" 12.										36:5
" 13.										7:2
" 14.										4:3
" 15.										7:4
Hainbuche	I, II, III	7" / $2\frac{1}{4}$" / $\frac{3}{4}$"	11 / 7 / $4\frac{1}{2}$	5 / $1\frac{1}{2}$ / $\frac{1}{4}$	$\frac{3}{4}$" / $\frac{1}{8}$" / $\frac{1}{8}$"	2 / 5 / 17	36".36" / 82".$4\frac{3}{5}$" / 27".1"	48.48 / 246.$13\frac{3}{4}$ / 170.$6\frac{1}{2}$	24.24 / 52.3 / 10.$\frac{5}{13}$	5:3
Hasel	I, II, III, IV	$5\frac{3}{5}$" / $3\frac{1}{4}$" / $1\frac{1}{4}$" / $\frac{5}{6}$"	$4\frac{3}{5}$ / 4 / $3\frac{1}{3}$ / 3	2 / 1	$1\frac{1}{6}$" / 1" / $\frac{5}{18}$"	$5\frac{1}{3}$ / 4 / $6\frac{1}{8}$ / 15	27".27" / 62".12" / 40".$1\frac{1}{4}$" / $1\frac{4}{5}$".$\frac{5}{6}$"	23.23 / 92.4 / 108.$3\frac{1}{3}$ / 6.3	10.10 / 22.1 / 18.$\frac{1}{8}$ / $\frac{8}{7}$·$\frac{1}{5}$	3:4
Eiche 1.	I, II, III	$12\frac{1}{2}$" / 4" / 2"	$16\frac{1}{2}$ / 12 / 10	$\frac{1}{2}$ / $8\frac{1}{2}$		2 / 3	25".25" / 78".$3\frac{4}{5}$" / 57".2"	33.33 / 243.12 / 210.10	17.17 / 14.2	3:3
" 2.										12:2
" 3.										18:4
" 4.										3:1
Erle	I, II, III	17" / 7" / $\frac{4}{11}$"	$12\frac{1}{2}$ / 8 / 1	10 / 5	$1\frac{9}{25}$" / $\frac{7}{8}$" / $\frac{4}{11}$"	$1\frac{1}{4}$ / $1\frac{1}{8}$ / $9\frac{1}{2}$	34".34" / 156".$7\frac{1}{5}$" / 41".$\frac{1}{8}$"	25.25 / 180.9 / 173.1	20.20 / 109.$5\frac{1}{2}$ / 12.$\frac{1}{8}$	2:3
Birke	I, II, III, IV, V	$5\frac{3}{5}$" / $3\frac{1}{4}$" / $2\frac{7}{8}$" / $3\frac{1}{8}$" / 3"	$6\frac{2}{5}$ / $4\frac{3}{5}$ / $4\frac{1}{4}$ / $3\frac{1}{2}$ / 6	$2\frac{3}{5}$ / $1\frac{1}{2}$ / $\frac{1}{8}$ / $\frac{1}{8}$ / $\frac{1}{8}$	$\frac{9}{11}$" / $\frac{3}{4}$" / $\frac{5}{6}$" / $\frac{5}{8}$" / $\frac{1}{8}$"	$2\frac{1}{2}$ / $\frac{3}{6}$ / 14 / 16	27" / 67" / $52\frac{1}{2}$" / $10\frac{1}{2}$" / 3"	32. / 102. / 35. / 16. / 6.	18. / 32. / 6. / 1. / 1.	5:5
Ulme	I, II	16" / 2"	15	15	1"	1	32".32" / 32".2"			2:2

Col. *f* in der zweiten Zahl die mittleren Längen der einzelnen Axen in den aufeinanderfolgenden Generationen verschiedener Zweige und läfst hierin eine Abstufung aufs deutlichste erkennen. Der Grund hiervon liegt zunächst darin, dafs die Generationsfolge zugleich eine Zeitfolge ist, dafs die Sprofse der folgenden Generation jünger sind als die der vorhergehenden. Die Verschiedenheit des Alters allein genügt jedoch nicht, die Verschiedenheit in der Länge zu erklären, die secundären Axen würden hiernach ihren Mutteraxen in Beziehung auf die Länge viel näher stehen als es der Fall ist, namentlich ist der Gegensatz zwischen dem Stamm eines Baumes und den feinen Verzweigungen der Krone bei weitem gröfser als die Altersdifferenz erwarten läfst; — ein jähriger Zweig aus der Peripherie wird auch in Hunderten von Jahren die Länge der Hauptaxe nicht erreichen. Vielmehr kommt ein bestimmtes Maafs der Entwickelung hinzu, welches den Axen je einer Generation durch ein morphologisches Gesetz des Baues vorgeschrieben ist und auch unter den günstigsten äufseren Umständen oder durch die Dauer des Wachsthums nicht überschritten wird; diese Maafsbestimmung besteht nicht in einem Abschlufs des Wachsthums auf einer gewissen Stufe desselben, alle Axen wachsen im Allgemeinen ohne Ende fort, die Beschränkung bezieht sich vielmehr bereits auf die Anlage selbst, auf die Intensität der Entwickelung von Anfang an.

Dieses eigenthümliche Maafs wird nun mit Beseitigung des Antheils, welchen die Zeit an der Ausdehnung hat, am besten bestimmt durch den durchschnittlichen Werth des jährlichen Längenzuwachses, welcher auf den einzelnen Sprofs einer Generation kommt; und in der That bestätigt sich auch dann das Gesetz einer Remission des Längenwachsthums in den folgenden Generationen aufs evidenteste, wie die Col. *a* der Tabelle *E* nachweist, welche eben den mittleren jährlichen Zuwachs für die verschiedenen Generationen darstellt.

Die Längenentwickelung der Axe ist ein Zusammengesetztes aus zwei Factoren: Anzahl der Stengelglieder (Blätter) und Länge des einzelnen Gliedes. Das Gesetz der Remission bezieht sich auf beide Factoren zugleich. Die Col. *g* enthält in der zweiten Zahl die mittlere Anzahl der Stengelglieder an der einzelnen Axe jeder Generation, und diese Werthe bilden eine stark fallende Reihe. Dasselbe findet aber auch statt, wenn wir das hierbei noch betheiligte Alter der Axe aufser Rechnung bringen durch Vergleichung der Generationen nach der Anzahl der durchschnittlich in einem Jahr an der einzelnen Axe erzeugten Blätter (oder Stengelglieder), wie die Col. *b* zeigt *). Ebenso nimmt die durchschnittliche Länge des einzelnen Stengelgliedes von einer Generation zur anderen ab (Col. *d*).

Dadurch, dafs wir hier die verschiedenen Generationen nur nach den durchschnittlichen Werthen ihrer sämmtlichen Axen vergleichen, erkennen wir, weil in jeder Generation kleine und grofse Axen in den verschiedensten Verhältnissen neben einander vorkommen, das einer jeden Generation vorgeschriebene Maafs des Längenwachsthums natürlich nur in Bausch und Bogen. Wenn wir aber zugleich die einzelnen Axen berücksichtigen, so ergibt sich alsbald, dafs jenes Fallen in der Reihe der mittleren Werthe nicht sowohl in einer gleichmäfsigen Verkürzung aller einzelnen Axen beruht, als vielmehr vorzugsweise (wenigstens in den späteren Generationen) in einer von Generation zu Generation zunehmenden Anzahl der als Stauchlinge neu angelegten Sprofse. So sind z. B. an einem vor mir liegenden Buchenreifs unter den 15 Axen II. Gen. nur 4, unter den 42 Axen III. Gen. 22, unter den 6 Axen IV. Gen. 2 Stauchlinge, wozu noch ein beträchtlicher Theil von den im letzten Jahr erzeugten und oben unter den Axen mitgezählten Seitenknospen kommt. — An einem anderen Buchenreifs sind die Axen II. Generation nicht sehr kräftig entwickelt, jedoch ohne eigentliche Stauchlinge, wogegen in der III. Gen. bereits sämmtliche Axen als Stauchlinge auftreten. Ebenso kann man an anderen Bäumen, z. B. bei der *Aspe*, der *Esche* u. s. w. sehen, wie in den späteren Lebensstadien des Baums jene eigenthümliche kümmerliche Form der Axe, welche in den ersten Generationen ganz fehlte, in grofser Menge angelegt wird; so dafs man als das Ziel jener Abstufung der Generationen dasjenige Stadium betrachten kann, wo sämmtliche Axen eines Sprofssystems oder eines Baums als reine Stauchlinge erscheinen.

Aber auch die übrigen Axen nehmen an der allgemeinen Re-

---

*) Die Abstufung in der jährlichen Blätterzahl würde sich noch schroffer herausstellen, wenn nicht jeder Jahrestrieb mit einigen verhältnismäfsig verkürzten Stengelgliedern begänne, welche als constante Gröfse das geometrische Verhältnis der variablen Zahl der oberen Glieder schwächen $\left(\frac{a+b}{a+c} > \frac{b}{c} \right)$.

mission Theil, d. h. irgend eine Axe aus der einen Generation ist kürzer als eine derselben correspondierende aus der vorhergehenden Generation. Besonders fällt diefs in die Augen, wenn man die kräftigsten Axen einer Generation, diejenigen, welche eigentlich die Träger der Sprofsfolge sind, mit denen der folgenden Generation vergleicht; auch zwischen ihnen findet eine Abnahme in dem Längenwachsthum statt, welche nur wenig geringer ist als bei der Berechnung sämmtlicher Axen.

Während in der vorigen Tabelle sämmtliche entwickelte Axen (mit durchgängiger Ausschliefsung der Stauchlinge) der Berechnung zu Grunde gelegt wurden, stelle ich hier (Tabelle F') noch ein Paar Beispiele zusammen, bei welchen ausschliefslich die am stärksten entwickelten Axen, die obersten in jeder Sprofsfamilie, berücksichtigt sind.

Tabelle F'.

	Ordnung der Generationen.	Mittleres jährliches Längenwachsthum für je einen Kraftsprofs.		Ordnung der Generationen.	Mittleres jährliches Längenwachsthum für eine von sämmtlichen Axen.	Mittleres jährliches Längenwachsthum für je einen Kraftsprofs.	Durchschnittliche Länge des Internodiums an den Kraftsprofsen.
Buche	I	$\frac{6}{5}$"	*Linde* A.	I	7"	7"	1"
	II	$\frac{7}{10}$"		II	3"	4"	$\frac{2}{3}$"
	III	$\frac{5}{6}$"		III	$\frac{2}{3}$"	$2\frac{1}{2}$"	$\frac{1}{2}$"
	IV	$\frac{1}{4}$"		IV	$\frac{3}{8}$"	1"	
Aspe	I	8"		V	$\frac{1}{5}$"	$\frac{1}{4}$"	$\frac{1}{4} - \frac{1}{5}$"
	II	6"	*Linde* B.	I	5"	5"	$\frac{5}{7}$"
	III	1"		II	$\frac{3}{4}$"	1"	$\frac{1}{4}$"
Rothtanne	I	8"		III	$\frac{1}{4}$"	$\frac{1}{3}$"	$\frac{1}{6}$"
	II	5"	*Taxus*	I	. .	. .	$1\frac{1}{4}$"
	III	4"		II	. .	. .	1"
	IV	3"					

Bei der *Kornelkirsche* überragt jede primäre Axe ihre Verzweigung beträchtlich, namentlich ist eine Abnahme der Internodiallänge in den successiven Generationen wahrzunehmen.

Ebenso sinkt das Längenwachsthum bei der *Esche* in den folgenden Generationen sehr rasch; es wächst z. B. die Hauptaxe eines Astes im ersten Jahre um $2\frac{1}{4}$ Fufs, die ersten Seitenaxen dagegen nur um 4 — 9 Zoll; in den späteren Generationen treten dann immer häufiger und zuletzt ausschliefslich Stauchlinge auf.

Beim *Spitzahorn* findet das Sinken des Wachsthums in der Sprofsfolge so rasch statt, dafs die secundären Axen z. B. an einer Hauptaxe von 28" höchstens 3 — 4″ erreichen, die durchschnittliche Entfernung zweier Blätter, an der Hauptaxe 1⅛″, schon in der folgenden Generation bis auf ¼″ vermindert wird.

Bei der *Rothtanne* erreichen die Wirteläste (II. Generation) nur etwa die halbe Länge von dem gleichzeitig mit ihnen entstandenen Jahrestrieb der Hauptaxe.

Beim *Taxus* herrscht an jedem Zweige die Hauptaxe bedeutend vor ihren Seitensprofsen vor. Selbst hier, wo die Blätter ohnehin so nahe stehen, vermindert sich das Internodium, an der Hauptaxe 1¼‴ lang, an deren Seitenaxe bis 1‴. In manchen Fällen findet aber auch keine Abstufung statt.

An einem *Mandelzweige* ist die Internodiallänge an der primären Axe im Mittel ⁶/₇″, an den nächsten Seitensprofsen nur ½″ u. s. w.

Die nächste Wirkung dieses Gesetzes auf die Erscheinung ist die Auszeichnung der primären Axe vor ihren Verzweigungen, insbesondere für den ganzen Baum die Hervorhebung der Hauptaxe gegenüber der Seitenentwickelung. Je plötzlicher die Remission auf dieser Stufe erfolgt, um so mehr fällt der Gegensatz von Stamm und Verzweigung auf, wie z. B. bei den *Tannen*, der *italienischen Pappel*, gegenüber den Sträuchern. Boiopiolo, wo die successiven Axen überhaupt sich nicht merklich unterscheiden, deshalb jene Abstufung nur wenig ausgebildet ist, sehen wir an der *Birke* und *Weide*. Bei der letzteren verhalten sich z. B. an drei aufeinander folgenden Generationen die mittleren Längen des Internodiums wie ³/₄″, ³/₄″, ³/₅″.

Allen diesen Fällen steht eine Reihe von Holzgewächsen gegenüber, auf welche obiges Gesetz nur in beschränktem Maafse Geltung hat, deren Verzweigungsweise einen ganz anderen Charakter hat. Es sind diejenigen unter den Bäumen mit opponierter Blattstellung, deren Axen jedesmal schon mit dem ersten oder auch nach wenigen Jahren durch Blüthebildung oder durch Unterdrückung der Gipfelknospe abschliefst, wogegen das Wachsthum sich in einer um so reicheren Verzweigung und zwar zunächst in einer kräftigen Entwickelung der beiden obersten, dem abgeschlofsenen Axenende zunächst stehenden Sprofse äufsert. Dadurch entsteht gleichsam eine gabelige Theilung der primären Axe, welche sich auf dieselbe Weise mehrfach wiederholt. Eine Abstufung in der Längenentwickelung der Sprofse durch die successiven Generationen findet auch hier statt, sie bezieht sich jedoch nur auf die Ausdehnung der einzelnen Internodien, welche z. B. bei manchen *Mistel*-Exemplaren von 2″ an der Hauptaxe bis zu 1″ — ³/₄″ in den späteren Generationen an Länge abnehmen, — nicht aber, wie bei den meisten Holzgewächsen, zugleich auf die **Anzahl** der Internodien, welche sich nicht weiter vermindert. Das ausgezeichnetste Beispiel für die Gabeltheilung bietet die *Mistel* dar, wo dieselbe von Anfang an beginnt und sich bereits jedesmal nach dem ersten Laubstengelglied wiederholt*), — ferner die *Syrene, Roskastanie*, der *Pfeifenstrauch*, wenigstens in dem oberen Theil der Axe, — während umgekehrt bei der *Kornelkirsche* und dem *Spindelbaum*, der *Esche* mit ebenfalls opponierten Zweigen das Gipfelwachsthum fortdauert und eine hervorragende Hauptaxe bildet.

§. 30.

**Remission des Sprofsvermögens der Axen in der Ge-
sammtfolge.**

Dafs an dem Baum die Verzweigung in dem Umfang von Jahr zu Jahr zunimmt, ist die natürliche Folge des mit Sprofsbildung verbundenen Wachsthums; die Verzweigung würde aber noch viel reichlicher geschehen, wenn nicht die Sprofsfähigkeit jeder neu auftretenden Axe ebenso eine Schwächung gegenüber ihrer Mittelaxe erlitte, wie die Längenentwickelung. Die zweite Reihe der Col. *h* der Tab. *E* zeigt in der mittleren Anzahl von Seitenaxen, welche auf je eine Axe irgend eine Generation der aufgeführten Sprofssysteme kommt, eine entschiedene Abnahme von Generation zu Generation. Da diese Erscheinung aber grofsentheils auf Rechnung der kürzeren Zeit kommt, während welcher die Axen der späteren Generationen im Vergleich mit den vorhergehenden vegetiert haben, so müfsen wir auch hier diesen Einflufs beseitigen, indem wir die verschiedenen Generationen in Beziehung auf die durchschnittlich in einem Jahr von je einer Axe producierten Zweige vergleichen. Nach der Col. *c* zeigt sich hierin in den successiven Generationen durchgängig ein ziemlich rasches Sinken. Es läfst sich diefs freilich von vornherein nach dem Obigen erwarten, da Längenwachsthum und Verzweigung im Allgemeinen als Aeufserungen der vegetativen Kraft parallel gehen. Aber selbst wenn wir den streng genommen allein richtigen Ausdruck für das relative Sprofsvermögen einer Axe, nämlich das Verhältnis der

---

*) So ganz ausnahmslos, wie man gewöhnlich annimmt, ist jedoch die reine Gabeltheilung bei der **Mistel** nicht, indem es besonders in den früheren Generationen mitunter vorkommt, dafs eine Axe sich noch einmal mit einem Gipfeltriebe fortsetzt.

Zahl von Blättern (d. h. Sprofsanlagen) zu der Zahl der wirklich entwickelten Sprofse bei der Vergleichung der successiven Generationen zu Grunde legen, wie es in der Col. *e* der Tab. *E* geschieht, gibt sich eine Vermehrung der steril bleibenden Blätter, d. h. eine von dem Entwickelungsgrade ganz unabhängige Remission der Productionskraft der späteren Axengenerationen im Vergleich mit den vorhergehenden aufs deutlichste zu erkennen.

Die einzige Ausnahme von diesem Gesetze, welche ich gefunden habe, ist die *Heidelbeere*, wo das Sprofsvermögen umgekehrt mit den weiteren Generationen zunimmt, indem die Axen der ersten Generationen nur je einen, die oberen aber mehrere Sprofse an je einem Jahrestrieb erzeugen, — eine Erscheinung, welche den eigenthümlichen Wuchs des *Heidelbeerstrauchs* mit seinen oben gehäuften und gegipfelten Zweigen veranlafst *).

§. 31.

Remission des Dickenwachsthums in der Generationsfolge.

Die Axen werden mit zunehmender Sprofsfolge nicht nur immer kürzer, sondern auch schwächer an Dicke. Irgend eine Axe ist an der Stelle, wo eine Seitenaxe entspringt (von der Basis natürlich nicht zu reden), stärker als die letztere an ihrer Basis, sowie diese wiederum an einem Zweigablauf stärker als dieser Zweig u. s. f. So stuft sich die Stärke der Axen von der Hauptaxe des Baums von Stufe zu Stufe bis in die feinen Zweigenden der jüngsten Generation ab. Es beruht diefs wiederum nicht allein auf dem jüngeren Alter der peripherischen Glieder; man vergleiche den letzten Jahrestrieb der Hauptaxe mit dem letzten Triebe irgend einer späteren Generation, — oder man mefse an irgend einer Axe und an einer daraus entspringenden Seitenaxe gleiche Stücke von den Spitzen aus ab, so wird mit seltenen Ausnahmen der Durchmefser

---

*) Wenn man die absolute Gesammtzunahme an Länge, Blättern und Sprofsen an einem Axensystem in den aufeinander folgenden Generationen vergleicht, so findet man (Col. *f*, *g*, *h* die erste Zahlenreihe) von der I. zur II. Gen. eine Zunahme, von da an aber eine Abnahme, — ganz natürlich, da die I. Gen. zwar in jeder Beziehung die productivste, dabei aber nur durch eine Axe vertreten ist, während die II. Gen. schon zahlreichere Axen umfafst, wogegen mit der III. Gen., obgleich sich die absolute Zahl der Axen noch weiter vermehrt hat, doch die (relative) Productivität bereits in einem gröfseren Verhältnis abnimmt, u. s. f.

der ersteren den der letzteren an den entsprechenden Punkten stets übertreffen. Die weiter vom Centrum der Sprofsfolge entfernten Áxen werden den demselben näher stehenden nicht an Dicke gleichkommen, auch wenn sie ebenso lange vegetiert haben als diese. Der Unterschied zeigt sich eben schon bei der Vergleichung der einzelnen Jahresringe des Holzkörpers. Jeder Generation ist durch ein morphologisches Gesetz ein gewisses Maafs des Dickenwachsthums zugemefsen, welches sie nicht überschreiten kann.

Wenn wir das Verhältnis der primären Axe zu ihren Seitenaxen in Beziehung auf die Dicke durch den Durchmefser der ersteren oberhalb des Zweigablaufes dividiert durch den Durchmefser des betreffenden Zweiges an seiner Basis ausdrücken, so erhalten wir z. B. an einem Axensystem von der *Hainbuche* für das Verhältnis sämmtlicher 18 Seitenaxen zweiter Generation eine Reihe von Werthen, welche zwischen $1\frac{1}{7}$ und 3 variieren und als Mittel 2 haben. Diese weiten Grenzen rühren her von den schwächeren Seitenaxen dieser Generation. Diese können aber, weil sie unter sich selbst so bedeutend verschieden sind, für das Dickenverhältnis der Seitenaxen zu der Hauptaxe nichts beweisen. Maafsgebend sind vielmehr die kräftigsten unter allen an je einem Jahrestriebe erzeugten Seitenprofsen, jene Krafttriebe, welche, mehr als die übrigen der Hauptaxe gleichend, dazu bestimmt sind, den Charakter der letzteren durch die folgenden Generationen fortzusetzen. Wählen wir deshalb aus jenen 18 secundären Axen II. Generation an obigem Reifs der *Hainbuche* nur die 4 Hauptseitensprofse aus, so ergibt sich für das Verhältnis des Durchmefsers der Hauptaxe zu dem ihrigen natürlich ein geringerer Werth als oben, nämlich $1\frac{1}{2}$, und zwar variieren die einzelnen Verhältnisse weniger als vorhin, nämlich nur zwischen $1\frac{1}{7}$ und $2\frac{1}{7}$. — Ebenso übertrifft die Hauptaxe eines Buchenbäumchens (desselben, welches wir in der Einleitung betrachtet haben) die 6 obersten Hauptseitensprofse (II. Gen.) an dem Durchmefser noch im Durchschnitt um das $1\frac{5}{8}$fache, wobei die einzelnen Werthe zwischen $1\frac{1}{8}$ und $2\frac{1}{2}$ schwanken. Auch an anderen *Buchen* fand ich an verschiedenen Stellen jenes Verhältnis annähernd $= 1\frac{1}{2}$; desgleichen für die *Hasel* zwischen $1\frac{1}{2}$ und 2, — für die *Eiche* zwischen $1\frac{1}{2}$ und $2\frac{1}{4}$, — für die *Ulme* $1\frac{2}{3}$, — für die *Erle* $1\frac{2}{3}$ (an den verschiedenen Punkten zwischen $1\frac{1}{3}$ und $2\frac{1}{5}$ variierend), — bei der *Birke* $1\frac{1}{3}$ (zwischen $\frac{7}{8}$ und 2 schwankend). Es scheint demnach das Verhältnis, wonach die

Hauptseitensprofsen einen ²/₃ geringeren Durchmefser als ihre Hauptaxe an den entsprechenden Stellen haben, für eine grofse Zahl von Baumarten ziemlich constant zu sein. Dagegen stuft sich bei anderen Bäumen das Dickenwachsthum viel rascher ab, z. B. bei der *Esche*, wo an einem kräftigen jungen Ast die Hauptaxe ihre dicksten Seitenaxen um das 4fache im Durchmefser übertraf, — und bei der *Rothtanne* (*Abies excelsa*) überwiegt die Dicke der Hauptaxe die der Wirteläste um das 5 — 6¹/₂ fache. Am geringsten scheint die Abstufung bei der *Birke* zu sein; bei der *Lärche* sind die Hauptseitensprofse, welche unter der Spitze eines Jahrestriebes auftreten, sowohl der Länge als der Dicke nach kaum von der primären Axe unterschieden (daher eine scheinbar gabelartige Verzweigung). Aehnlich bei der *Hasel*, *Mistel*. Dagegen liefern die *Esche*, *Aspe*, der *Ahorn*, *Mandelbaum* u. s. w. Beispiele von sehr rascher Remission des Dickenwachsthums von Generation zu Generation.

Entweder erfolgt nun die Abstufung gleichmäfsig, der Sprung von einer Stufe der Axendicke auf die andere ist durch alle Generationen des Baums ziemlich gleich grofs. Wenn diese gleichmäfsige Abstufung zugleich eine geringe ist, so charakterisiert diefs den Strauchhabitus. Auch bei der *Eiche* findet dieselbe durch alle Generationen gleichmäfsig aber in stärkerem Verhältnis statt; und bei der *Linde* ist die allmähliche Abstufung der dicken Aeste in die feinen Zweige der letzten Generationen bezeichnend für den Habitus dieses Baums. In anderen Fällen erfolgt die Remission mehr auf einmal in einem stärkeren Sprung, besonders von der ersten zur zweiten Generation, wodurch eben, nebst dem entsprechenden Verhältnis des Längenwachsthums, das für den eigentlichen Baumhabitus bezeichnende eminente Vorherrschen einer Hauptaxe über die Verzweigung bedingt wird (ausgezeichnet bei der *Tanne*, *Pappel*), während sich besonders bei der ersteren die weiteren Verzweigungen viel sanfter abstufen. Bei der *Birke* erfolgt diese Auszeichnung einer Hauptaxe erst nach und nach in der unteren Region, während die Verzweigungen im oberen Theil und in der Periphorie in Beziehung auf Dicke und Länge eine mehr unterschiedslose Menge von Axen bilden. Aehnlich bei der *Kornelkirsche*.

§. 32.

Unterschied zwischen den aufeinander folgenden Generationen in Beziehung auf die anatomische Ausbildung.

Ein Sprofs ist der anatomischen Ausbildung nach nicht blofs graduell von seinem Muttersprofs, sondern specifisch d. h. in der Weise verschieden, dafs derselbe selbst durch länger dauernde Entwickelung die Beschaffenheit von jenem nicht zu erreichen vermag, wie diefs zum Theil schon in der obigen Betrachtung des Dickenwachsthums liegt. Es gibt aber auch Fälle, wo sich zwei aufeinander folgende Sprofsgenerationen wie der Holzstamm zum einjährigen Stengel für die ganze Dauer des Daseins verhalten, wie z. B. die krautigen bald abfallenden Nadelzweiglein bei den *Kiefer*-Arten und der *Heide* gegenüber der holzigen Axe, welche sie bedecken; — ein noch auffallenderes Beispiel liefert *Taxus baccata*, wo die schon im ersten Jahre stark verholzenden Axen einer gewissen Generation solche Seitentriebe erzeugen, welche nicht nur kürzer und schwächer, sondern auch wie einjährige Zweige krautartig bleiben, ohne einen eigentlichen Holzkörper und aus der Rinde Borke zu erzeugen.

§. 33.

Verhältnis zwischen den successiven Generationen in Beziehung auf die Stellungsverhältnisse.

Auch, was die Anordnungsweise der Blätter und Seitensprofse an der Axe betrifft, sind die Axen eines Baums nicht alle gleichwerthig, und zwar fallen die Verschiedenheiten wiederum mit dem Wechsel der Generationen zusammen. Insbesondere macht sich hier der schon für den Habitus der einfachen Axe wichtige Unterschied zwischen der concentrischen (nach $1/_3$, $2/_5$ u. s. w.) und der zweizeiligen ($1/_2$) Vertheilung der Blätter an der Axe in einer für die Gestalt des Baums bedeutsamen Weise geltend, indem gerade dadurch z. B. bei der *Roth*- und *Edeltanne*, bei *Taxus*, *Thuja* u. s. w. der Gegensatz zwischen der Hauptaxe mit ihren ringsum gleich vertheilten Blättern und Seitenaxen einerseits und sämmtlichen Seitenaxen mit ihrer zweizeiligen Blattstellung und Sprofsbildung

andererseits noch schärfer ausgeprägt wird als durch das Vorherrschen nach Länge und Dicke allein. Bei *Thuja* ist die zweizeilige
Stellung der Blätter an den secundären Axen wirklich eine solche,
bei *Taxus* entsteht sie erst durch Biegung der concentrisch vertheilten Blätter, bei den *Tannen*-Arten dadurch, dafs die Nadeln
der unteren Seite abfallen und die nach beiden Seiten stehenden
die der oberen Seite an Länge übertreffen. Die Verzweigung dagegen ist, da sie nur aus den seitlichen Nadel-Achseln entspringt,
an und für sich zweizeilig, wenn auch streng genommen nicht so
wie z. B. bei der *Buche.* Auch bei der *Erle* bilden sich ältere
Aeste mehr oder weniger flächen- oder wedelförmig aus, und zwar
abweichend von der concentrischen Anordnung der Blätter, durch
vorherrschende Verzweigung in der Ebene und durch Biegung der
Zweige, — mit einem Wort erst durch secundäre Entwickelung.
Bei der *Heidelbeere* ist eine Verschiedenheit der primären Axe
von den Zweigen in Beziehung auf die Stellungsverhältnisse bereits
in der ursprünglichen Anlage begründet; während nämlich an den
auf oder unter der Erde kriechenden Hauptaxen die Niederblätter
nach $^2/_5$ oder $^3/_8$ stehen, erzeugen die daraus entspringenden auf-
rechten Sprofse ihre Blätter und Seitenaxen alternierend, nach $^1/_2$.

Bei genauerer Untersuchung wird sich ohne Zweifel auch bei
anderen Bäumen eine mit dem Wechsel der Generationen fortschreitende Modification der Stellungsverhältnisse der Blätter, resp.
Zweige, etwa eine Steigerung des Zahlengesetzes ergeben, in ähnlicher Weise wie eine solche innerhalb der Entwickelung der einfachen Axe zwischen der Niederblatt- und der Laubblattformation,
zwischen den letzteren und den Hochblättern oder beim Uebergange
in die Blüthe vorzukommen pflegt.

Bei der *Esche* verliert bei der weiteren Verzweigung die opponierte Blattstellung an den primären Axen ihre Festigkeit; an
den secundären Axen haben die Blattwirtel eine Neigung, sich in
die vereinzelte Blattstellung aufzulösen.

Hierher gehört auch die sogenannte Antidromie, wenn die
Blattspirale der Seitenaxen derjenigen an der primären Axe entge-
gengesetzt ist, z. B. bei der *Kiefer* und *Lärche.*

Die Anordnungsweise der Axen eines zusammengesetzten
Systems wird jedoch durch diefs Stellungsverhältnis der secundären
Axen an je einer primären Axe allein noch nicht bestimmt, es ge-
hört dazu auch die Art, wie sich die Axen untereinander in Be-

ziehung auf die Stellungsverhältnisse miteinander verknüpfen, und
diese ist vor Allem bedingt durch die Insertion der ersten Blätter
je einer Axe, weil damit in der Regel die Anordnung der übrigen
an der letzteren entspringenden Blätter und deren Sprofse gegeben
ist. Bei der *Heide*, deren opponierte Blätter an dem einzelnen
Sprofs mit dem nächsten Blattpaar um 90° alternieren, kreuzen
sich die ersten Blätter eines Sprofses mit dem Blattpaar der primären Axe, aus welchem der Sprofs entspringt, d. h. sie stehen
am Sprofs ebenso als wenn derselbe die unmittelbare Fortsetzung
der Mutteraxe wäre, nämlich links und rechts vom Mutterblatt.
Ebenso bei der *Syrene*, dem *Pfeifenstrauch*, dem *Geisblatt*, *Spindelbaum* etc. Auch bei der *Mistel* ist diefs für das unterste Blattpaar
jedes Sprofses der Fall. Da aber dieses aus zwei Niederblättern
besteht und nur das folgende um 90° abwechselnde Laubblatt-Paar
die wesentlichen weiter verzweigten Sprofse erzeugt, folgt hieraus
die eigenthümliche Verzweigungsart dieser Pflanze, nämlich die Anordnung sämmtlicher Axen eines noch so vielfach verzweigten Exemplars in einer Ebene. Bei dem Hopfen steht schon das erste
Blattpaar des Sprofses in Beziehung auf die Hauptaxe nach vorn
und hinten (dem Stützblatt und der Hauptaxe zugekehrt).

Die ganze Reihe der Blätter je eines Sprofses beginnt, wie
wir früher bemerkten, bei den meisten Bäumen mit zwei an der
Basis der Winterknospe einander gegenüber stehenden Schuppen
(Knospenkeimblätter), und diese stehen in Beziehung auf das Stützblatt an der Mutteraxe stets nach links und rechts. Was die folgenden Blätter der Knospe resp. des Zweigs betrifft, so steht das
erste derselben bald dem Mutterblatt zugekehrt, z. B. *Daphne Me-
zereum*, *Laurus nobilis*, *Ilex Aquifolium*, *Rosa*, *Pyrus*, *Prunus*,
Quercus, *Populus*, — bald der Mutteraxe zu, z. B. *Hedera Helix*,
Vaccinium Myrtillus, *Larix*, *Pinus*, *Alnus* *).

Von besonderer Wichtigkeit für die Form der Verzweigung
sind diese Insertionsverhältnisse bei der *Buche*, *Linde* und den übrigen Bäumen mit zweizeiliger Blattstellung. Zwar stehen bei denselben die Blätter resp. Nebenblattpaare in der Knospe links und
rechts vom Mutterblatt, also die Ebene der Hauptaxe unter einem
mehr oder weniger rechten Winkel kreuzend; an den entwickelten
Sprofsen dagegen fällt die Insertionsebene der zweizeiligen Blätter

---

*) Nach Henry.

vollkommen mit derjenigen an der Haupt- und allen übrigen Axen desselben Systems zusammen, wodurch jeder gröfsere Ast und selbst der ganze Baum die für diese Bäume so charakteristische Wedelform erhält. Dazu kommt nun aber noch, dafs die früher erwähnten Umstände — Convergieren der Blattinsertion nach einer Seite der Axe hin, die schiefe Insertion und das Zusammenfallen sämmtlicher Hebungsseiten nach der einen, sämmtlicher Senkungsseiten nach der anderen Seite der Axe, die extraaxile Insertion der dadurch ebenfalls nach ei n er gemeinschaftlichen Seite hin neigenden Seitenaxen —, wodurch an dem einzelnen Sprofs der Gegensatz zweier verschiedener Seiten, eine Ober- und Unterseite bedingt wird, — dafs diese Umstände sich in gleicher Weise auch für eine mehrfach verzweigte Axe geltend machen, so dafs dieselbe ihrer Anlage nach nicht nur ein flächenförmiges, sondern ein s y m - m e t r i s c h e s dem Blatttypus entsprechendes Gebilde ist. Bei dem *Weinstock* kommt zu dem mit der *Buche* übereinstimmenden Bau, wie wir unten schon worden, noch der Umstand hinzu, dafs die Insertion des untersten Blattes an den secundären Sprofsen (Geizen). der Rebe, sowie die aus dieser Blattachsel entspringende nächstjährige Lode durchgängig auf die Hebungsseite der ganzen Rebe fällt; und in ähnlicher Weise wird bei der *Linde* der bereits in der Blattinsertion begründete Gegensatz zwischen einer Ober- und Unterseite der Axe noch dadurch verstärkt, dafs die anticipierten Blüthen sämmtlich auf einer und derselben — nämlich auf der oberen Seite des Zweigs an den Knospen entspringen.

§. 34.

Verhältnis zwischen den successiven Generationen in Beziehung auf die Richtungsverhältnisse der Axe.

Das verticale Wachsthum der Hauptaxe des Baums gehört zu den charakteristischen Eigenschaften derselben gegenüber ihren Seitenaxen, welche dagegen unter einem gröfseren (z. B. *Rothtanne*) oder kleineren (z. B. *italienische Pappel*) Neigungswinkel mit derselben, sich annähernd horizontal richten. Bei der *Krummholzkiefer* und bei der *Heidelbeere* kehrt sich diefs Verhältnis um; die Hauptaxe wächst horizontal bei der ersteren über, bei der *Heidelbeere* unter der Erde fort, während die Seitenaxen fast senkrecht aufsteigen.

Ein Unterschied zwischen den verschiedenen Generationen
äufsert sich ferner in Beziehung auf den Neigungswinkel der
Axen gegeneinander, welcher mit zunehmender Sprofsfolge im Allgemeinen gröfser wird, wie denn z. B. bei einer jungen *Eiche* die
Seitenaxen unter circa 60°, in den späteren Stadien des Lebens
aber fast rechtwinklig von ihren primären Axen ablaufen. — Dazu
kommt noch eine Krümmung, durch welche bei der weiteren
Entwickelung der Neigungswinkel bald ebenfalls vergröfsert (z. B.
Eiche, auch schon bei den Hauptästen), seltener verkleinert wird
wie bei der *Buche* und *Pappel*.

§. 35.

Auch die Metamorphose des Blatts, nämlich dessen
Fortschritt von Niederblatt zu Laubblatt, fällt häufig mit dem Wechsel der Sprofsgenerationen zusammen. So ist die Hauptaxe von
allen secundären Axen unterschieden durch die Cotyledonen. Denn
die lederartigen Knospenschuppen an der Basis der secundären
Sprofse lafsen sich nur uneigentlich mit den Samenlappen vergleichen. Bei der *Eiche* treten beide Formen des Niederblatts schon
an der Hauptaxe nebeneinander auf; an der keimenden Pflanze folgen auf die Samenlappen (wie oben erwähnt wurde), den Laubblättern zum Theil vorangehend, längs der Axe mehrere häutige
Schuppen entsprechend denen am Grunde des Jahrestriebes jeder
secundären Axe. Bei der *Kiefer* unterscheidet sich die Hauptaxe von allen entwickelten secundären Axen dadurch, dafs die ersteren wenigstens
an ihrem ersten Jahrestriebe grüne Nadeln (Laubformation), die
secundären Axen aber nur Schuppen (Niederblätter) tragen. Bei
der *Krummholzkiefer* erstreckt sich die Nadelbildung auch noch auf
den unteren Theil der aus dem ersten Jahrestrieb entspringenden
secundären Axen. — In umgekehrter Richtung erfolgt derselbe
Wechsel dieser beiden Blattformationen zwischen den entwickelten Axen der *Pinus*-Arten, mit ihrer durchgehenden Niederblattbildung und den daraus erzeugten Stauchlingen, bei welchen die
Metamorphose von den scheiden- und schuppenartigen Niederblättern zu der durch einen Nadelbüschel vertretenen Laubformation
fortschreitet.

§. 36.

Zum vollständigen Durchlaufen der Metamorphose bis zur Blüthe, welches an der einjährigen Pflanze innerhalb der ersten Generation gelingt, gehören bei dem Baum in der Regel mehrere Generationen, so daß sich auch in dieser Hinsicht ein Gegensatz zwischen den rein vegetativen Axen in der ersten Periode des Baums oder eines einzelnen Axensystems und den Blüthen tragenden der späteren Generationen herausstellt. Für jeden Baum tritt der Wechsel dieser beiden Lebensphasen, der rein vegetativen und der Periode der Mannbarkeit, wenn auch nicht scharf bezeichnet, doch im Ganzen in einem bestimmten Stadium der Entwickelung ein. Zuweilen tritt dieser Wechsel sehr plötzlich zwischen zwei Sprofsgenerationen ein, so daß z. B. an einem Zweige die Axen *n*ter Generation noch sämmtlich vegetativer Natur sind, die der $n + 1$ten Generation plötzlich ohne Ausnahme als Blüthen oder Blüthenstände hervortreten, wie man es sehr schön bei dem *Mandelbaum*, bei der *Kirsche* und beim *Sauerdorn* wahrnimmt. Wir kommen hierauf unten noch mehr im Einzelnen zurück.

§. 37.

Die Weinrebe*)

zeigt in ihren Wachsthumserscheinungen und besonders in Beziehung auf den Generationswechsel ein so eigenthümliches, namentlich von den oben geschilderten Erscheinungen durchaus abweichendes Verhalten, daß wir derselben eine besondere Betrachtung widmen müfsen.

Was an der *Weinrebe* zunächst auffällt, ist die den morphologischen Gesetzen auf den ersten Blick widersprechende Wahrnehmung, daß die Ranken, welche durch ihre Uebergänge in den Blüthenstand sehr leicht als verzweigte Axenbildung erkannt werden, an der Rebe den Blättern gegenüber und ohne eine Andeutung von Stützblättern entspringen. Dieses Verhältnis findet bekanntlich seine Erklärung durch die, sich übrigens bei der Betrachtung der Rebenentwickelung ganz von selbst ergebende An-

---

*) Ganz ähnlich wie *Vitis vinifera* verhält sich *V. vulpina* und *Ampelopsis hederacea*, — ob auch die übrigen *Ampelideae?*

nahme, daſs die Rebe nur scheinbar eine einfache Axe, in Wahrheit aber eine Verkettung von mehreren Sproſsen ist, welche verschiedenen aufeinander folgenden Generationen angehören, indem jeder als Seitensproſs des vorhergehenden und als Muttersproſs des folgenden angesehen werden muſs. Jeder dieser Sproſse trägt 1 oder 2, zuweilen 3 Laubblätter und geht darauf in eine Blüthenrispe oder in eine Ranke über, womit seine Entwickelung abgeschloſsen ist. Die Rankenbildung äuſsert sich 1) in der rankenartigen Modification des Sproſsendes selbst; 2) in einem Fortschreiten des Blatts auf die Stufe des Hochblatts, indem nach und nach die Scheibe verschwindet und nur die zwei schuppenartigen Nebenblättchen übrig bleiben oder gleichfalls verschwinden; oft sieht man aber auch vollkommene Laubblätter an der Ranke; 3) in den Achseln dieser Blattorgane entstehen keine Laubtriebe, sondern nur ebenfalls rankenförmige Sproſsen. — In den unteren 1 — 3 Blattwinkeln des Sproſses dagegen entspringt je ein belaubter Seitentrieb („Geiz"), aus dem obersten Blattwinkel aber, an der Basis der Ranke zwischen dieser und dem Geiz auſserdem ein accessorischer Sproſs *), welcher als sogenannte „Lode" kräftiger fortwachsend sich gerade so verhält wie die eben beschriebene primäre Axe, und überdieſs durch gleiche anatomische Ausbildung, und indem er, das rankenartige Ende der primären Axe zur Seite drückend, genau die Richtung der letzteren einnimmt, die scheinbare Fortsetzung derselben bildet. Indem sich dieſs den ganzen Sommer hindurch vielfach wiederholt, entsteht ein aus zahlreichen Generationen zusammengesetztes Sproſssystem in Gestalt einer scheinbar einfachen gerädlinigen Axe (der „Rebe"), und wir sehen bereits in dieser eigenthümlichen Verknüpfungsweise verschiedener Generationen eine auffallende Abweichung von der bei den Holzgewächsen gewöhnlichen Erscheinung einer Verästelung. Es zeigt sich hier keine Abstufung nach Länge, Dicke, Sproſsvermögen, Stellungsverhältnissen; nicht einmal durch einen Neigungswinkel sondert sich eine

---

*) A. Braun erklärt diesen Sproſs, die Lode, für gleichbedeutend mit denen aus den unteren Blattwinkeln, den Geiz in dem obersten Blattwinkel dagegen als accessorisch. Der letztere stimmt indes mit den einzelnen Sproſsen aus den unteren Blattwinkeln so vollkommen, namentlich in Beziehung auf die Stellungsweise in der Achsel, überein, daſs ich vielmehr gerade diesen als den Haupt-, die darüber entspringende ganz abweichend entwickelte Lode dagegen als accessorischen Sproſs auffaſsen zu müſsen glaube.

Generation von der anderen. Entfaltet sich in allen diesen Beziehungen bei anderen Bäumen nach unserer obigen Darstellung
eine aufserordentliche Vielgestaltung und Reichthum der inneren
Gliederung innerhalb der Verzweigung, so sehen wir an der *Weinrebe* ein Maximum von Einförmigkeit. Indes herrscht in dieser
scheinbar unterschiedlosen Sprofsverkettung eine Gesetzmäfsigkeit
eigenthümlicher Art. Das erste Glied dieser Kette, der unterste
Sprofs, d. h. das Stück von der Basis der Rebe bis zur ersten
Ranke oder Blüthe trägt am Grunde die Schuppen der Knospe, in
welcher die Anlage der Rebe während des Winters verharrte, und
darauf 3 — 8 (bei *Vitis vulpina* 2 — 3) Laubblätter, von denen die
unteren etwas genähert sind, alle aber aus ihrer Achsel Seitentriebe
(Geize) erzeugen. Für die folgenden Sprofse gilt als Regel, dafs
je ein eingliedriger mit einem zweigliedrigen abwechselt, so dafs
der einen Ranke ein, der folgenden zwei Blätter vorangehen. Dafs
aber diese Regel nicht so allgemein durchgreifend ist, wie sie z. B.
von A. Braun*) ausgesprochen wird, dafs insbesondere auch
dreigliedrige Sprofse mit ein- und zweigliedrigen wechseln, dafs
auf den mehrgliedrigen Anfangssprofs bald ein ein- bald ein zwei-
gliedriger folgt, — dafs auch die ein- und zweigliedrigen Sprofse
nicht immer regelmäfsig wechseln, geht aus folgender Zusammenstellung**) von zehn zufällig herausgegriffenen Loden, besonders
aus Nro. VII und VIII hervor.

Sprofs.	I.	II.	III.	IV.	V.	VI.	VII.	VIII.	IX.	X.
1	6 — R	4 — Fl	5 — Fl	4 — Fl	4 — Fl	5 — Fl	5 — Fl	4 — Fl	6 - Fl	4 — Fl
2	1 — R	2 — Fl	1 — R	2 — Fl	1 — R	2 — R	2 - Fl	1 — Fl	1 — Fl	1 — Fl
3	2 — R	1 — R	3 — R	1 — R	2 — R	1 — R	1 — R	2 — R	2 — R	2 — R
4	1 — R	3 — R	1 — R	3 — R	1 — R	2 — R	2 — R	1 — R	1 — R	1 — R
5	3 — R	2 — R	2 - R	2 — R	2 — R	2 — R	2 — R	3 — R	3 — R	2 - R
6	1 — R	1 — R	. .	1 -- R	1 — R	. .	. .	1 — R	1 — R	1 — R
7	. .	2 — R	. .	2 — R	. .	. .	. .	1 — R	. .	. .
8	. .	1 — R	. .	. .	. .	. .	. .	2 — R	. .	. .
9	. .	. .	. .	. .	. .	. .	. .	1 — R	. .	. .
10	. .	. .	. .	. .	. .	. .	. .	2 — R	. .	. .
11	. .	. .	. .	. .	. .	. .	. .	1 — R	. .	. .
12	. .	. .	. .	. .	. .	. .	. .	1 — R	. .	. .

*) Verjüngungserscheinungen S. 51.
**) Die Längscolumnen geben die verschiedene Zahl der zu je einem Sprofs ge-
hörigen Internodien, die Buchstaben R, Fl die Art, wie je ein Sprofs (als Ranke oder
Blüthenstand) endigt, an.

Diese Verschiedenheit der successiven Sprofse einer Rebe in Beziehung auf die Zahl der Internodien äufsert sich demnach, mit Ausnahme des Anfangssprofses, nur als ein nach einer gewissen Ordnung erfolgender immer in gleicher Weise wiederholter Wechsel, nicht aber wie die Unterschiede zwischen den Axen anderer Bäume als ein bestimmter Fortschritt durch die ganze Sprofsfolge hindurch.

Nächstdem zeigt sich zwischen den Gliedern dieser Kette eine Differenz in Beziehung auf das Ende der einzelnen Sprofse, welches entweder ein Blüthenstand oder eine Ranke (unfruchtbarer Blüthenstand) ist*). Das Gesetz in der Anordnung besteht darin, dafs, wo in einer Rebe Blüthenbildung vorkommt, dieselbe stets an dem Ende des Anfangssprofses oder aufserdem auch an dem zweiten und dritten Sprofs auftritt, dafs aber alle oberen Sprofse in Ranken auslaufen. Vergleiche die obige Tabelle, wo *R* Ranke, *Fl* Blüthenstand bedeutet. Es zeigt sich also auch in dieser Beziehung das umgekehrte Verhältnis wie bei allen übrigen Gewächsen: die Metamorphose wird nicht wie sonst in den späteren Generationen, sondern im Anfang der ganzen Sprofsfolge am vollständigsten durchlaufen. Den Charakter eines einheitlichen Ganzen erhält das Axensystem nur durch die Niederblattbildung und die alle übrigen Sprofse überwiegende Zahl der Internodien am Grundsprofs, sowie durch die Beschränkung der Blüthenbildung auf die ersten Generationen, so dafs also das ganze System zwar einen bestimmten Anfang, dagegen weder einen einfachen Cyklus in den weiteren Generationen, noch auch ein gesetzmäfsig abgeschlofsenes Ende besitzt. Nicht einmal eine terminale Winterknospe begrenzt das Wachsthum, welches vielmehr ohne Ende fortdauert, so lange es die äufseren Bedingungen der Jahreszeit gestatten.

Auch darin unterscheidet sich die Rebe von anderen perennierenden Axensystemen, dafs sich die Loden sowohl als die Geize aller Generationen in einer und derselben Vegetationsperiode in einem Zuge entwickeln.

---

*) Es kommt aber auch vor, dafs sich das obere Ende des Sprofses, anstatt als Ranke gerade wie jener accessorische Seitentrieb desselben als ein aus mehreren Generationen bestehendes, Laubblätter und Ranken tragendes Sympodium weiter entwickelt, so dafs die Rebe sich hier gleichsam in zwei gleichstarke Aeste gabelig theilt. — Umgekehrt erscheint die Ranke zuweilen nur rudimentär als ein kleines rundes Höckerchen an der Rebe, dem Blatt gegenüber.

Damit ist aber die morphologische Eigenthümlichkeit der *Weinrebe* nicht erschöpft. Eine specifische Differenz zwischen den Axen, welche wir im Verlauf der Rebe vermifsten, findet nämlich allerdings und zwar in sehr ausgezeichneter Weise beim Weinstock statt, ein Gegensatz zwischen zwei Sprofsformen, von denen die eine, die L o d e, .oben ausführlich geschildert wurde, die andere aber, der G e i z, als secundärer Sprofs an der Lode aus den Blattachseln derselben auftritt, und namentlich in dem obersten Blattwinkel als coordiniert neben der ersten Form, der Lode, erscheint. Während die Lode dazu bestimmt ist, durch ihre Wiederholung vorzugsweise das Längenwachsthum der Rebe darzustellen, entwickeln sich die Geize im Allgemeinen viel weniger kräftig; sie tragen nahe an der Basis ein Blatt, welches m e i s t e n s der Niederblattformation angehört, indem es dem Stipulartheil entspricht, durch mehr oder weniger vollständige Entwickelung der *lamina* jedoch verschiedene Uebergänge zu dem vollkommenen Laubblatt zeigt, und an einem oder dem anderen Geiz einer Rebe (besonders an den mittleren) sehr häufig als ausgebildetes Laubblatt erscheint; demnächst trägt der Geiz an länger entwickelten Internodien noch drei oder mehrere Laubblätter und endigt oben in einer offenen Laubknospe; oft entwickeln sich sogar die Geize so stark, dafs sie in Beziehung auf die Länge von den Loden nicht zu unterscheiden sind. Ich mufs deshalb den Angaben von A. B r a u n *) und K ü t z i n g **), dafs der ganze Geiz nur aus drei Stengelgliedern bestehe, widersprechen.

Der Geiz ist ebenfalls, wie die Lode, ein Sympodium, dessen einzelne Stücke (Generationen) in Ranken, nicht aber in Blüthenständen endigen.

Die aufeinander folgenden Geize einer Lode verhalten sich in ihrer Zusammensetzung verschieden. Der unterste Geiz einer Lode beginnt mit einem unentwickelten (das oben erwähnte Niederblatt tragenden) und zwei entwickelten Internodien und schliefst mit Rankenbildung (erste Generation), dem folgt die zweite Generation mit einem, die dritte mit zwei Internodien u. s. f. Die folgenden Geize derselben Lode habon indes an ihrer untersten Generation immer mehr, bis zu vier oder fünf Internodien; noch wei-

---

*) Verjüngungserscheinungen.
**) Philosophische Botanik.

ter am oberen Theil der Lode nehmen die Anfangsgenerationen der Geize wieder bis auf ein unentwickeltes und zwei entwickelte Internodien ab. So bilden die Seitensprofse einer ganzen Lode einen bestimmten Cyklus und verleihen dadurch der letzteren das Gepräge einer inneren Einheit, welches sie an und für sich entbehrten.

Die Blätter der Geize bergen sämmtlich in ihren Achseln je eine Winterknospe, welche durch Abkappen des Geizes schon im ersten Jahr als secundäre Geize zur Entwickelung gebracht werden können.

Auch in der Art und Weise, wie die Lode mit den Geizen zu einem Ganzen verknüpft werden, offenbart sich ein Gegensatz dieser beiden Sprofsformen. Während nämlich die zweizeilige Blattstellung durch die ganze Reihe der Lodengenerationen hindurch geht, so dafs der regelmäfsige Wechsel der Blätter zwischen rechts und links durch den Wechsel der Generation nicht gestört wird, treten die ebenfalls zweizeiligen Blätter der Geize in Kreuzung (Prosenthese) mit denen der Lode; die Insertionsebene dreht sich um 90°; — und zwar steht jedesmal das unterste grundständige Blatt jedes Geizes nach der Hebungsseite der Lode hin, also stets nach einer und derselben Seite der Axe, und es wird dadurch der echt symmetrische Bau, welchen die Lode durch die zweizeilige Stellung sowie insbesondere durch jene Lage der Hebungsseite sämmtlicher Blätter nach einer Seite hin erhält, noch schärfer ausgeprägt.

Diefs Auftreten zweier specifisch verschiedener Sprofsformen, der Lode und des Geizes (von denen die erstere mit der primären Axe selbst gleichartig, dieselbe fortbildet), in einer und derselben Achsel, nämlich des obersten Blattes je einer Lodengeneration, ist zwar eine seltene, jedoch nicht ganz vereinzelte Erscheinung im Pflanzenreiche; ich erinnere an den *Weifsdorn* (*Crataegus Oxyacantha*), wo der Hauptseitenprofs häufig als Dornzweig, die beiden in derselben Blattachsel links und rechts neben demselben stehenden Knospen aber als Laubtriebe oder beblätterte Blütheaxen erscheinen, — an die *Zwetsche* (*Prunus domestica*) und den *Schlehdorn* (*P. spinosa*), wo von drei nebeneinander entspringenden Sprofsen häufig der mittlere einen Laubtrieb, die beiden seitlichen aber Blüthen darstellen, — an *Genista germanica*, wo in einem Blattwinkel ein Dornzweig und dicht unter demselben ein (accessorischer) Laubtrieb entspringt. In allen diesen Fällen sind die Seitensprofse entweder mit der primären Axe gleichartig, oder, wenn verschiedenartig, nicht weiter sprofsfähig; bei der *Weinrebe* dagegen ist gerade der von der primären Axe differente Sprofs, der Geiz, dazu bestimmt, einen der primären Axe gleichartigen Sprofs, eine neue Lode aus sich hervorzubringen. Die kräftigste der oben genannten Axillarknospen des Geizes ist nämlich die aus dem untersten, grundständigen Blattwinkel entspringende, welche, während der obere Theil des Geizes sammt den betreffenden Knospen im Winter abstirbt, allein erhalten wird, und im nächsten Frühjahr sich zu einer neuen Lode entfaltet *). Aus dem früher Gesagten geht hervor, dass dieser Sprofs seitlich von der Insertionsebene der primären Lode entspringt, und zwar dafs sämmtliche Sprofse dieser Art nach einer und derselben Seite, der Hebungs- oder Rückenseite der primären Lode gekehrt sind. Die zweizeiligen Blätter derselben stehen wiederum um 90° von ihrem Mutterblatt (dom oben erwähnten Niederblatt) entfernt, d. h. die Insertionsebene der neuen Lode kreuzt sich mit derjenigen des Geizes und fällt daher zusammen mit der Insertionsebene der primären Lode, sich also auch in dieser Beziehung mit dieser identificirend.

Wir haben hier eine höchst merkwürdige Erscheinung von Generationswechsel. Zwei wesentlich differente Sprofsformen, Lode und Geiz, wechseln miteinander in solcher Weise, dafs die zweite als Seitenaxe aus der ersten und wiederum aus der zweiten die erste hervorgebracht wird, — mit anderen Worten: die Verzweigung der *Weinrebe* (Lode) geschieht zwar wie sonst in zwei Vegetationsperioden, vermittelt durch eine Winterknospe, aber diese Knospe entspringt nicht wie bei anderen Bäumen unmittelbar aus der ersten Generation in einer Blattachsel der primären Axe, sondern erst selbst als Seitenbildung an einem secundären Sprofs

---

*) Was hier im zweiten Jahre geschieht, kann auch auf künstlichem Wege schon im ersten Sommer hervorgerufen werden. Wenn man nämlich im ersten Sommer (nach der Blüthe) den Geiz ausbricht, so entspringt scheinbar an derselben Stelle, eigentlich aber aus der untersten Schuppe der Winterknospe (also in Beziehung auf den ersten Geiz als tertiärer Sprofs) ein neuer Geiz, und zwar auf der der Hauptlode entgegengesetzten Seite der Knospe. Da die Winterknospe die Anlage für die nächstjährige Lode ist, so ist der eben genannte neue Geiz nichts Anderes als der unterste Geiz dieser folgenden Lode, welcher hier vor seiner eigenen Hauptaxe anticipirt wird. Nur einmal läfst sich ein solcher neuer Geiz hervorrufen; bricht man diesen ebenfalls aus und kappt zugleich die diefsjährige Lode ab, so gelangt nach der Erfahrung der Weingärtner die Winterknospe selbst noch in demselben Jahre zur Entwickelung als neue, blüthentragende Lode.

(Geiz), so dafs zwischen zwei aufeinander folgende Generationen gleicher Art (diefsjährige und nächstjährige Lode) eine Generation anderer Art (Geiz) eingeschaltet wird.

Betrachten wir die ganze Lode, von deren oben nachgewiesener Bedeutung als Verkettung successiver Generationen absehend, als einen einfachen Sprofs und, von der eben gezeigten Vermittelung durch eine andere Sprofsform absehend, den Zusammenhang zweier Hauptloden als eine einfache Seitensprofsung der einen aus der anderen, so gelangen wir, da die primäre (vorjährige Lode) ihrer ganzen Länge nach zahlreiche diefsjährige Seitenloden erzeugt, zu der Vorstellung einer Sprofsfamilie und suchen deshalb auch hier nach einer Verschiedenheit zwischen den coordinierten Seitenloden und nach einem diese Verschiedenheit durchdringenden Gesetz der Einheit. Wir finden diefs durch Vergleichung der coordinierten Glieder der Familie in Beziehung auf Blüthenbildung. Wie an der einzelnen Rebe die Blüthenbildung auf die untersten Sprofsgenerationen beschränkt ist, so sind bei *Vitis vulpina* alle secundären Loden längs der zweijährigen primären Lode mit Ausnahme der obersten wenig entwickelten Blüthen tragend, bei *Vitis vinifera* dagegen sind die 2 — 3 untersten secundären (diefsjährigen) Loden, sowie die obersten unfruchtbar, und nur die mittleren tragbar.

Wir gehen abermals einen Schritt weiter, und erheben uns von der Betrachtung der Sprofsfamilie zu der der ganzen Pflanze. In der gesammten Form- und Lebensgeschichte des Weinstocks sind folgende drei Stadien zu unterscheiden.

a. Die Keimpflanze während der ersten Vegetationsperiode. Sie trägt Blätter, deren Zahl nach Kützing bis über 10 betragen kann, und welche nach demselben Beobachter nach ²/₅ oder ³/₇ angeordnet sind. In den Achseln der Blätter entspringen ruhende Knospen, welche nach Kützing 1 (nach A. Braun 2) Schuppenblatt und 1 Laubblatt und den Anfang einer Gabel besitzen. An der Hauptaxe selbst findet sich noch keine Rankenbildung (A. Braun). Die Keimpflanze stimmt im Wesentlichen, namentlich wegen der Erzeugung von axillären Winterknospen, mit dem Geiz überein. Der Geiz ist also im Verhältnis zur Lode die primäre Sprofsform, weil mit ihr das ganze Individuum seinen Cyklus beginnt. Durch den Mangel an Rankenbildung ist der Keimling dagegen von den späteren Geizen wiederum scharf unterschieden *).

b. Mit dem zweiten Lebensjahre beginnt nun der oben geschilderte jährlich wiederkehrende Generationswechsel zwischen Lode und Geiz und zwar (nach B r a u n) in den ersten 5 bis 6 Jahren mit steter Rankenbildung.

c. Darauf folgt das Stadium der M a n n b a r k e i t. Wachsthum und Sprofsung dauert fort, wie in der vorigen Periode, nur dafs anstatt der Ranken zum Theil Blüthenstände die einzelnen Generationen der Lode schliefsen.

So durchläuft der Weinstock in diesen drei Stadien einen vollständigen Cyklus und empfängt dadurch das Gepräge eines harmonischen Ganzen.

Am deutlichsten wird man sich von der Bedeutung der Lode als einer Sprofskette und von dem eigenthümlichen Gesetz der letzteren eine Vorstellung bilden, wenn man von der geradlinigen Verkettung der aufeinander folgenden Generationen und der seitlichen Stellung der Blüthenstände und Ranken, da diefs nur secundäre, das wahre Verhältnis verhüllende Erscheinungen sind, abstrahiert und sich das ganze Sprofssystem so construiert, wie es die ideelle Darstellung Tab. II, Fig. 5 zeigt, wo die Ranke als das Ende je eines Sprofses und die Fortsetzung der Lode, um deren Bedeutung als accessorischer Seitensprofs in dem obersten Blattwinkel des vorigen anzudeuten, unter einem Winkel gegen den vorhergehenden Theil gezeichnet ist. Man sieht an dieser Figur nicht nur die sich durch das ganze Sprofssystem hindurchziehende alternierende Blattstellung, sondern auch, wie in Folge der Abwechslung von 1- und 2gliedrigen Sprofsen die ganze Lode auf eine eigenthümliche und regelmäfsige Weise hin- und hergebogen sein würde, wenn nicht die Sprofsenden durch die kräftigen Seitensprofse zur Seite gedrängt worden wären. Das Ganze stellt eine diefsjährige Rebe dar, wie sie aus einer vorjährigen Lode (*a*) und zwar vermittelst des eingeschalteten Geizes (*b*) entspringt. Die untersten Blätter 1 und 2 repräsentieren die Niederblätter, aus den folgenden Laubblättern entspringen die diefsjährigen Geize (*c*). Von den 8 Generationen, deren oberste bei (*x*) abgeschnitten ist, endigten die beiden ersten in Blüthenständen I und II, die übrigen in Ranken III — VII.

In Fig. 6 ist dieselbe Rebe im Grundrifs dargestellt, in der Weise, dafs die Aufeinanderfolge der Theile von beiden Seiten nach innen der Aufeinanderfolge von unten nach oben in Fig. 5 entspricht. Die Blätter stehen zweizeilig, in einer Ebene links und rechts abwechselnd. Die Zahlen bedeuten die Aufeinanderfolge der Blätter von unten nach oben. Die äussersten Blätter 1 und 2 sind leer, die beiden folgenden 3 und 4 sitzen an der als Blüthe abschliefsenden Axe I,

---

*) Bemerkenswerth ist noch, dafs junge Pflanzen, welche man aus abgeschnittenen und eingepflanzten zweijährigen Reben zieht, und welche im ersten Jahre bei einer Höhe von etwa 1 Fufs ungefähr 10 zweizeilig gestellte Blätter, von denen die 3 untersten Niederblätter, die 7 oberen Laubblätter, tragen und in keiner Ranke endigen, sich ähnlich wie der Sämling von allen übrigen Loden unterscheiden und insofern einen neuen Cyklus beginnen.

und tragen jedes in seiner Achsel einen Geiz; — 5 gehört ebenfalls zur Axe I und umschliefst aufser dem Geiz auch die Lode II der folgenden Generation, mit Inbegriff alles dessen, was aus derselben hervorgeht, nämlich Blatt 6 und 7, und was innerhalb beider liegt; — Blatt 6 gehört zur Lode II und trägt einen Geiz; — Blatt 7 gehört zur Lode II und trägt ausser dem Geiz die Lode III und deren von Blatt 8 getragene Seitenproducte; — Blatt 8 gehört zur Lode III und trägt aufser einem Geiz die als Ranke abschliefsende Lode IV, nämlich den Complex zwischen Blatt 9 und 10; — Blatt 9 gehört zur Lode IV und trägt einen Geiz; — u. s. w.

Die Blätter, welche nur einen Geiz tragen, sind durch flache, die, welche aufserdem eine Lode tragen, durch einen weitausgreifenden Bogen dargestellt. — Die Kreuze mit einem gröfseren Kreise umgeben, bedeuten die in einer Ranke, die mit einem Doppelkreise umgebenen Kreuze bedeuten die in einem Blüthenstand abschliefsenden Loden. Der Durchschnitt der obersten Lode ist bei x angegeben. — Die kleinen Kreise ohne Kreuz bedeuten die Geize. Von jedem derselben ist dessen unterstes Blatt (Niederblatt) angedeutet, welches in seiner Achsel die Knospe der nächstjährigen Lode birgt. Diese Stützblätter kreuzen sich mit den Blättern der Loden und stehen alle nach einer Seite (der Hebungsseite).

§. 39.

Sympodien oder Sprofsketten.

Unser obiges Gesetz von der Ungleichwerthigkeit der verschiedenen Sprofsgenerationen, wonach sogar diejenige unter den coordinierten in einem Jahre erzeugten Seitenaxen (in der Regel die oberste), welche am kräftigsten entwickelt ist, dennoch von dem gleichzeitig entstandenen Triebe der primären Axe entschieden abweicht, erleidet in gewissen Fällen eine Beschränkung, welche wegen ihrer Bedeutung für die Gestalt der Pflanze besonders hervorgehoben zu werden verdient.

Wenn nämlich dem Fortwachsen einer Axe durch Vernichtung der Gipfelknospe auf irgend eine Weise ein Ende gemacht ist, dann findet eine Verjüngung oder Ersetzung dieser Axe statt, dadurch dafs gewissermaafsen die wegen der Abschliefsung der Spitze gehemmte Wachsthumskraft in eine andere Bahn, nämlich in einen Seitentrieb geleitet wird *), welcher, dadurch seine Eigenthümlichkeit als Seitentrieb aufgebend, in jeder Beziehung die Eigenschaften als Fortsetzung der Hauptaxe annimmt. Und zwar

---

*) Es ist diefs eine besondere Aeufserung eines allgemeinen Gesetzes des Gleichgewichts, nach welchem eine Hemmung der einen Axe eine Förderung des Wachsthums einer anderen desselben Systems zur Folge hat, wie z. B. bei der *Lärche* und *Kiefer* durch die Unterdrückung einer Axe in ihrem Weiterwachsen häufig die Nadelzweiglein disponiert werden, ihre Natur aufgebend, zu kräftigen Trieben auszuwachsen.

ist es der oberste, dem abgeschlofsenen zunächst stehende Sprofs, welcher, wie es scheint gesetzmäfsig, dazu bestimmt ist, die Erbschaft seiner Mutteraxe anzutreten. Diefs äufsert sich nun zunächst darin, dafs die Differenz zwischen der primären und der genannten Seitenaxe in Beziehung auf die Stärke verschwindet, sodann, dafs sich das Längenwachsthum und das Sprofsvermögen derselben nach dem Maafsstab der primären Axe steigert; selbst die an ihr selbst entspringenden Seitenaxen (dritte Ordnung) rücken gleichsam in einen höheren Rang und erscheinen dem Maafs ihrer Ausbildung nach vollkommen als den Axen zweiter Ordnung coordiniert. Endlich gleicht sich auch der Neigungswinkel aus, der Seitenprofs tritt in die Richtung der Hauptaxe, und erscheint als deren unmittelbare Fortsetzung, wobei das Rudiment der letzteren zur Seite gedrängt wird. Die ursprüngliche Ungleichwerthigkeit zwischen diesen beiden Generationen ist somit aufgehoben. Der nach Verwirklichung einer bestimmten Gestalt des Axensystems (um mich teleologisch auszudrücken, — physiologisch mag sich Jeder die Sache selbst erklären, so gut er kann), eine terminale Fortbildung erheischend, hat die Oberhand über das Gesetz der Ungleichwerthigkeit und Abstufung zwischen den Generationen bekommen.

Diese Ausrüstung der obersten Seitenaxe mit der vegetativen Kraft der Hauptaxe findet bald mehr bald weniger vollständig in allen oben genannten Beziehungen statt; es hängt diefs natürlich hauptsächlich davon ab, ob die Verhinderung der terminalen Fortbildung der Hauptaxe schon vor der Entwickelung des Seitentriebes eintritt, oder erst nachdem derselbe mehr oder weniger weit vorgeschritten ist.

Wenn sich an diesem neuen Gipfeltriebe jene Begrenzung des Wachsthums wiederholt, so findet auch auf dieselbe Weise wie vorher eine Verjüngung durch den obersten Seitenprofs (ursprünglich dritter Generation) statt, u. s. f. Es bildet sich eine Hauptaxe, welche scheinbar einfach und continuierlich, eigentlich aber aus der Verkettung mehrerer Sprofsgenerationen besteht, eine Bildung, welche bei den Rhizomen der Staudengewächse sehr allgemein zu sein scheint und hier als „Sympodium" bezeichnet zu werden pflegt

Es kommt indes auch vor, z. B. bei der *Buche*, dafs, nachdem der die neue Fortsetzung der Hauptaxe darstellende oberste Sprofs ebenfalls eine Begrenzung seines Spitzenwachsthums z. B. durch Blüthe erfahren hat, die Rolle der Hauptaxe nicht auf den obersten Sprofs dritter Generation, sondern auf den nächst vorhergehenden Sprofs zweiter Generation übergeht (gleich als ¬wenn in menschlichen Dingen die Erbfolge nach dem Tod des Erstgeborenen nicht auf den erstgeborenen Sohn des letzteren, sondern auf dessen zunächst folgenden Bruder übergienge). — Endlich fehlt es auch nicht an Beispielen, z. B. die *Hainbuche*, wo in Folge des Abschlufses der primären Axe die Kraft sich mehr unter alle Zweige erster Ordnung zu vertheilen scheint.

In Beziehung auf die Art der Begrenzung der Axen zeigen sich folgende Fälle:

a. Zerstörung des Gipfeltriebes z. B. bei der *Kiefer*; einer der obersten Wirteläste wird zum Gipfeltrieb.

b. Abschlufs durch Blüthenbildung, wie bei der *Weinrebe*, deren nach dem Obigen aus zahlreichen Generationen zusammengesetzte Lode den ausgezeichnetsten Fall von Sympodienbildung darbietet, zumal da sich hier der Generationswechsel jedesmal nach 1—3 Internodien in einem Sommer mehrmals wiederholt, während diefs bei den übrigen Holzgewächsen höchstens mit jedem neuen Jahrestrieb der Fall ist. Ferner gehört hierher die *Platane* und die *Birke*, insofern bei dieser die Axen in (endständigen) weiblichen Blüthenkätzchen abschliefsen; eigenthümlich ist der *Birke*, dafs die neue Fortsetzung der Hauptaxe als solche doch nicht mehr an Dicke wächst als ihre Schwesteraxen.

c. Die Gipfelknospe an jedem Jahrestrieb wird unterdrückt, indem die Axe bald in einer rudimentären Knospe, bald in einem Spitzchen, bald in einem stumpfen kurzen Fortsatz abschliefst, welcher seitlich oder an der Basis der obersten Seitenknospe sitzt, die dann das Ansehen einer echten Endknospe darbietet, wie andrerseits das durch Entwickelung dieser successive auftretenden scheinbaren Endknospen entstehende wahre Sympodium vollkommen einer einfachen continuierlichen Axe gleicht. — Zur Beurtheilung dieser Construction der Axe dient eben die Anwesenheit jenes, wenn auch noch so rudimentären Axenendes, sowie namentlich die zuweilen wahrzunehmende ausnahmsweise Fortbildung desselben als echte Laubknospe.

Es gehören hierher unter den bekanntéren Holzgewächsen hauptsächlich die *Birke*, deren Axenende in jedem Jahr mit einem Spitzchen seitlich an der scheinbar terminalen obersten Axilärknospe abbricht; dasselbe entspricht der Stellung nach ebenso dem weiblichen Kätzchen, wie beim *Weinstock* die Ranke, welche gleichfalls zuweilen auf einen kleinen Höcker reduciert, gleichsam ein unvollkommen ausgebildeter Blüthenstand ist; auch bei der *Platane* schliefst die Axe, wo sie keine Blüthe trägt, jedes Jahr in einem stumpfen Ende neben dem kräftig fortwachsenden obersten Zweig; — ferner die *Hainbuche* und die *Kastanie*, bei welcher eine Knospe mit verkümmerten Blättern das Ende der Axe bildet, — die *Aspe*, *Weide*, *Linde*, die *Prunus*-Arten, *Robinia Pseudacacia* (häufig wird hier die Axe dadurch geschlofsen, dafs sie bis zu der kräftig entwickelten Seitenknospe abstirbt), — bei der *Heidelbeere* schliefst entweder jeder Jahrestrieb mit einer stachelartigen Spitze neben der scheinbar terminalen Fortsetzung der Axe, oder das letzte Stengelglied bleibt ohne Seitentrieb, die Verzweigung geschieht vielmehr aus den unteren Blattwinkeln des Jahrestriebes.

Bei anderen Bäumen kommt diese Art der Achsenverjüngung zwar nicht regelmäfsig aber doch sehr häufig vor, z. B. bei der *Buche* und *Eiche*, wo an einer scheinbar ganz homogenen Axe von wenigen Jahren oft schon mehrmals ein Generationswechsel stattgefunden hat; noch häufiger bei dem *Apfel-* und *Birnbaum*.

d. Seltener findet sich die Sympodienbildung bei den Bäumen mit opponierter Zweigstellung, indem hier, auch wenn die Axen wie bei *Syringa* fast regelmäfsig nach dem ersten Jahr durch Verkümmerung der Gipfelknospe oder durch einen rückständigen Blüthenstand, abschliefsen, die Kraft des gehemmten Wachsthums sich gewöhnlich unter die zwei obersten Seitentriebe vertheilt. Häufig bekommt aber einer derselben ein bedeutendes Uebergewicht über den anderen, z. B. beim *Hollunder*, wo die Axe gewöhnlich schon im ersten Jahre durch Blüthenbildung oder durch Absterben der Gipfelknospe geschlofsen wird; — oder die eine der beiden obersten Seitenknospen kommt gar nicht zur Entwickelung, dann bildet der andere die reine Fortsetzung der primären Axe, wie diefs beim *Ahorn* (*A. Platanoides*) von Zeit zu Zeit, wenn Blüthe eintritt, der Fall ist. Bei der *Mistel*, wo die Axe in jedem Jahre auch ohne Blüthenbildung abbricht, entsteht auf diese Weise oft ein Sympodium aus zwei bis vier Generationen, welches, da jede derselben nur ein entwickeltes Internodium enthält, vollkommen einen einfachen Sprofs aus so vielen coordinierten Internodien ähnlich sieht und seine wahre Zusammensetzung nur durch die opponierte

Stellung der zwei Blattnarben und durch das neben jedem Stengelglied sitzende Knospenrudiment erkennen läfst. Bei der *Rofskastanie* zeigt sich diefs an gewissen eigenthümlichen Zweigen, welche jährlich nur eins bis drei mehr oder weniger verkürzte Stengelglieder treiben, und daher oft bei einem Alter von 14 Jahren kaum 9 Zoll lang werden; dabei sind sie viel dünner als andere Axen von gleichem Alter und fast oder ganz unverzweigt. Es sind diefs aber nicht, was sie scheinen, einfache Axen, sondern echte Sympodien, indem sie alle ein oder zwei Jahr durch einen Blüthenstand, durch dessen Abgliederung eine seitwärts gedrängte etwas vorspringende glatte Narbe als Andeutung des wahren Axengipfels übrig bleibt, abgeschlofsen und durch Entwickelung eines der beiden obersten gegenständigen Seitentriebe in gleicher Stärke und fast gerader Linie fortgesetzt wird. —

Die Sprofskette (Sympodium) ist als eigenthümliche Erscheinung des Generationswechsels morphologisch interessant, für den Habitus des Baumes jedoch gleichbedeutend mit jedem einfachen Sprofs und wird deshalb auch an anderen Stellen dieser Schrift als solcher behandelt und von dem darin stattfindenden Generationswechsel abstrahiert.

Achtes Capitel.

Das Sprofssystem

oder

das Princip der Einheit in dem Generationswechsel.

§. 40.

a. Morphologische Begründung.

Welchen Einflufs die im Vorhergehenden nachgewiesene Ungleichwerthigkeit und gesetzmäfsige Verknüpfung der durch successive Verzweigung entstandenen Sprofse auf den physiognomischen Ausdruck der Baumgestalt übt, wird am deutlichsten, wenn man sich das Schema eines Systems von wiederholter Axenverzweigung zeichnet, wobei man sämmtliche Axen nach Länge und Dicke als gleich annimmt. Es gibt ein unterschiedloses fächerartig ausgebreitetes Geäste mit rastlos nach der Peripherie hindrängender Entwickelung, — ein System ohne Gruppierung, Einheit und Charakter, ohne einen Schwerpunkt, an welchem das Auge ausruhen könnte; kurz, jene hohe ästhetische Befriedigung, womit wir jede einzelne Partie einer Baumverzweigung zu betrachten pflegen, würde nicht möglich sein. Wie ganz anders ist es in der Wirklichkeit, selbst wenn wir uns nur auf die den physiologischen Charakter zunächst bestimmenden Factoren, Länge und Stärke der Axen, beschränken! Zunächst erhält ein solches System von Verzweigungen durch das Vorwiegen der primären Axe in Beziehung auf die Länge eine Spitze und damit je nach dem Grad dieses Ueberwiegens. eine für jede Art charakteristische Gesammtform. Diese wird durch die stufenmäfsig von Generation zu Generation fortschreitende Verminderung der Längenentwickelung noch genauer bestimmt und zugleich fixirt, indem das ganze System, je weiter es sich durch Verzweigung fortbildet, zugleich in sich selbst abzuschliefsen und abzurunden strebt. Dazu kommt noch, was wir bereits oben (§. 28) bemerkten, dafs eine gleiche Beschränkung auch in der Richtung der Hauptaxe stattfindet, indem die aufeinander folgenden coordinierten Jahrestriebe derselben und damit auch die daraus hervorgegangenen aufeinander gesetzten Sprofsfamilien von einem gewissen Punkt an nach und nach eine Remission des Längenwachsthums und der Weiterverzweigung erleiden, so dass sich in der oberen Region die Hauptaxe in Beziehung auf die Länge der Jahrestriebe und der secundären Axen und auf die Zahl der Generationen etwa verhält wie eine Axe der zweiten und dritten Generation aus der unteren Region des ganzen Systems. — Endlich erhält dasselbe auch nach unten einen gewissen Abschlufs, nämlich eine Verschmälerung, schon dadurch, dafs die ganze Reihe der Seitenaxen erster Ordnung mit den Anfangssprofsen der untersten Sprofsfamilie beginnt, welche nach einem früher dargestellten Gesetz allmählich an Länge zunehmen, — aber auch dadurch, dafs, wie wir ebenfalls oben bemerkten, häufig die Entwickelung der Hauptaxe ebenso mit einer Steigerung in der Intensität des Wachsthums beginnt, wie nach oben eine Remission erfolgt. — Ein System von Verzweigungen, welches durch das Streben, sich auf diese Weise in sich abzuschliefsen, und durch die, trotz unbegrenzter Fortbildung doch sich nur wenig erweiternde und noch weniger verändernde Gesammtform*) zu einem einheitlichen Ganzen erhoben wird, nennen wir ein Sprofssystem im engeren Sinne; es ist die der Sprofsfamilie zunächst folgende höhere Einheit in der Gliederung der Baumgestalt. Ein Sprofssystem kann von grofsem und kleinem Umfang sein, je nachdem die Entwickelung kräftig oder langsam geschieht und die Remission später oder früher beginnt.

Zu dem individuellen Gepräge des Sprofssystems gehört aber wesentlich auch die Auszeichnung der Hauptaxe durch eine die Seitenaxen überwiegende Stärke und die Abstufung der letzteren von Generation zu Generation.

Die Einheit eines solchen Sprofssystems zeigt sich indes nicht nur in einer einfachen Centralisation. Vielmehr wiederholt sich dieses individuelle Gepräge an jeder Seitenaxe, welche zum Ausgangspunkt einer weiteren Verzweigung, zum Centrum eines eben solchen Sprofssystems im kleineren Maafsstabe wird. Dies gilt hauptsächlich von den relativ kräftigsten Sprofsen je einer Generation, nämlich den obersten Seitenaxen je einer Sprofsfamilie, welches, wie wir oben sahen, die eigentlich maafsgebenden Glieder in dem ganzen Sprofssystem sind. Jede derselben stellt mit ihrer Verzweigung ein Ebenbild des Sprofssystems dar, dessen Glied sie selber ist, und so entsteht aus der Stufenfolge von successiven Sprofsen eine Stufenreihe von in sich gerundeten Sprofssystemen. Das ganze Sprofssystem ist nicht blofs ein Complex von ungleichwerthigen Axen, sondern von Axengruppen, und wird, indem jede derselben ein Ganzes von individuellem Gepräge darstellt, zu einer Einheit höherer Ordnung; die Centralisation äufsert sich nicht blofs in der Hervorhebung einer einzigen Hauptaxe, um welche sich alle Verzweigung sammelt, sondern darin, dafs sie in dieser Verzweigung zahlreiche neue Centren schafft und diese secundären, tertiären u. s. w. Centren dem ersten unterordnet. Es ist mit anderen Worten das Sprofssystem auf der einen Seite nicht blofs ein Ganzes, dessen Glieder sämmtlich unmittelbar unter der Herrschaft einer einzigen Hauptaxe stehend von da aus sich abstufend den oben geschilderten Typus darstellen, vielmehr ordnen sich die einzelnen Axen zu

---

*) Ich habe einen 14 Jahr alten Zweig von der *Buche* vor mir, dessen Hauptaxe nur 1¼' lang und nur einfach verzweigt ist; er hat bei seinem von Anfang an sehr langsamen Wachsthum seine Gestalt kaum verändert und gleicht trotz seines grofsen Alters einem mittelmäfsig kräftigen 2jährigen Zweig.

zahlreichen kleinen Ebenbildern des Ganzen zusammen, so daſs
der ganze Complex der Verzweigungen in lauter kleinere Sproſssysteme zerfällt, — andererseits stehen diese wieder nicht frei und
unabhängig nebeneinander, das Ganze ist nicht bloſs ein Aggregat
von einzelnen Sproſssystemen, sondern je eine Anzahl derselben fügt
sich nach demselben Gesetze zu einem System höherer Ordnung zusammen, welches abermals nur ein Glied an einem System noch höherer Ordnung ist u. s. f., bis zuletzt diese höheren Glieder unter der
Herrschaft, deren Mittelpunkt die eine Hauptaxe ist, zu einem
Ganzen versammelt werden. So herrscht hier das schönste Gleichgewicht von **Freiheit der Gliederung** bis in das Einzelne
einerseits, und ein **Gesetz der Centralisation** andererseits, —
ein Beispiel jener wahren Harmonie, wie sie vorzugsweise den
organischen Gestaltungen eigenthümlich ist.

Am vollkommensten erscheint dieses im Ganzen und Einzelnen
individuelle Gepräge des Sproſssystems bei denjenigen Bäumen, z. B.
der *Linde*, *Buche*, *Hainbuche*, *Hasel*, *Ulme*, *Roth-* und *Weiſstanne*
und in ganz besonders ausgezeichneter Weise bei dem deshalb zur Veranschaulichung des Gesagten am meisten geeigneten *Lebensbaum*
(Thuja occidentalis), bei denen durch die zweizeilige, fiederartige Anordnung der Seitenaxen in einer einzigen Ebene, sowie durch die
Zuspitzung nach oben in der Gestalt des Sproſssystems gleichsam
der Typus des **Blattes** nachgebildet wird; die kräftigen Seitenaxen erster Ordnung stellen gleichsam Seitennerven dar, wie diese,
den Gesammtumriſs bestimmend; — und ein wiederholt verzweig-
tes Sproſssystem dieser Bäume erinnert eben wegen der Wiederholung der Gesammtform in den successiven Generationen sehr
bestimmt an ein mehrfach gefiedertes Blatt, wie z. B. bei den Farn-
kräutern, weshalb wir diesen unter den einheimischen Bäumen
weit verbreiteten Typus des Sproſssystems als **Wedelform** bezeichnen wollen. Wo unter den coordinierten Seitenaxen einer
Generation mit jenen kräftigen, die Verzweigung vorzugsweise fort-
setzenden, auch schwächere, zum Theil kümmerlich entwickelte
(Stauchlinge) Sprosse abwechseln, wie z. B. bei der *Buche*, da entsprechen, um die Vergleichung noch weiter fortzusetzen, die letzteren gleichsam den bei manchen fiedertheiligen Blättern (den sogenannten *foliis interrupte pinnatifidis*), z. B. bei der Kartoffel, *Geum*
montanum u. s. w., zwischen die Hauptfiederlappen gestellten Ab-
schnitten.

Nicht ganz so scharf ausgeprägt erscheint der individuelle Charakter eines mehrfach verzweigten Sproßsystemes bei den Bäumen mit concentrischer Vertheilung der Seitenaxen um die Hauptaxe, wie bei der *Eiche, Kiefer* u. s. w.

Nun fehlt es aber auch nicht an solchen Holzgewächsen, bei welchen, z. B. *Birke, Esche, Weide*, jenes sonst so allgemeine Gesetz in der Verzweigung, die Abstufung der auf einanderfolgenden Sproßsgenerationen sowohl nach der Länge als nach der Dicke fast unmerklich ist, wo deshalb auch die Gruppierung der Sproße zu einem einheitlichen Ganzen (Sproßsystem) bis zum Verschwinden undeutlich ist. Es ist dieß ohne Zweifel eine niedere Stufe der Gestaltbildung. Denn je differenter die Glieder eines Baumes sind, je mehr wiederum diese Verschiedenheit durch ein Gesetz der Einheit überwunden wird, — je schärfer die Gesammtform der Verzweigung ausgeprägt ist und je inniger die Axen bei möglichst freier Gestaltung im Einzelnen in die Einheit des ganzen Systems hineingebunden werden, je mehr, mit anderen Worten, die vegetative Region des Baumes der Herrschaft der Metamorphose unterworfen ist, um so harmonischer ist der Eindruck, um so vollendeter erscheint die Bildung vom morphologischen Standpunkt. Man vergleiche mit jener schönen ausdrucksvollen Gliederung in der Verzweigung der *Linde, Buche*, des *Lebensbaumes* u. s. w. die wenngleich höchst graciöse, doch verhältnißmäßig plan- und ordnungslose Verästelung der *Birke* oder das steife, charakterlose, ich möchte sagen, langweilige Geäste einer *Esche* oder *Weide*.

In anderer Weise macht sich dieser Mangel an Sammlung der Axen eines Systemes zu mehreren Gruppen geltend bei jenem (S. 117 bezeichneten) eigenthümlichen Typus der Verzweigung, welcher in einer regelmäßig alljährlich oder doch mehr oder weniger häufig wiederkehrenden Abschließung der Hauptaxe zu Gunsten der opponierten Seitenaxen besteht, und bei opponierter Zweigstellung, wie bei der *Mistel, Syrene, Roskastanie, Pfeifenstrauch* u. s. w., als Gabeltheilung erscheint. Denn wenn sich hier auch, wie gesagt, die successiven Axen nach Länge und Stärke allmählich abstufen, so kommt es doch wegen Mangels an fortwachsenden und über die Verästelung hervorragenden und dieselbe nach bestimmten Gesetzen um sich sammelnden Axen nicht zu einem individuell ausgeprägten Ganzen; das ganze Sproßsystem zerfällt vielmehr in seine zahlreichen Glieder, welche ohne alle Centralisation auseinandergehen.

Umgekehrt geht jene schöne Harmonie in gewissen Fällen durch ein übermäfsiges Streben nach Centralisation, nämlich in den oben erwähnten Beispielen sogenannter Sympodienbildung verloren, namentlich bei der *Weinrebe,* aber auch in den scheinbar einfachen Axen der *Linde, Hainbuche* u. s. w., sowie in gewissen Sprofssystemen der zuletzt erwähnten Gewächse, insbesondere der *Mistel,* der *Roskastanie,* u. s. w. indem hier sämmtliche aufeinanderfolgende Generationen von der ersten Generation gleichsam verschlungen werden.

§. 41.
b) Physiologische Begründung.

Die im Obigen besprochenen Verhältnisse in der Verzweigung des Baumes lassen sich auch physiologisch auffassen und führen auch auf diesem Wege zu jenem Gesetz der Centralisation oder Individualität des Sprofssystems.

Schon oben (S. 87 — 91) gelangten wir zu der Einsicht einer Beschränkung, welche das Gesetz von der individuellen Selbständigkeit des einzelnen Sprofses erleidet, indem derselbe in seinem Wachsthum vielmehr abhängig ist auch von der physiologischen Thätigkeit seiner Seitensprofse. Diese gegenseitige Handreichung der miteinander verbundenen Sprofse wird nun auch bestätigt durch die allgemeine Erscheinung einer Remission im Längen- und Dickenwachsthum von Generation zu Generation. Denn dafs irgend ein Sprofs jährlich eine gröfsere Zahl von Blättern, Stengelgliedern treibt als seine kräftigsten Seitensprofse, — dafs die durchschnittliche Länge dieser Stengelglieder über die der Seitensprofse in einem Maafs überwiegt, welches sich aus seiner eigenen Blätterzahl nicht erklärt, — sowie das stärkere Wachsthum in die Dicke, weist auf die Annahme hin, dafs dem primären Sprofs ein Theil der ernährenden Thätigkeit seiner secundären Axen zu Gute komme. Daher kommt es denn auch, dafs eine Axe im Allgemeinen um so kräftiger in die Länge und in die Dicke wächst, je zahlreicher die Generationen der aus ihr hervorgegangenen Sprofse ist. Die Mutter wird von ihren Kindern unterstützt. Die Mittheilung von Wachsthumsmaterial von einer Axe an die andere geschieht in der Richtung von aufsen nach innen. So gehört jede Axe nicht nur sich, sondern einem höheren Ganzen an. Das Sprofssystem ist nicht blofs ein Complex von aneinandergereihten selbständig für sich vegetierenden Axen, sondern es ist ein physiologisches Ganzes, dessen Glieder einander untergeordnet sind. — Wie die primäre Axe die durch die Blätter aufgenommenen und assimilierten Stoffe zum Theil von ihren Seitenaxen empfängt, so werden umgekehrt die von der Wurzel von unten her aufgenommenen Nahrungsstoffe von den primären Axen aus unter ihre Seitenaxen vertheilt; aber auch in der Art dieser Vertheilung zeigt sich, insofern das Wachsthum auch von dem aus dem Boden stammenden Nahrungsstoff abhängt, eine Centralisation; es ist, als ob der aufsteigende Nahrungssaft bei jedem Uebergang in eine neue Sprofsgeneration einen gröfseren Widerstand fände, als in der Verfolgung seiner geraden Bahn innerhalb der Hauptaxe selbst.

§. 42.

c) Biologische Begründung.

Der individuelle Charakter eines durch fortgesetzte Verzweigung entstandenen Sprofssystems spricht sich nicht blofs in den die Gestalt zunächst bestimmenden Dimensionsverhältnissen der verschiedenen Axen, sondern auch in der Art und Weise aus, wie diese Dimensionen, insbesondere die Länge nach und nach zu Stande kommt, nicht blofs in der gewordenen Gestalt, sondern auch im Werden der Gestalt selbst, nämlich in einem, alle Axen eines Systems in ihrem alljährlichen Wachsthum durchdringenden gemeinschaftlichen Rhythmus. So werden wir von der geometrischen d. h. mechanischen Betrachtungsweise, welcher wir im Obigen bereits interessante Aufschlüsse verdankten, zu der für die Untersuchung organischer Gestalten mehr berechtigten biologischen Betrachtung geführt.

In einem früheren Abschnitte, in der Lehre vom einfachen Sprofs, haben wir für denselben ein Gesetz der Einheit dadurch erkannt, dafs wir (S. 74) in den ungleichen Producten des jährlichen Längenwachsthums einen bestimmten Rhythmus der vegetativen Kraft nachwiesen, welche sich im Allgemeinen in einer Steigerung derselben bis zu einem gewissen Zeitpunkte und in einem von da an erfolgenden Nachlafsen äufsert. Diefs tritt jedoch in der Regel nur an kräftigen Axen, deren Wachsthumsgeschichte wir bei

einer größeren Reihe von Jahren einigermaaßen vollständig überblicken können, hervor. Zugleich haben wir aber schon dort (S. 72)
auf die außerordentliche Abwechslung zwischen längeren und kürzeren Jahresstücken im Einzelnen hingewiesen und bemerkt, daß das
Wachsthum einer sich entwickelnden Axe in den unregelmäßigsten
und ungebundensten Oscillationen, welche von jenem allgemeinen
gesetzmäßigen Wellengang unabhängig sind, fortschreitet. — Diese
gesetzlose Freiheit, ich möchte sagen Willkür, wodurch kein Sproß
selbst bei gleichem Alter und gleichen Gesammtlängen dem anderen gleicht, und welche noch stärker bei den jüngeren Axen, in
denen jener allgemeine Rhythmus noch nicht zur Erscheinung gekommen ist, hervortritt, hat jedoch ihre Grenzen. Wenn wir nämlich die verschiedenen Sproße eines und desselben Systems in
Beziehung auf die Aufeinanderfolge der gleichzeitig entstandenen
Jahrestriebe vergleichen, so ergiebt sich eine überraschende Uebereinstimmung, wobei wir natürlich auf eine absolute Gleichheit
der entsprechenden Jahrestriebe von vornherein verzichten.

Diese Uebereinstimmung zeigt sich nämlich darin, daß die
Schwankungen des jährlichen Wachsthums bei allen Axen des
Systems wenn auch in verschiedenem Verhältnis, doch im Wesentlichen, was Steigen und Fallen betrifft, gleichzeitig stattfinden, d. h.
daß, wenn z. B. das Längenwachsthum der Hauptaxe in einem
gewissen Jahr im Vergleich zu dem vorigen zugenommen hat, dieß
auch in allen Seitenaxen der Fall ist, und umgekehrt. Wenn man
daher für sämmtliche Axen den durchschnittlichen jährlichen Zuwachs in zwei aufeinanderfolgenden Jahren berechnet, so stimmt
in der Ab- oder Zunahme dieser beiden mittleren Werthe
jede einzelne Axe überein; selbst wenn man diejenige, welche
unter allen Axen in einem gewissen Jahr das geringste, und diejenige, welche das stärkste Wachsthum zeigt, mit den entsprechenden Werthen des folgenden Jahres vergleicht, so steigt oder fällt
der Zuwachs in den geringsten Werthen, je nachdem der größte
Werth steigt oder fällt. Namentlich schreiten natürlich, wenn für
jede Generation das durchschnittliche Wachsthum der einzelnen
Axe für die verschiedenen Jahre berechnet wird, die verschiedenen
Generationen übereinstimmend steigend oder fallend fort. Stellt
man also für jede Axe den Wachsthumsgang in dem Verlauf mehrerer Jahre durch eine Curve dar, so zeigen diese sämmtlichen Curven
im Wesentlichen dieselbe Gestalt, insofern wenigstens dieselben an

den entsprechenden Stellen in gleichem Sinne sich krümmen. Wenn aber dieser Parallelismus der Sprofse in vielen Fällen nicht so bis ins Einzelne nachzuweisen ist, so stimmen die Curven wenigstens in ihren Hauptwendepunkten zusammen, d. h. das Jahr, in welchem bei der Hauptaxe das jährliche Wachsthum sein Maximum oder Minimum erreicht, hat auch für alle Seitenaxen dieselbe Bedeutung, — namentlich wenn, was zuweilen vorkommt, mitten in das kräftige Wachsthum plötzlich ein Jahr eintritt, wo die Entwickelung fast gänzlich stockt oder wo dieselbe umgekehrt einen raschen, schnell vorübergehenden unverhältnismäfsigen Aufschwung nimmt, da geht diese Erscheinung in demselben Jahre durch die ganze Reihe der Sprofse.

Am deutlichsten zeigt sich diese Uebereinstimmung an den kräftigeren Sprofsen, also besonders an den früheren Generationen eines Systems, weil hier die Schwankungen des Wachsthums im einzelnen Sprofs bedeutender sind, — an den schwächeren Sprofsen der späteren Generationen, wo das jährliche Wachsthum viel geringer ist, daher auch die Unterschiede zwischen den Jahrgängen sich mehr ausgleichen, verliert natürlich obiges Gesetz an Sicherheit. Ueberhaupt fehlt es nicht an Fällen, wo jenes Harmonieren der zusammengehörigen Sprofse vielleicht durch zufällige Umstände gestört wird. Dafs aber eine solche Harmonie überhaupt besteht, davon wird man sich durch Beobachtung der ersten besten Baumzweige leicht überzeugen.

Das Gesetz läfst sich aber nicht allein in Beziehung auf die absolute Längenzunahme der Sprofse, sondern auch durch Vergleichung der in jedem Jahr erzeugten Zahl von Blättern (Stengelgliedern) und ebenso durch Vergleichung der durchschnittlichen Länge dieser Glieder, sowie endlich durch Vergleichung der jährlich erzeugten entwickelungsfähigen Knospen (Sprofsvermögen) nachweisen.

Um diese Erscheinung richtig aufzufassen, sind zwei Erklärungsarten zurückzuweisen. Dafs die Gleichzeitigkeit in den Schwankungen des Wachsthums der verschiedenen zusammengehörigen Sprofse nicht etwa auf einem bei jedem einzelnen Sprofs auf dieselbe Weise stattfindenden Rhythmus beruht, geht daraus hervor, dafs die Sprofse eines Systems sehr verschiedenes Alter haben, dafs daher, wenn für jeden dasselbe Gesetz im Wechsel von ab- und zunehmendem Wachsthum bestände, die entsprechenden Stadien,

z. B. die Culminationspunkte auseinanderfallen müfsten. Der
Grund der Harmonie liegt also nicht in dem Wesen des Sprofses
an sich, sondern in einer dem ganzen Sprofssystem gemeinschaftlichen Ursache. Man würde zunächst an eine äufsere Ursache denken,
etwa an die Eigenthümlichkeit gewisser Jahre in Beziehung auf
Klima u. s. w., wodurch das Wachsthum in einem günstigen Jahr
überhaupt stark gefördert, in einem ungünstigen Jahr gehemmt
würde. Diese Annahme findet ihre Widerlegung einfach in dem
bei Vergleichung von Zweigen, die verschiedenen Bäumen angehören, sich ergebenden Umstande, dafs die Schwankungen des
Wachsthums bei denselben keineswegs übereinstimmen, dafs vielmehr jeder Baum seinen eigenen Rhythmus hat, und der Grund
desselben mufs deshalb in der individuellen Natur des Sprofssystems als solchem liegen. Es ergibt sich aber gerade daraus
die Wahrheit einer Individualität des ganzen Sprofssystems, indem
jeder einzelne Sprofs, seine besondere Individualität zum Theil opfernd,
in der des Ganzen aufgeht. Das Längenwachsthum mit seiner rhyth-
mischen Bewegung erscheint in jedem Sprofssystem als ein allgemeiner Strom, welcher alle einzelnen Sprofse mit sich fortreifst. Wie
ein Tropfen Wafser, der in einen kräftig wogenden Strom fällt,
nicht seine selbständige Wellenbewegung halten kann, sondern von
der allgemeinen Bewegung des Ganzen verschlungen wird, um
gleichzeitig mit der übrigen Masse auf- und niederzusteigen, so
sehen wir auch, wenn an dem wachsenden Baum ein neuer Sprofs
auftritt, dessen Wachsthum nicht nach einem selbständigen Rhythmus von Jahr zu Jahr ab- und zunehmen, vielmehr verliert derselbe sofort in gewissem Grade seine Selbständigkeit, und wird
dem Rhythmus des ganzen Systems, dessen Anführer die kräftigere
Hauptaxe ist, unterworfen; in die allgemeine Strombewegung verschlungen, wird er zu einem Gliede eines höheren Ganzen. Fällt
sein Ursprung in das Stadium des Sinkens, so nimmt sein Wachsthum im zweiten Jahr seines Daseins ab, bis die Hauptaxe sich
wieder hebt; fällt sein Ursprung in eine Periode der allgemeinen
Steigerung, so beginnt auch sein Wachsthum mit einem vom ersten
zum zweiten Jahr zunehmenden Wachsthum.

Es ist jedoch dieses Gesetz, wodurch die Axen aneinander
gebunden werden, kein starres, welches die individuelle Freiheit
der einzelnen Axen ganz unterdrückt. Wie in der Welle eines
Stromes die einzelnen Wassertheilchen sich aneinander verschieben

und zu ungleichen Höhen emporspringen, dabei aber immer dem allgemeinen Rhythmus unterworfen bleiben, so sind auch die Oscillationen bei den verschiedenen Sprofsen sehr mannigfaltig, d. h. die Wellenberge und Wellenthäler von sehr ungleicher Höhe. Das ist ein treffendes Beispiel von dem Grundgesetz organischer Gestaltbildung: Einheit in der Mannigfaltigkeit, Mannigfaltigkeit in der Einheit, — oder Gesetzmäfsigkeit im Bunde mit der Freiheit; und es kann zur Versinnlichung dieses Gesetzes nicht nur hier, sondern überall (z. B. in der Systematik) das Bild einer Woge oder eines Wafserfalls dienen. — Der Spielraum, welcher der individuellen Freiheit des einzelnen Sprofses innerhalb dieser Gesetzmäfsigkeit gelafsen wird, ist sehr verschieden, und in manchen Fällen, besonders wie es scheint, an alternden Sprofsen, kann sogar ein Uebergewicht der Freiheit naturgemäfs eintreten und das Gesetz des Ganzen durchbrechen.

Belege. 1. Am deutlichsten tritt die Erscheinung hervor bei der *Buche* mit ihren lebhaften Schwingungen des jährlichen Wachsthums, — und zwar möge als Beispiel zunächst jener mehrfach besprochene oberste Theil eines *Buchen*-Bäumchens dienen, dessen Entwickelung wir oben in der Tabelle *A* dargestellt haben. Aus der letzteren ergibt sich als der allgemeine Rhythmus jenes Sprofssystems eine Remission des Wachsthums von 1847 bis zu 1850, und von da wieder ein Steigen bis 1852, und zwar zeigt sich diefs nicht nur innerhalb der Reihe der aus sämmtlichen Sprofsen für jedes Jahr berechneten Durchschnittswerthe, sondern es stimmen damit auch alle einzelnen Sprofse überein, wie man es in der Tabelle leicht nachsehen kann; ebenso verhalten sich die für jede der drei aufeinanderfolgenden Generationen berechneten Durchschnittswerthe, nämlich von 1847 — 1852.

	1847	1848	1849	1850	1851	1852
I	10″	6″	5″	1½″	2½″	6″
II	. .	1²⁄₈″	¾″	²⁄₅″	1²⁄₃″	2¼″
III	. .	. .	⅙″	⅙″	⅓″	⅖″

Ebenso die für die Länge der Internodien berechnete Reihe:

	1847	1848	1849	1850	1851	1852
I	5⁄4″	1″	1″	⅜″	½″	1″
II	. .	5⁄12″	¼″	2⁄15″	5⁄12″	½″
III	. .	. .	1⁄18″	1⁄18″	1⁄18″	⅛″

Ebenso die für die durchschnittliche Anzahl der Stengelglieder für alle Axen des Systems berechnete Reihe:

$$8 \quad 4 \quad 3\tfrac{1}{5} \quad 2\tfrac{20}{21} \quad 3\tfrac{7}{13} \quad 3\tfrac{3}{5}$$

Ebenso die Reihe der durchschnittlichen Zahl von Seitenaxen an je einem Sprofs:

$$5 \quad 1\tfrac{1}{2} \quad \tfrac{2}{5} \quad \tfrac{1}{7} \quad \tfrac{3}{4} \quad \tfrac{3}{5}$$

Am stärksten schwebt das Wachsthum der Hauptaxe auf und nieder (inner-nerhalb der Grenzen 10″ und 1½″), in engeren Grenzen bewegen sich die Axen II. Generation (½″ und ⅔₅″) und nur als ein leichtes Zittern erscheinen die Schwankungen in den Axen III. Generation, welche größtentheils auf ein sehr geringes jährliches Wachsthum reduciert sind. Auch zeigt die Tabelle, dafs nicht jede neu auftretende Axe den gemeinsamen Rhythmus von vorn beginnt, sondern sogleich in das Stadium der übrigen Axen eintritt.

2. Ein 7jähriges *Buchen*-Reifs, dessen Hauptaxe bald abbricht; in allen 6 Axen II. Generation sinkt das jährliche Wachsthum von 1842 bis 1844 zu einem Minimum herab, erhebt sich aber gleich darauf in 1845 plötzlich zum Maximum, um von da an bis 1846 fast eben so rasch wieder zu sinken, was sich auch noch bis 1847 fortsetzt. Und zwar zeigt sich dieser Wechsel sowohl in Beziehung auf die Zahl der Stengelglieder als auf deren Länge, sowie auf das Sprofsvermögen.

3. An einem anderen 7jährigen *Buchen*-Reifs gehen die Hauptaxen und ihre einzige entwickelte Seitenaxe in Beziehung auf jährliches Wachsthum, d. h. Zahl und Länge der Stengelglieder, sowie auf Sprofsvermögen in der Weise parallel, dafs beide gleichzeitig sich steigern und nachlafsen; insbesondere findet in 1845 eine fast gänzliche Stockung statt, also gerade in dem Jahre, welches sich an dem vorhergehenden Reifs durch kräftige Vegetation auszeichnete, während umgekehrt das für das letztere ungünstigste Jahr 1844 für das gegenwär-tige verhältnismäfsig sehr günstig war.

4. Auch an einem anderen 8jährigen *Buchen*-Reifs zeigen sämmtliche Axen, abgesehen von einem im Ganzen gleichmäfsigen Auf- und Absteigen des Wachsthums, im Jahr 1844 eine fast vollkommene Stockung, worauf dann wieder eine Steigerung folgt.

5. An einem 12jährigen Buchenreifs schreitet zwar das Wachsthum im Ein-zelnen nicht parallel fort, doch findet eine Uebereinstimmung insofern statt, als für sämmtliche Sprofse des Systems in das Jahr 1843 eine entschiedene Re-mission, in 1840 und 1844 dagegen Steigerungen des Wachsthums fallen.

6. An einem 6jährigen *Buchen*-Reifs haben sämmtliche Axen folgenden Rhythmus mit einander gemein:

von 1842 — 1844 Sinken,
» 1844 — 1845 Steigen,
» 1845 — 1847 Sinken.

Das Jahr 1845 ist für alle Axen die Zeit der Culmination des Längenwachs-thums, man mag dasselbe durch die jährlichen Zuwüchse, oder durch die Inter-nodiallänge ausdrücken, oder man mag das Sprofsvermögen, nämlich das Ver-hältnis der entwickelten Knospe zu der Zahl der Blätter bei der Vergleichung zu Grunde legen, in jeder Beziehung hat 1845 für das ganze Axensystem einen und denselben Charakter: den einer plötzlichen und bedeutenden Erstarkung.

7. Folgendes sind die durchschnittlichen Werthe des jährlichen Wachsthums für je eine Axe eines etwas über 2′ langen *Buchen*-Reifses während 10 Jahren seiner Entwickelung, für die 4 Generationen berechnet:

	1838	1839	1840	1841	1842	1843	1844	1845	1846	1847
I	1″	6 1/2″	1″	7″	5″	1/2″	1 1/2″	1 1/2″	1/4″	3 1/2″
II	1 1/4″	3 3/4″	2 3/8″	2 2/8″	1 15/16″	7/16″	1 1/8″	1 5/8″	1 13/16″	3″
III	. .	. .	. .	3″	1 1/2″	1/4″	3/8″	7/4″	2/5″	5 5/8″
IV	. .	. .	1 1/2″	9/16″	0″	1/8″	1/4″	1/2″	3/16″	21/16″

Der Rhythmus, welcher das ganze Sproſssystem beherrscht, ist hieraus leicht zu erkennen, namentlich wie in 1839 und 1847 entschiedene Hebung, 1843 dagegen eine bedeutende Remission stattfindet. — Stellen wir anstatt der Durchschnittswerthe die Grenzen zwischen dem geringsten und dem stärksten Zuwachs unter den Axen der II. und III. Generationen zusammen:

	1838	1839	1840	1841	1842
II	1/2″ — 2″	3″ — 4 1/2″	1/4″ — 4″	1 1/2″ — 3 1/2″	1/4″ — 3″
III	. .	. .	. .	3″	1/2″ — 2″

	1843	1844	1845	1846	1847
II	1/4″ — 1/2″	1/2″ — 1 1/2″	1″ — 2″	1/4″ — 3 1/2″	2 1/2″ — 3 1/2″
III	1/4″	1/4″ — 1″	1/2″ — 2 1/2″	1/4″ — 1″	1 — 4 1/2″

so läſst sich, obgleich diese Grenzen ziemlich weit sind, doch eine Uebereinstimmung selbst in dem Rhythmus dieser Extreme mit dem oben in den Durchschnittswerthen oder in der Hauptaxe dargestellten Rhythmus nicht verkennen, wie namentlich in 1839 kein Sproſs weniger als 3″, in 1843 dagegen keiner mehr als 1/2″ zugenommen hat.

Dasselbe Gesetz zeigt sich auch in Beziehung auf die jährliche Erzeugung von Blättern (Maximum 1839 und 1847), sowie die Internodiallänge und die Sproſsfähigkeit.

8. An einem 3jährigen *Buchen*-Reiſs steht, sowohl was die Zahl der jährlich an einer Axe entstandenen Stengelglieder, als was die Länge derselben, die absolute Längenzunahme, sowie die Zweigproduction betrifft, das Jahr 1847 den beiden folgenden, und zwar in allen Axen übereinstimmend, entschieden nach.

9. An einem 5jährigen Reiſs der *Hainbuche* fand die Haupt-Culmination des Wachsthums durchgängig in der Haupt- und den kräftigeren Axen II. Generation im Jahr 1850 statt, auch die übrigen Schwankungen gehen parallel, während in den schwächeren Axen der II. und III. Generation der Rhythmus unbestimmter wird.

10. An einem Sproſssystem der *Hasel* fand ich durch alle 4 Generationen hindurch einen und denselben Rhythmus der vegetativen Kraft, nämlich von 1848 auf 1849 ein schwaches, von 1849 auf 1850 ein starkes Sinken, von 1850 auf 1851 und 1852 ein schwaches Steigen, wie man aus folgender Zusammenstellung sieht, in welcher die erste Zahl die durchschnittliche Längenzunahme jeder

einzelnen Axe, die zweite die durchschnittliche Länge des Internodiums und die dritte die Reproductionskraft, ausgedrückt durch das Verhältnis der durchschnittlich an je einem Jahrestriebe erzeugten Knospen zu der Zahl der Blätter je eines Jahrestriebes, angibt.

	1848	1849	1850	1851	1852
I	$10''{-}2''{-}{}^4/_5''$	$8''{-}1^3/_5''{-}^3/_5''$	$3''{-}^3/_5''{-}^1/_5''$	$3''{-}^3/_4''{-}^1/_4''$	$3''{-}^3/_4''{-}^1/_4''$
II	..	$5^1/_3''{-}1^1/_8''{-}^3/_7''$	$2''{-}^1/_2''{-}^1/_8''$	$2'{-}^1/_2''{-}^5/_{18}''$	$3''{-}^3/_4''{-}^3/_{28}''$
III	..	..	$1''{-}^1/_3''{-}^1/_{18}''$	$1^1/_8''{-}^1/_2''{-}^1/_6''$	$1^1/_4''{-}^1/_2''{-}1^1/_{42}''$
IV	..	..	..	$^2/_3''{-}^2/_9''{-}^0/_2''$	$1''{-}^1/_8''{-}^1/_7''$

11. Ein dreijähriger *Linden-*Zweig (*T. grandifolia*) hat sich nach einem bestimmten Rhythmus entwickelt, in der Art, daß das Wachsthum in allen 28 Axen desselben, welche über ein Jahr alt sind, von 1847 auf 1848 rasch abnahm, von 1848 auf 1849 ein wenig zu- und von da auf 1850 wieder rasch abnahm. Die folgende Zusammenstellung zeigt diese Harmonie zwischen den verschiedenen Generationen, welche durch das mittlere jährliche Wachsthum je einer einzelnen Axe derselben dargestellt sind.

	1847	1848	1849	1850
I	92'''	35'''	40'''	13'''
II	77'''	14'''	19'''	11'''
III	..	9'''	13'''	5'''
IV	..	..	9'''	4'''
V	..	..	..	5'''

12. Davon durchaus verschieden ist der Verlauf des Wachsthums in einem anderen *Linden-*Zweige (*T. parvifolia*), aber gleichfalls nicht nur in allen Generationen, sondern auch in jeder einzelnen Axe übereinstimmend.

	1848	1849	1850	1851	1852
I	$8^1/_2''$	$4^1/_2''$	$12^1/_2''$	$7^1/_2''$	$2^1/_2''$
II	..	4''	5''	$1^3/_5''$	$1^3/_7''$
III	..	..	1''	$^9/_5''$	$^7/_{12}''$
IV	..	..	..	$^3/_5''$	$^5/_9''$
V	..	..	..	..	$^1/_6''$

Neuntes Capitel.

Der ganze Baum.

A. Die Anlage der Baumgestalt.

§. 43.

Die Stufen der architektonischen Gliederung des Baums sind zugleich die Stadien seiner Entwickelung.

Wir gelangen in unserer Synthesis zu dem Baum als einem Ganzen. Als solches durchläuft derselbe in seiner zeitlichen Entwickelung eine Reihe von Stadien, und diese sind nichts Anderes als die in der vorhergehenden Betrachtung dargestellten verschiedenen Stufen der individuellen Gestaltung vom einfachen Stengelglied bis zu dem zuletzt betrachteten Sprofssystem. Denn es gibt in der Entwickelung des Keims ein Stadium, wo der ganze junge Baum aufser der Wurzel aus einem einzigen Stengelglied mit einem Blatt oder Blattwirtel an der Spitze besteht; und so stellt am Ende der ersten Vegetationsperiode die oben als „Jahrestrieb" dargestellte Einheit den Baum in seiner Totalität dar. Da in der Entwickelung des Baums die Verzweigung in den ersten Jahren unterbleibt, so bietet auch der einfache oder mehrjährige Sprofs eine Lebensstufe dar, welche vom Baum durchlaufen wird. Unter der Form der einfachen Sprofsfamilie, d. h. einer Axe mit einem einfachen Cyklus von Seitenaxen, erscheint der Baum nur in solchen Fällen, wo die Verzweigung gleichzeitig mit der Entwickelung der Hauptaxe auftritt, z. B. bei der *Erle*, während in der Regel die Sprofsfamilie bereits mit dem neuen Triebe des folgenden Jahres an der Hauptaxe verbunden ist. Weiterhin wird der Baum zu dem, was wir oben als Sprofssystem bezeichneten, und entwickelt sich als solches theils durch Wiederholung der Sprofsfamilie in der Richtung der Hauptaxe, theils durch Vermehrung der Generationen immer weiter. So sehen wir, dafs alle diese Einheiten, zu deren Unterscheidung wir im Obigen durch Analyse des Baums gelangten, nicht blofse Abstractionen sind, sondern in der That eine reelle Existenz haben.

§. 44.

Der einheitliche Charakter in der Anlage der Baumgestalt.

Der Baum ist trotz seiner Zusammensetzung aus zahlreichen Gliedern ein Ganzes, schon deshalb, weil diese Glieder untereinander in einem organischen, zum gröfsten Theil dauernden Zusammenhang gehalten werden. Dieses Ganze erhält auch der Gestalt nach einen einheitlichen Charakter dadurch, dafs alle Verzweigungen ihren Ausgang von einer einzigen Axe haben; nicht nur dafs diese primäre Axe die einzige ihrer Generation ist, während alle übrigen Generationen der Sprofsfolge durch mehrere coordinierte Glieder vertreten sind, sondern sie ist auch gemäfs des oben ausgeführten Gesetzes von der Verschiedenheit der successiven Generationen in Beziehung auf Längen- und Dickenwachsthum am ganzen Baum die einzige Axe ihrer Art, deshalb eine wahre Hauptaxe. Diefs würde indes nur eine graduelle Verschiedenheit der Hauptaxe von allen weiteren Sprofsen beweisen, wenn nicht noch andere Eigenthümlichkeiten hinzukämen, wodurch dieselbe gegen alle aus ihr hervorgehenden Seitenaxen in einen um so bestimmteren, tiefer begründeten Gegensatz tritt, als diefs unter den verschiedenen Generationen sonst der Fall ist. Diese charakteristischen Merkmale der Hauptaxe, welche gröfstentheils schon früher erwähnt wurden, sind folgende:

a) Die Hauptaxe des Baums ist vor allen übrigen allein mit einer echten Hauptwurzel versehen.

b) Sie zeichnet sich in Beziehung auf die Stellungsverhältnisse vor den übrigen aus. Hierher gehört die concentrische (d. h. einem höheren Zahlengesetz als $\frac{1}{2}$) entsprechende Anordnung der Seitenaxen an der Hauptaxe bei der *Roth-* und *Weifstanne* und anderen Nadelhölzern sowie bei der *Heidelbeere*, während alle secundären und weiteren Generationen eine zweizeilige ($\frac{1}{2}$) Zweigstellung besitzen, — und wo eine solche Verschiedenheit nicht besteht, da ist es die Wirtelstellung in den ersten Blättern, den Cotyledonen, und bei manchen Bäumen, z. B. der *Buche, Hainbuche, Birke* u. s. w., auch in den auf die Cotyledonen folgenden Laubblättern, wodurch die Hauptaxe von den übrigen Axen ausgezeichnet ist, auch bei denjenigen dicotyledonischen Bäumen, welche übrigens an allen Axen die zerstreute Blattstellung haben *c)* Die Hauptaxe unterscheidet sich von den secundären Axen in Beziehung auf die **Richtungsverhältnisse**, indem dieselbe vertical, die Seitenaxen dagegen mehr oder weniger horizontal gerichtet sind, — während sich bei der *Heidelbeere* und *Krummholzkiefer*, wie früher gesagt, dieses Verhältnis umkehrt.

d) Verschiedenheit in der **Matamorphose des Blattes**; die eigenthümliche Formation der Cotyledonen nur an der Hauptaxe, — bei der *Kiefer* trägt nur die Hauptaxe, an ihrem unteren Theil, Nadeln, während alle übrigen entwickelten Axen nur schuppenförmige Niederblätter tragen.

e) Ueber die Abweichung der Hauptaxe des **Weinstocks** von allen folgenden vergl. oben S. 134*).

B. Die weitere Ausbildung der Baumgestalt.

§. 45.

Abgesehen von den ebengenannten die Hauptaxe als solche charakterisierenden Merkmalen, welche ohnehin mit Ausnahme des ersten nicht für alle Gewächse in gleicher Weise giltig sind, ist der Baum von jedem seiner Zweige im Grunde nicht verschieden; eine junge *Buche* sieht durchaus nicht anders aus, als wenn ein secundäres Sprofssystem eines Baumes in den Boden gepflanzt wäre; und in der That kann sich ja jedes Sprofssystem unter günstigen Umständen zu einem selbständigen Baum entwickeln. Vielmehr müfsen zu der ersten Anlage des Baums noch neue Bestimmungen hinzutreten, welche den Baum in seiner vollkommenen charakteristischen Gestalt und gegenüber seinen einzelnen Theilen als etwas Neues, als ein Individuum höherer Art hervortreten lafsen. Diefs sind jedoch nur **secundäre** Erscheinungen, nur weitere Stadien in der individuellen Ausbildung des Baums. Folgendes sind die für die Baumgestalt charakteristischen Punkte, wie sie sich bei der weiteren Ausbildung des Individuums herausstellen.

---

*) Nachträglich kann ich, da ich während des Drucks des Vorstehenden Sämlinge der *Weinrebe* gezogen habe, die oben S. 134 erwähnten Angaben im Wesentlichen bestätigen. Das Cotyledonarstengelglied ist 1—2" lang; bei den folgenden Blättern (an meinen Pflanzen bis jetzt 4) tritt die zerstreute Blattstellung ein, und zwar zum Unterschied von den oben S. 135 (Anmerk.) erwähnten Schöfslingen, nicht zweizeilig alternierend, sondern nach 2/5 oder einem anderen höheren Stellungsgesetz. Rankenbildung fehlt, der erste Jahrestrieb ist ein einfacher Sprofs. In sämmtlichen Blattwinkeln, auch in denen der Cotyledonen sitzen Knospen mit 1 oder 2 Niederblättern.

§. 46.
Hauptaxe und Verzweigung.

Wenn im Laufe der Entwickelung die Hauptaxe des Baums eine Steigerung ihres Dickenwachsthums erfährt, in einem stärkeren Verhältnis als das der allmählichen Abstufung, welche, wie oben gezeigt, für den Uebergang der einen Generation in die andere überhaupt gilt, so daß der Uebergang von der Hauptaxe zu den ersten Seitensprofsen der gröfste Sprung in dem gesammten Sprofssystem ist, — so tritt dadurch die erstere aus dem Ganzen gleichsam als ein eigenthümlicher Bestandtheil der Baumgestalt im Gegensatz zu der übrigen Verzweigung heraus. Ein ausgezeichnetes Beispiel hierfür bietet die *Rothtanne* dar, während bei der *Buche*, *Eiche* u. s. w. die Hauptäste der Stärke nach sich der Hauptaxe mehr nähern. Bald setzt sich die Hauptaxe bis oben hin in dieser überwiegenden Stärke fort (z. B. *Pappel*, *Rothtanne*, *Apfelbaum*), — bald tritt sie nach oben verhältnismäßig zurück, von den stärkeren Aesten weniger verschieden (z. B. *Eiche*). Ist dieselbe schon von unten an nicht in jenem Grad vorherrschend über die Verzweigung, so entsteht dadurch der **Strauchtypus** gegenüber dem **Baumtypus** im engeren Sinne. Ueber die Art und Weise, wie die Hauptaxe ihre überwiegende Länge und Stärke erreicht, insbesondere über die Form des in diesem Wachsthum erkennbaren Auf- und Niedersteigens, d. h. über den Zeitpunkt, wo für beiderlei Wachsthum eine Culmination eintritt, sind bereits oben einige vergleichende Angaben für verschiedene Baumarten mitgetheilt worden. Es kommt noch ein dritter für die Entwickelung der gesammten Baumgestalt bezeichnender Punkt hinzu, nämlich der Fortschritt in der **Massenerzeugung** der Hauptaxe nebst der ganzen Verzweigung — ein Punkt, welcher keineswegs mit den beiden anderen parallel geht, indem der Zeitpunkt für die Culmination des jährlichen Massenzuwachses fast durchweg viel später (ungefähr im doppelten Alter) eintritt als der entsprechende Höhepunkt für das Längen- und Dickenwachsthum der Hauptaxe. Beispiele siehe unten §. 75.

§. 47.
Stamm und Krone.

Eine weitere Bestimmung erfährt dieser eigentliche Baumtypus durch die Ausbildung eines Gegensatzes zwischen der oberen reichlich verzweigten Region: der Krone, und dem unteren nackten Theil der Hauptaxe: dem Stamm. Es beruht diefs einerseits auf einem ursprünglichen Verhältnis, indem die Hauptaxe in den ersten Jahren ihres Wachsthums der Sprofsbildung entbehrt; zum gröfseren Theil aber ist es eine secundäre Erscheinung, nämlich die Wirkung eines eigenthümlichen Wachsthumsgesetzes, indem gerade die unteren Zweige des Baums frühzeitig altern, d. h. in ihrer Entwickelung besonders durch die geringe Zahl der jährlich erzeugten Blätter eine frühzeitige und starke Remission und somit eine Beschränkung in dem Maafs ihrer Ausbildung und in der Dauer ihrer Existenz erleiden. Das Wachsthum versiecht allmählich, die abgestorbenen Zweige stofsen sich ab und hinterlafsen den entblöfsten Stamm, während sich die vegetative Kraft in der oberen Region um so kräftiger entfalten kann. Kaum bedarf es dabei der künstlichen Nachhülfe vom „ausästenden" Beil des Forstmannes; die Natur weifs durch Wind und Wetter und Zeit den Stamm von den dürren Resten selbst zu reinigen. Von besonderem Einflufs ist in dieser Beziehung bekanntlich der Standort des Baums, frei oder im Schlufs zwischen anderen Bäumen, indem im letzteren Fall durch die Einengung und Beschattung sowohl die Remission des Wachsthums als das Absterben der unteren Zweige noch mehr begünstigt wird; daher das kurzstämmige Wachsthum mit weit nach unten sich erstreckender Krone bei Bäumen im freien Stand — und die hochstämmige Entwickelung der Bäume im Schlufs.

In den Fällen, wo bei opponierter Blattstellung Gabeltheilung stattfindet, ist es für den Habitus des ganzen Baumes von Bedeutung, wann die Gabeltheilung zuerst eintritt. Die eigentliche Baumform kann nur zu Stande kommen, wenn dieselbe, d. h. die Unterdrückung des Gipfelwachsthums erst nach mehreren Jahren beginnt, wie beim *Ahorn*, der *Roskastanie*, — bei der *Syrene* geschieht diefs zuweilen schon nach dem ersten Jahre, in anderen Fällen erst später, bei der *Mistel* fast regelmäfsig bereits mit dem ersten Stengelglied. So sind auch in dieser Beziehung in der Gestaltbildung des Baums zwei Perioden zu unterscheiden, deren früher oder später erfolgender Wechsel den mehr oder weniger baumartigen Charakter des Gewächses bestimmt.

Die Ausprägung des Gegensatzes von Stamm und Krone in Verbindung mit der oben erwähnten überwiegenden Dicke der

Hauptaxe bedingt die eigentliche Baumform zum Unterschiede von der Strauchform.

Der Baum mit Stamm und Krone ist gleichsam die Wiederholung des Typus der einfachen Sprofsfamilie (des Jahrestriebes mit seinen quirlartig nach oben drängenden Seitensprofsen) auf einer höheren Stufe der Zusammensetzung. Was die kümmerlichen Sprofse (Stauchlinge) am unteren Theil des Jahrestriebes, das sind beim Baume jene früh alternden und nach demselben Gesetz wie jene absterbenden unteren Aeste. — So erscheint schon am Baume in seinem ersten Lebensjahre, z. B. bei keimenden *Eichen*, wo der gröfste Theil des jungen Stämmchens von unten her nur Niederblätter, an der Spitze aber kronenartig zusammengedrängt Laubblätter trägt, der Baumhabitus, nämlich Stamm und Krone, vorgebildet.

§. 48.

Die Ausbildung der Grundform des Baums.

In Beziehung auf die (mathematische) Grundform des Baums kommen folgende drei Fälle vor:

1) Die meisten Bäume entsprechen ihrer ursprünglichen Anlage nach der Gestalt des Kegels; in der allgemeinen Gestaltenkunde bezeichnen wir dieselbe nach der Eigenschaft ihrer Hauptaxe als ungleichendig (Gegensatz von Wurzel und Stengel, Stamm und Krone) zweifach mehrgliedrig (wegen der concentrischen Anordnung der Seitenaxe an der Hauptaxe); die ausgezeichnetsten Beispiele liefern die *Abies* - Arten.

2) Die ungleichendig zweifach zweigliedrige Gestalt (entsprechend der geometrischen Gestalt eines gleichschenkligen Dreiecks oder eines Kegels mit elliptischer Grundfläche) kommt meines Wifsens nur bei der *Mistel* (und ihren Verwandten) mit ihrer in einer Ebene stattfindenden Verzweigung vor.

3) Bei der *Buche*, *Linde*, *Hasel*, *Ulme*, *Hainbuche* ist der concentrische Wuchs, wie wir ihn an älteren Bäumen sehen, nicht wie bei der *Rothtanne* ursprünglich, sondern die zweizeilige Anordnung der Zweige an einer Axe und die Wiederholung der weiteren Verzweigung in einer Ebene gilt nicht nur für die secundären Axen, sondern für den ganzen Baum von seiner ersten Entwickelung an. Der ganze Baum ist ursprünglich ebenso flächenförmig

angelegt wie jeder einzelne verästelte Zweig, wie man diefs noch an 10 Fufs und höheren *Buchen-* und *Linden*-Bäumchen, selbst noch an 20 Fufs hohen *Ulmen* sieht. Erst in dem weiteren Verlauf der Entwickelung durch secundäre Veränderungen geht die Wedelform des Baumes in eine nach allen Seiten gleichmäfsig ausgebildete (concentrische) Krône über, und selbst bei 120 jährigen *Buchen* erhält sich diefs ursprüngliche Gepräge noch in dem 18 und mehr Jahre alten Gipfel.

Noch mehr, — auch das, was wir S. 45 für den einfachen Sprofs und S. 124 für ein ganzes Sprofssystem nachgewiesen haben: die morphologische Verschiedenheit einer Ober- und Unterseite, d. h. die symmetrische Beschaffenheit jener fieder- und flächenförmigen Gebilde, erstreckt sich ursprünglich auf den ganzen Baum. In der Sprache der allgemeinen Morphologie bezeichnen wir diese Gestalt, welche nur durch einen Schnitt senkrecht auf die Ebene der Verzweigung in zwei gleiche und zwar gegenbildlich (oder spiegelbildlich) gleiche Hälften, durch jeden anderen Schnitt aber, insbesondere durch einen auf den vorigen senkrechten in zwei ungleiche Hälften getheilt wird, als „ungleichendig zweifach eingliedrig". Diese Bäume haben also ihrer ursprünglichen Anlage nach wie die Gestalt des Menschen oder wie eine Pyramide, deren Grundfläche ein gleichschenkliges Dreieck ist, ein Oben und Unten, ein Vorn und Hinten, ein Links und Rechts. So gleicht in diesen Fällen der Baum seinem einzelnen Blatt, welches dieselben Polaritäten zeigt, und so sehen wir, dafs dieses Organ, welches seiner Entwickelung und seiner reellen Existenz nach in Beziehung zur Axe wesentlich secundär ist, seiner Gestalt nach den primären Typus der ganzen Pflanze, welcher sich in jedem einzelnen Zweig wiederholt, vertritt, d. h. vorbildet und nachbildet. Im ganzen Baume wird dieser symmetrische Typus durch den concentrischen, welcher bei anderen Baumarten, z. B. *Eiche*, *Tanne*, von Anfang an herrscht, bei der *Buche* etc. erst in der weiteren Entwickelung nach und nach dem Habitus nach überwunden, niemals aber vollständig aufgehoben, wie diefs ebenfalls aus der Betrachtung des Gipfelwachsthums alter Bäume hervorgeht.

Bei diesem Auftreten des concentrischen Habitus, als secundäres Stadium in der Entwickelung der Baumgestalt sind zwei Momente zu unterscheiden, zunächst das Heraustreten der Seitenaxen erster Ordnung (welche die Hauptäste des älteren Baums

darstellen) aus der Ebene, in welcher in den ersten Jahren sämmtliche Axen eines jungen Baums wie der Bart einer Feder liegen.
Diefs geschieht, wie man am besten an jungen Lindenstämmchen
beobachten kann, auf die Art, dafs durch eine Modification, welche
die zweizeilige Blattstellung innerhalb der Knospendecken und der
untersten Blätter je eines Jahrestriebes erfährt, oder auch durch eine
wirkliche Torsion der Axe an den Jahresknoten, indem die aufeinanderfolgenden Jahrestriebe der Hauptaxe resp. die aus denselben
hervorgehenden fiederförmig bleibenden Sprofsfamilien sich um irgend
einen Winkel gegeneinander drehen. Auch bei der *Buche* scheint diefs
der Fall zu sein, jedenfalls aber erst später als bei der *Linde*,
indem das junge Bäumchen die Flächenform bis zu einer beträchtlichen Höhe zu bewahren pflegt. Dazu kommt denn noch weiterhin
die Wirkung der den Baum von allen Seiten ziemlich gleichmäfsig um-
gebenden äufseren Agentien (besonders des Lichts), in Folge deren
die Aeste, abgesehen von ihrer ursprünglichen Stellungsweise bei
ihrem Wachsthum, sich nach verschiedenen Seiten zu richten streben.

Das zweite Moment in der Ausbildung des concentrischen
Habitus besteht darin, dafs die ersten Seitenaxen mit ihrer Verzweigung die verticale Lage ihrer Ebene aufgeben. Diefs geschieht,
soweit es mir klar geworden ist, entweder durch Abweichung der
Insertionsebene an den secundären Axen aus der verticalen
Lage, indem sich jene Drehung der Jahrestriebe (resp. Sprofsfamilien) an den secundären Axen des Baumes wiederholt, oder
indem die tertiären Sprofse mitunter auch schon aus den nicht
genau nach $1/2$ gestellten Anfangs-Internodien des Sprofses entspringen (z. B. *Linde*); — oder bei der *Buche*, wo die Wedelform
sämmtliche Axen des ganzen Systems viel durchgreifender beherrscht und am jungen Baum sich viel länger erhält als bei der
Linde, ist das Abweichen der flachen Aeste aus der verticalen Stellung in die horizontale eine p h y s i o l o g i s c h e Wirkung, indem
durch den Einflufs des Lichts auf die Oberseite des Systems (d. h.
diejenige, nach welcher die Oberseite sämmtlicher Blätter gerichtet
ist) eine Drehung des Zweiges erfolgt, durch welche dessen Oberseite wirklich nach oben gewendet wird. Was aus dem Licht-
einflufs folgt, ist also nicht die f l a c h e Form des Baums und der
Aeste, wie H a r t i g meint*), welche vielmehr in dem morpholo-

---

*) A. a. O. S. 177.

gischen Gesetze der Pflanze selbst beruht, sondern umgekehrt der Uebergang der flachen symmetrischen Gestalt in die concentrische. — Eine ältere *Buche* gleicht in Beziehung auf Symmetrie und concentrische Regelmäfsigkeit vollkommen der *Roth-* und *Edeltanne*, mit dem Unterschiede, dafs das, was dort secundäre Erscheinung ist (concentrische Vertheilung der Hauptäste an der Hauptaxe und Kreuzung der Verzweigungsebene derselben mit der Hauptaxe), hier bereits in der ersten Anlage begründet ist.

§. 49.

Ast und Zweig.

Eine Gestalt ist um so vollkommner, je gröfser der Reichthum ihrer Gliederung, je schärfer die Gegensätze der zu einem Ganzen zusammengefafsten Theile sind. Deshalb müfsen wir die Gestalt derjenigen Bäume, mit denen wir uns zuletzt beschäftigt haben, z. B. der *Buche*, höher stellen als z. B. die *Eiche* oder *Pappel*, weil dort der Gegensatz zwischen der symmetrischen Bildung der Zweige und der concentrischen Bildung des Ganzen so bestimmt hervortritt, während bei den letzteren wegen der durchgehends concentrischen Anordnung der Sprofse eine gröfsere Einförmigkeit herrscht; und wiederum steht die *Buche* u. s. w. höher als die nach demselben Typus gestaltete *Roth-* und *Edeltanne*, weil jene Bäume den einseitigen symmetrischen Typus erst durchlaufen und sich zu jener vollendeten Gestalt durcharbeiten müfsen, während dieselbe bei den letztgenannten Bäumen von Anfang fertig gegeben, keinen Raum läfst für die freiere Formbewegung der ersteren. Aus dieser gröfseren Beweglichkeit bei der *Buche* und Ihresgleichen folgen aber zugleich mancherlei Schwankungen, die hier zwischen dem Typus des Ganzen und dem der Zweige vorkommen. Denn wie einerseits die symmetrische Gestalt des Zweiges oft lange Jahre die Herrschaft am ganzen Baume behauptet, so zeigt sich andrerseits bei älteren Bäumen eine Neigung, den eigentlichen Baumhabitus (überwiegende Hauptaxe, Stamm und Krone, concentrische Bildung) auch in den secundären Axensystemen zu wiederholen. Hierher gehören die häufigen Beispiele von zwei oder mehreren aus gemeinschaftlicher Wurzel entspringenden gleichgebildeten Baumstämmen. Einen ausgezeichneten Fall dieser Art liefern die sogenannten „Neun Heister" auf dem **Kellerwald** in **Hessen**, bestehend in einer *Buche*, welche sich drei Fuſs über dem Boden in neun auf gleicher Höhe entspringende vollkommen gleiche etwa 1½ Fuſs starke Stämme theilt*). An einer *Linde* bei Hatzbach breitet der kurze dicke Hauptstamm seine starken Hauptäste fast wagerecht in ziemlich gleicher Höhe aus, und die tertiären Axen, indem sie den Charakter eines selbständigen Baumes wiederholen und vertical auf den Hauptästen sich erheben, bieten den eigenthümlichen Anblick scheinbar eines kleinen Lindenwaldes auf einem Stock dar**). Bei der *Buche* tritt in der Regel in einer gewissen Höhe (40 — 50′) und in einem gewissen Alter eine Art dichotomischer Theilung des Hauptstammes ein, — überhaupt ahmen die kräftigsten Zweige mit der Zeit die Hauptaxe nach und vertauschen die symmetrische wedelähnliche Form gegen den eigentlichen Baumhabitus, während bei der *Tanne* die seitlichen Sproſssysteme den ursprünglichen Charakter streng bewahren. So treten bei der *Buche* etc. innerhalb der Krone selbst zwei verschiedene Formen auf: die eine, der Baum im Kleinen (in den stärkeren Zweigen), — die andere, die Form des Blattes im Groſsen darstellend (in den minder kräftigen Zweigen). Die erstere Form von secundären Sproſssystemen, welche den charakteristischen Typus des ganzen Baumes nachahmen, wollen wir als Aeste von den Zweigen als der letzteren Form, die den Charakter als Seitenbildung bewahrt, unterscheiden. Die ältesten an der Hauptaxe oder den groſsen Aesten entspringenden Sproſssysteme, welche noch die Wedelform streng bewahrt haben, zählen bei der *Buche* und, wie es scheint, auch bei den entsprechenden anderen Bäumen, insbesondere auch bei *Thuja*, fünf Generationen; weiter rückwärts löst sich der individuelle Charakter auf, der Zweig wird zum Ast.

§. 50.

Die Harmonie in der Baumgestalt.

Der harmonische Ausdruck der Gestalt des Baumes beruht auf dem schönen Gleichgewicht von Freiheit und Gesetzmäſsigkeit Mannigfaltigkeit und Einheit.

---

*) Seit einigen Jahren sind es nur noch fünf Heister.

**) Aehnliches tritt bekanntlich bei der künstlich zu einem Laubdach gezogen, Krone vieler Dorflinden ein; der obengenannte Fall beruht dagegen auf natürlichem Wuchs.

Das zeigt sich zunächst darin, daſs jedes Glied des Baums, noch so groſs und noch so klein, als ein in sich vollendetes Ganzes, als ein Individium erscheint. Jedes Glied ist ein Abbild des ganzen Baums; denn die Stadien, welche der Baum in seiner Entwickelung durchläuft, vom einfachen Stengelglied bis zum zusammengesetzten Sproſssystem, durchläuft auch jeder einzelne Sproſs, und bei der den Holzgewächsen eigenthümlichen Ausdauer der zahllosen Glieder dienen jene Stadien der Entwickelung zugleich als bleibende Elemente der Zusammensetzung. — Jedes Glied des Baums ist etwas in sich Vollendetes, und doch ergänzen sich mehrere untereinander verschiedene Glieder zu einer höheren Einheit; so ist jeder Sproſs ein Glied eines Ganzen, dieses Ganze wiederum ein Glied in einem höheren Ganzen u. s. f. Und so weisen alle einzelnen Glieder zurück auf ein alle umfaſsendes Ganzes, welches besonders vermöge der Einheit der Hauptaxe und der Krone sich recht als Individuum erweist. So wurzelt die unbegrenzte Vielheit der Glieder des Baums am Ende in der Einheit.

Aber auch die Verschiedenheit der Glieder wird von einem Gesetz der Einheit beherrscht. Denn so unbegrenzt diese Verschiedenheit auch ist, so daſs jeder Sproſs, jeder zusammengesetzte Zweig sein besonderes Maaſs der Entwickelung besitzt, so ist doch jedes dieser Glieder nach diesem Maaſs der Entwickelung an seine besondere Stelle im Ganzen gesetzt. Vergleichen wir irgend zwei coordinierte benachbarte Axen miteinander, so sehen wir, wie die Verschiedenheit derselben dazu dient, das eigenthümliche Gesetz des Ganzen (Sproſsfamilie), welchem sie sich als Glieder unterordnen, zu vollenden; — vergleichen wir zwei Axen, welche durch die Sproſsfolge als Mutter- und Tochter-Axe mit einander verbunden sind, so ist es das allgemeine Gesetz der Remission oder Abstufung in der Kette der Generationen, welches die ungleiche Länge und Stärke derselben und zwar in der bestimmten gegebenen Aufeinanderfolge fordert; — vergleichen wir die in verschiedener Höhe an der Hauptaxe entspringenden primären Zweige und Aeste, so zeigt sich, daſs der gewaltige Contrast zwischen dem einen, welcher in seiner kümmerlichen Entwickelung kaum die Länge von einem oder wenigen Fuſsen überschreitet, und einem anderen, welcher es bei noch geringerem Lebensalter an Kraft der Ausbildung dem ganzen Baum gleich zu thun strebt, in einem bestimmten Zusammenhang mit ihrer relativen Stellung steht, und daſs gerade diese beiden Momente zur Verwirklichung der charakteristischen Gesammtform des Baums dienen, indem jener Schwächling, vorzugsweise der unteren Region der Hauptaxe angehörend, durch sein frühes Absterben zur Darstellung eines nackten Schaftes, jener kräftige Ast, in einer höheren Stelle entspringend, als ein Glied des gewaltigen Kronengerüstes dient.

So ist der Baum zwar eine Vielheit von zahlreichen an sich gleichbedeutenden Gliedern, in ihrer gegenseitigen Verbindung sind dieselben aber keineswegs gleichwerthig. Vom physiologischen Standpunkt aus mag man zwischen wesentlichen und unwesentlichen Gliedern unterscheiden, und den letzteren die Bestimmung zuschreiben, als „Bereicherungssprofse" den physiologischen und physiognomischen Effect des Ganzen zu verstärken, — morphologisch betrachtet ist kein Glied des Baums unwesentlich, weil jedes an der Stelle, wo es steht, unentbehrlich ist, um eine Reihe von anderen Gliedern zu einer höheren Einheit zu ergänzen. Ohne einen beliebigen Sprofs würde der eigenthümliche Cyklus der betreffenden Sprofsfamilie, ohne deren Vollendung würde der Cyklus der zu einem Sprofssystem verketteten Sprofsfamilien, ohne dessen Vollendung würde der ganze Ast unvollständig sein, und ohne diesen, obwohl nichts weiter als eine Wiederholung des Baums im Kleinen, würde der für den Charakter des Baums (*sensu strict.*) wesentliche Gegensatz von Stamm und Krone aufgehoben. — Und selbst von den Jahrestrieben eines Sprofses, von den Stengelgliedern eines Jahrestriebes dürfen wir keins als eine blofse unwesentliche Wiederholung betrachten. Jedes Glied ist durch ein morphologisches Gesetz in ein nächst höheres Ganzes hineingebunden, und opfert seine Individualität für eine höhere Individualität auf. — Gilt aber dieses Gesetz gegenseitiger Ergänzung schon für diejenigen Glieder des Baumes, welche nur graduell verschieden sind, wie vielmehr für diejenigen Glieder einer Art, welche durch Begabung mit eigenthümlicher Organisation, insbesondere durch die Metamorphose, scharf von einander unterschieden sind! So die Reihe der Niederblatt-, Laubblatt-, Hochblatt-, Blüthen-Internodien, — so unter den Sprofsen der Hauptstamm, der Kraftsprofs, Stauchling, Dorn und Ranke, der männliche und weibliche Blüthensprofs. Jedes dieser Glieder ist etwas in sich Vollendetes, im Verhältnis zum Ganzen aber etwas Mangelhaftes und Einseitiges; und erst durch die Zusammenfügung dieser sich gegenseitig ergänzenden Glieder nach einem bestimmten Gesetze baut sich ein harmonisches Ganzes auf, und der Baum ergibt sich, trotz der Individualität eines jeden seiner Glieder, in höherem Sinne als das Pflanzenindividuum, eben weil diese Glieder nicht blofs Wiederholungen, sondern sämmtlich wesentliche Factoren, daher das Ganze ein Untheilbares ist.

§. 51.

Die Veränderungen der Baumgestalt während des Wachsthums.

Endlich herrscht auch in der zeitlichen Entwickelung der Baumgestalt die gröfste Freiheit im Einzelnen; jeder Sprofs, jedes kleinere und gröfsere Sprofssystem wächst nach seiner Weise. Aber was wir oben (S. 46) für das einzelne Sprofssystem erkannt haben, gilt in weiterer Ausdehnung für den ganzen Baum: ein gemeinsamer Rhythmus, welcher die Schwingungen des jährlichen Wachsthums in allen einzelnen Enden in gewissen Schranken hält. Die auf Tab. I. dargestellte periodische Fortbildung des Gipfeltriebes einer jungen *Buche* gibt zugleich ein Bild von den Schwingungen, in denen das Wachsthum des ganzen Baumes fortschreitet. Bald hier bald da springt ein Zweig über die anderen hervor, oder eine ganze Partie der Baumkrone prädominiert, um in den folgenden Jahren von ihrer Umgebung überragt zu werden. Jedes Jahr verleiht dem Baum eine neue Phase, und so wenig diese Phasen geometrisch ähnliche Formen darbieten, erkennen wir doch in jedem Jahr den Baum in seiner individuellen Eigenthümlichkeit wieder. Nirgends trifft es befser, was Goethe von der Natur sagt, als hier: „sie schafft ewig neue Gestalten; was da ist, war noch nie, was war, kommt nicht wieder, — Alles ist neu und doch immer das Alte." Die Wachsthumsphasen des Baums gleichen den unzähligen Modulationen einer Grundmelodie, — es ist das lebendige Spiel eines Springquells, unerschöpflich in neuen Bildern und dennoch sich so gleich bleibend, dafs der Betrachter in der Ferne eine feste Gestalt wie aus Marmor gehauen zu erblicken glaubt. Dieses Maafshalten bei scheinbar ungebundener Freiheit der Entwickelung ist es, was dem einzelnen Baum seine bestimmte Gesammtform, was auch allen Bäumen einer gewissen Art, obgleich keiner dem anderen gleich ist, jenes charakteristische Gepräge sichert, wenn wir, unbewufst warum, in den zahllosen verschiedenen Individuen die gleiche Species erkennen. Das Wachsen des Baums geschieht nicht wie das des Thiers durch gleichmäfsige Ausdehnung aller Theile, sondern ähnlich dem Krystall durch Ansetzen an den äufsersten Spitzen der vorhergebildeten unveränderlichen Axen, sowie durch Auflagerung der neuen Schichten im Umfange des unveränderlichen Holzkörpers, — dennoch quillt die Gestalt nach einem inneren Gesetze gleichsam aus dem Centrum des Baumes heraus.

Jene Aehnlichkeit der aufeinanderfolgenden Entwickelungsstufen des Baumes gilt jedoch nur innerhalb gewisser Grenzen; denn häufig bildet sich, besonders in dem höheren Alter, eine von der jugendlichen Form sehr abweichende Gestalt heraus; hierher gehört die beträchtliche Vergrößerung des Neigungswinkels der Aeste bei älteren *Rothtannen*, — auch bei der *Birke* tritt das eigenthümliche Herabhängen der schlaffen Zweige erst nach dem 15. — 20. Jahre ein; bei der *Kiefer* tritt an die Stelle der pyramidalen Krone des jungen Baums im Alter durch die nach und nach erfolgende Remission des Längenwachsthums die Dom- oder Kuppelform.

§. 52.

Charakteristik verschiedener Baumgestalten.

Die specifischen Eigenthümlichkeiten der Baumgestalten sprechen sich, wie wir gesehen haben, bis in die kleinsten Einzelheiten der Architektonik aus, so dafs das kleinste entblätterte Reifs genügt, um daran die Baumart zu erkennen. Nicht minder prägt sich der specifische Charakter in den grofsen Zügen der Gesammtform aus, obwohl hier durch die grofse individuelle Freiheit und durch den Einflufs der äufseren Bedingungen die Unterschiede im Ganzen schwankender sind. Hier kommt namentlich in Betracht das Verhältnis der Krone zum Schaft, eine Gliederung, deren verhältnismäfsiger Mangel die strauchartigen Holzgewächse von den eigentlichen Bäumen unterscheidet; man vergleiche ferner den kurzschäftigen *Apfelbaum* mit seinem hochstämmigen Gattungsgenofsen, dem *Birnbaum*, — die im freien Stande bis nahe an den Grund mit Aesten besetzte *Rothtanne* mit der unter gleichen Umständen hochstämmigeren *Edeltanne*, *Kiefer* und *Lärche*. Bei dem *Ahorn* (*A. Pseudoplatanus*) und der *Hainbuche* ist der Ansatz der Krone bei 20 — 25′, bei der *Buche*, *Ulme* bei 40 — 60′ Höhe. Auch die *Birke* gehört zu den hochstämmigen Bäumen. Andere Unterschiede beruhen auf der Gestalt der Krone, welche bei dem *Apfelbaum*, der alten *Kiefer* u. s. w. niedrig und flach, bei der *Rothtanne* pyramidal erscheint und bei der *italiänischen Pappel* (im Gegensatz zu der verwandten *Schwarzpappel*) das Maximum von Längsdehnung erreicht, — sowie auf dem nahe hiermit zusammenhängenden Verhältnis, in welchem sich die Hauptaxe durch die Krone hindurch erstreckt, letzteres in ausgezeichnetem Grade eben bei der *Rothtanne* und *italiänischen Pappel*, während sich bei unseren Obstbäumen, bei der *Eiche*, *Buche*, und vor Allem bei den gabelästigen Gewächsen, *Syrene*, *Mistel* u. s. w., die Hauptaxe beim Schaftansatz sofort in ihre Hauptäste gleichsam auflöst.

Vor allen unseren Bäumen zeichnet sich die *Eiche* und zwar besonders die *Stieleiche* durch eine ungebundene Freiheit der Formen aus. Schon im Einzelnen sind wir an diesem Baume mehrfachen Abweichungen von den durchgreifendsten Gesetzen der Architektonik begegnet; die planmäfsige Gliederung, welche sich gleichwohl in den jugendlichen Stufen der Entwickelung nicht verkennen liefs, verschwindet mit dem Alter immer mehr, so dafs es an dem alternden Baume schwer ist, jene Ordnung wieder zu entdecken. Die *Eiche* strebt in ihrer weiteren Entwickelung das Gesetz, wonach sie sich auferbaut, gleichsam zu überwinden und, im Gegensatz zu der in ihrer Regelmäfsigkeit an das Steife grenzenden *Buche* und noch mehr unserer Nadelbäume, die Harmonie durch eine zügellose aber umso grofsartigere Kühnheit der Formen zu ersetzen.

Hier bleibt ein weites Feld für weitere Betrachtungen, welches die Botanik nicht wie bisher der Landschaftsmalerei allein überlafsen, sondern mit ihr Hand in Hand durchwandern sollte.

C. Das Lebensziel des Baums, begründet in dessen Wachsthumsgeschichte.

§. 53.

Das individuelle Dasein der Gewächse findet seinen gesetzmäfsigen Abschlufs durch die Blüthenbildung. Diefs gilt wenigstens für die ein- und zweijährigen Gewächse; bei den perennierenden oder Stauden-Gewächsen dagegen unterliegt immer nur diejenige Axe, welche in einer Blüthe oder Blüthenstand endigt, diesem Schicksal; bei den Holzgewächsen endlich gilt diefs nicht einmal für die ganze blühende Axe, sondern nur für das obere Stück derselben bis herab zu dem Ursprung des letzten Seitensprofses; denn eine Axe wird genährt und ihr Leben gesichert durch alle aus ihr entspringenden Tochteraxen. Nehmen wir nun hierzu, dafs von den zahlreichen Axen eines Holzgewächses auch bei der reichlichsten Blüthe doch immer nur eine verhältnismäfsig kleine Anzahl zur Blüthe gelangt, so ergibt sich daraus die von aller Blüthenbildung unabhängige Fortdauer des Wachsthums und Lebens. Da wir aber sehen, dafs trotz dieser vegetativen Fortbildung bei weitem die meisten Bäume ihr Lebensziel erreichen, so entsteht die Frage nach dem Grund hiervon, — ob der Baum eine durch ein inneres Gesetz gegebene Grenze seines Daseins hat, — oder ob die Lebensdauer gesetzmäfsig unbegrenzt ist und nur zufällig durch äufsere störende und zerstörende Einflüfse ihr Ende findet? Letzteres scheint die herrschende Ansicht unter den Physiologen zu sein; De Candolle[*], Schleiden[**], Martius[***] sprechen sich dafür aus, — wogegen Unger[†] und Mohl[††] sich für die erstere Annahme entscheiden. Die Erklärung, deren sich die Vertreter der zweiten Ansicht bedienen, ist indes sehr verschiedenartig. Martius erklärt das Absterben der Bäume daraus, dafs ihnen durch die in Folge ihrer eigenen Vermehrung gebildete Umgebung von Baumwuchs die Mittel des Daseins verkümmert werden, indem sie aus dem Boden nicht mehr die genügende Nahrung, und Licht, Wärme und atmosphärische Feuchtigkeit nur von oben empfangen. Hiergegen ist einzuwenden: wie kommt es denn, dafs die Bäume auch im freien Stand ihr Lebensziel zu erreichen pflegen? wie kommt es ferner, dafs ein Baum mitten im dichtesten Walde frisch und kräftig heranwachsen kann, — dafs die Ursachen, welche, nach Martius, seinen Tod herbeiführen, nicht auch sein Aufkommen verhindern? — Schleiden, indem er der zusammengesetzten Pflanze einen in ihrer Organisation nothwendig bedingten Abschlufs ihres Lebens abspricht und die Ursache des Todes in mechanischen Verletzungen u. s. w. findet, beruft sich auf die bekannten Beispiele von sehr alten Bäumen, und

---

[*] Pflanzenphysiologie, übersetzt von Röper, II. S. 819.
[**] Grundz. Ed. wifsensch. Bot. d. II. B. II. S. 534.
[***] Flora 1853. S. 298.
[†] Grundz. d. Anat. u. Phys. S. 181.
[††] Vegetabilische Zelle, S. 65.

sieht darin einen Beweis für die Möglichkeit eines Fortlebens ohne Ende. Diese Fälle beweisen indessen, wie mir scheint, nichts als wie weit sich das Lebensziel gewisser Bäume unter günstigen Umständen hinausrücken kann. Daß aber der Grund für das Absterben der Bäume ein innerer ist, daß auch trotz der günstigsten Lebensbedingungen ein Abschluß mit Nothwendigkeit erfolgt, wenngleich in den bei weitem meisten Fällen gewaltsame Störungen oder Mangel an den nothwendigen Lebensbedingungen dem natürlichen Verlauf zuvorkommen, wird wohl schon durch den Umstand wahrscheinlich, daß man jeder Baumart wie jeder Thierart eigenthümliche aus der Erfahrung erkannte Grenzen der Lebensdauer beilegt, und zwar nicht bloß wegen der einzelnen Exemplare, welche von gewissen Arten ein ungewöhnlich hohes Alter erreicht haben. Für die *Kastanie* mag eben 1000 Jahre, für *Cupressus disticha* 3000, für den *Affenbrotbaum (Adansonia digitata)* 4000, für den *Drachenbaum (Dracaena Draco)* 5000 Jahr die Grenze sein, welche unter seltenen günstigen Umständen erreicht werden kann; alle diese Beispiele gehören aber Arten an, welchen überhaupt eine größere Lebensdauer eigen ist. Eine kürzere oder längere Lebensdauer mag wohl mit zu dem specifischen Charakter der Baumarten gehören und daher ebenso gesetzmäßig sein wie die Gestalt und andere Eigenthümlichkeiten des Lebens. So ist ja jeder Baumart auch ein eigenthümliches Maaß der Ausdehnung vorgezeichnet, indem der eine Baum trotzdem, daß sein Wachsthum weder im Gipfeltrieb noch in den Seitentrieben durch Blüthenbildung abgeschlossen wird, niemals die Höhe eines anderen erreicht, und es kann dieß nicht durchweg aus einer von Anfang an verschiedenen Intensität des Wachsthums erklärt werden (strauchartige Gewächse entwickeln sich im Allgemeinen ebenso kräftig wie die höchsten Bäume). Nun kennen wir aber als allgemeines Gesetz für die Pflanze, daß sie so lange wächst als sie lebt, und daß sie so lange lebt als sie wächst, daß sie, sobald sie aufhört zu wachsen, sterben muß. So hängt mit dem specifischen Maaß des Wachsthums auch ein specifisches d. h. gesetzmäßiges Maaß der Lebensdauer zusammen. Man könnte etwa dieses letztere Factum dadurch in Einklang mit der großen Bedeutung der äußeren Einflüße bringen, wenn man jedem Baume ein specifisches Maaß von Lebenszähigkeit beilegte, d. h. die Fähigkeit, den am Lebenskeim das ganze Dasein hindurch gleichsam fortwährend nagenden schädlichen Einflüfsen bis zu einer bestimmten Grenze Widerstand zu leisten; indes würde die Annahme eines von Anfang an und unter den normalen Verhältnissen dauernden Kampfes der Pflanze mit feindlichen Einflüfsen durchaus willkürlich sein.

Vielmehr scheint mir das jeder Baumart charakteristische Maafs des Wachsthums und das damit zusammenhängende Maafs der Lebensdauer in der Organisation der Pflanze selbst, nämlich in einem bestimmten gesetzmäfsigen Cyklus der Entwickelung zu beruhen.

Einen solchen Cyklus haben wir oben bereits für jede einzelne Axe nachgewiesen: im Anfang erscheinen kräftige Jahrestriebe verbunden mit ebenso kräftigem Sprofsvermögen und Dickenwachsthum, — in der Folge tritt eine Remission ein, die Jahrestriebe werden immer kürzer und beschränken sich zuletzt auf je zwei oder drei unentwickelte Stengelglieder; zugleich verschwindet das Sprofsvermögen und die Jahresringe des Dickenwachsthums werden schmäler und schmäler, — am Ende verliert die Endknospe ganz die Kraft sich zu entfalten, sie verkümmert, es entstehen keine Blätter mehr und damit hört die Hauptbedingung für die Erhaltung und für das Wachsthum auf; denn jene Abhängigkeit des Lebens der Pflanze von ihrem Wachsthum beruht eben in der Bedeutung der Blätter für die Ernährung und in der durch die vorübergehende Dauer der Blätter bedingten Nothwendigkeit fortwährender Neubildung dieser Organe. Mit dem Aufhören dieser Neubildung stirbt also die Axe ab.

Dieselbe Remission des Wachsthums wie am einzelnen Sprofs, zeigt sich auch am Sprofssystem, beruht aber hier nicht blofs auf dem allmählichen Erlöschen des Wachsthums in den einzelnen Sprofsen, sondern hauptsächlich darin, dafs nach und nach immer mehr Axen als solche, welche von Anfang an in der Entwickelung gehemmt sind (Stauchlinge), auftreten. Eine Reihe von Jahren schleppen sich solche Zweige kümmerlich von Jahr zu Jahr fort, bis am Ende das Wachsthum und zugleich ihre Lebensfähigkeit versiecht. So sehen wir schon sehr frühzeitig, besonders am unteren Theil des Stammes, die primären Zweige absterben. Von drei solchen ihrem Erlöschen entgegengehenden Buchenzweigen, welche ich vor mir habe, ist der eine 18 Jahr alt, unter seinen mehr als 130 Zweigenden sind nur 10 — 12, bei welchen noch einigermaafsen das Wachsthum fortdauert; — an einem anderen Zweige sind die einzelnen Axen im Anfang etwas entwickelt, in den letzten Jahren fast sämmtlich ins Stocken gerathen; an einem dritten Zweige hat sich die Hauptaxe in den ersten 15 Jahren wenigstens in einigermaafsen bemerkbarem Fortschritt entwickelt, in den letzten 15 Jahren folgte aber Stockung auf Stockung (d. h. je 2 — 3 unentwickelte Stengelglieder), so dafs die ganze Axe trotz ihres 30jährigen Alters das Maafs von 1 Fufs nicht überschritten hat und auch ferner kaum darüber hinauskommen wird, die Seitenaxen derselben aber sind von vornherein als Stauchlinge, also nur auf eine kurze Lebensdauer angelegt, so dafs das Ganze offenbar seinem Lebensziel sehr nahe ist.

In diesem Wachsthums- und Lebens-Verlauf des einzelnen Sprofses und der kleineren Sprofssysteme ist denn das Schicksal des ganzen Baums, welcher ja nur durch seine einzelnen Glieder lebt, vorgebildet. Am längsten erhält sich verhältnismäfsig das Längenwachsthum an der Spitze. Indes bietet z. B. der Gipfel einer circa 120 Jahr alten *Buche* das Bild des erlöschenden Wachsthums dar; denn während in der Hauptaxe der jährliche Zuwachs bereits auf 1 — 2 Zoll herabgesunken ist, zeigen die primären Seitenaxen folgende Stufen der Remission: *a)* wenig entwickelte Jahrgänge mit einiger Verzweigung, doch so, dafs die letzten Sprofse als Stauchlinge auftreten; *b)* nur einzelne Jahrgänge ein wenig entwickelt und hier und da eine Knospe erzeugend; *c)* Verlängerung nur um eine Knospenspur mit 1 — 2 Blättern in je einem Jahr, keine Seitenproduction, geringe Dicke, wurmförmige Krümmung des Zweiges, jedoch mit kräftiger Gipfelknospe; *d)* auch die Gipfelknospe kümmerlich, endlich absterbend, so dafs zahlreiche Zweige an ihrer Spitze obliterieren. — So bereitet sich der Stillstand, d. h. der Tod des ganzen Baums allmählich vor.

Auch Mohl nimmt einen inneren den Tod des Baums mit der Zeit nothwendigerweise herbeiführenden Grund an. Indem er aber denselben in der mit der Verlängerung des Stammes von Jahr zu Jahr zunehmenden Schwierigkeit, der vegetierenden Spitze die nöthige Menge von Nahrungsstoff zuzuführen, erblickt, fafst er, wie mir scheint, die Sache zu äufserlich auf. Dafs das allmähliche Nachlafsen des Wachsthums einen physiologischen Grund haben mufs, versteht sich von selbst, ich glaube aber nicht, dafs derselbe schon jetzt erkannt zu werden vermag; jedenfalls genügt Mohl's Erklärung nicht, weil zwar die Remission an der Spitze, nicht aber die einzelnen Hemmungen des Wachsthums, welche mit den kräftigen Trieben wechseln, und namentlich nicht der Cyklus des ganzen Wachsthums, welcher ja auch im Allgemeinen mit schwachen Trieben beginnt, insbesondere aber nicht das Erlöschen des Wachsthums in solchen Zweigen, welche, in der unteren Region der Hauptaxe entspringend, dem nahrungspendenden Boden ungleich näher sind als der Gipfeltrieb, aus dem Aufsteigen des Nahrungssaftes bis zu einer beschränkten Höhe erklärt werden kann. — Wir müssen hier so gut wie sonst einstweilen noch auf die physiologische Erklärung der morphologischen Erscheinung verzichten und uns mit der Erkenntnis des empirischen Gesetzes der Gestalt begnügen. Genug, das Ende des Pflanzenlebens ist gesetzmäfsig bedingt durch eine morphologische Erscheinung wie in der einjährigen Pflanze durch die Blüthe, in dem dornförmigen Zweige durch das Verschwinden der Gipfelknospe, so auch beim Baume durch einen nach einem bestimmten Plan geordneten Verlauf des periodischen Wachsthums. Der Tod des Baums ist in der gesammten Entwickelung desselben vorgezeichnet, er erfolgt als der natürliche Schlufs des ganzen Lebenscyklus, also dafs man sein endliches Eintreten auch für die günstigsten Bedingungen in ähnlicher Weise vorhersehen kann, wie der Astronom die Wiederkehr eines Kometen aus der Kenntnis eines Theils der Bahn, wenn auch mit gröfserer Genauigkeit, vorherbestimmt. Dasselbe Gesetz, welches dem Baum und seinen Gliedern ihre individuelle Gestalt verleiht, das Gesetz von der Abnahme des Wachsthums im oberen Verlaufe der Hauptaxe, sowie in den aufeinanderfolgenden Generationen der Verzweigung, ist es auch, welches dem Dasein des Baums eine Grenze setzt.

Der Baum ist kein Korallenriff, dessen abgestorbene Individuen als feste Grundlage neuer Generationen dienen; das Individuum an dem Baum, nämlich jeder einzelne Sprofs, mag er nun, ohne seine Metamorphose zu vollenden, zwischen Niederblatt- und Laubblatt-Bildung ohne Ende fort oscillieren, oder früher oder später durch die Blüthe oder auf eine andere Weise abgeschlofsen werden, jedenfalls bleibt derselbe nicht blofs eine mechanische Stütze neuer Generationen, sondern ein lebendiges Glied des ganzen Organismus, als eines physiologischen Ganzen. Das Dasein jeder Axe hängt ab von dem Leben, d. h. Wachsthum der aus derselben hervorgehenden Axe.

Der Baum gleicht, obgleich der Art des Wachsthums nach

dem Polypenstock ähnlich, in Beziehung auf die Begrenzung des Daseins viel mehr dem höheren Thier mit seiner scharf ausgeprägten Individualität. Es möchte sogar schwer sein, für den Tod des Thiers, welches, abgesehen von Krankheit und äufserer Zerstörung, nach einem inneren Gesetz des Organismus (durch Altersschwäche) erfolgt, dieses Gesetz, d. h. den Zusammenhang des Todes mit dem ganzen Lebenscyklus so klar nachzuweisen, wie wir hierzu bei den Holzgewächsen im Stande sind.

Zweiter Theil.

Die Ordnung in dem Auftreten der Blüthe am Baume.

---

§. 54.

Im Vorhergehenden haben wir uns auf das vegetative Stadium der Baumentwickelung beschränkt und darin eine Ordnung nachzuweisen versucht. An der einfachen Pflanze schreitet die Metamorphose fort zur Blüthenbildung, welche den Gipfel der einfachen Pflanze bildet. In dem Grade, wie sich die Pflanze durch mehrjährige Fortbildung und durch Verzweigung zusammensetzt und als Holzgewächs sich in dieser ihrer Entwickelung fixiert, wächst auch der von Jahr zu Jahr sich erneuernde Reichthum der an diesem zusammengesetzten Gebäude entspringenden Blüthen. Da aber unter den zahllosen Axen des letzteren nur eine gewisse Anzahl zu der Durchführung der Metamorphose bis zur Blüthe und Frucht berufen ist, während die übrigen von Jahr zu Jahr den vegetativen Cyklus ihrer Entwickelung wiederholen, ohne jemals zum Ziel in der Blüthe zu gelangen, — da ferner bei den ersteren dieses Ziel bald im ersten Jahre bald nach einem kürzeren oder längeren Schwanken innerhalb der vegetativen Region erreicht wird, — so eröffnet sich in der Anordnung der Blüthen am Baume und in ihrem successiven Erscheinen im Laufe der Entwickelung desselben ein Gebiet von Erscheinungen, der n Gesetzmäßigkeit sich aus dem in der vegetativen Region herrschenden Plane nicht unmittelbar ergiebt, deshalb eine besondere Untersuchung bedarf. Indem wir im Folgenden einen Beitrag hierzu liefern, sehen wir natürlich von dem Bau der Blüthe selbst vollkommen ab und beschränken uns auf die Betrachtung des Auftretens der Blüthenbildung im Zusammenhang mit der aus der vegetativen Entwickelung hervorgegangenen Baumgestalt, und zwar haben wir hierbei anzuknüpfen an die bereits von uns erkannten Gliederungen, insbesondere an den einfachen Sprofs, die Sprofsfamilie, das Sprofssystem, den ganzen Baum.

Erstes Capitel.

Die Blüthe am einfachen Sprofs*).

§. 55.

Die Blattmetamorphose am blühenden Sprofs.

Entweder gelangt der Sprofs bereits im ersten Jahr oder erst nach zwei oder mehreren Jahren zur Blüthe.

Im ersten Fall kommt nächst dem Entwickelungsgrade des Jahrestriebes vor Allem die mehr oder weniger vollständige Durchlaufung der Blattmetamorphose vor der Blüthe in Betracht. Denn von den drei Formationen des Blattes, in welchen sich die Metamorphose der vegetativen Region vollendet, Niederblatt, Laubblatt und Hochblatt, sind entweder alle drei, oder nur zwei derselben, oder nur eine oder gar keine vertreten, und zwar kommen hier alle möglichen Fälle vor; — oder der Sprofs trägt unmittelbar die Blüthe. Die Niederblätter erscheinen auch hier in den Winterknospenschuppen, also nur in denjenigen Fällen, wo der blühende Sprofs in einem Jahr als Knospe angelegt, im folgenden Jahr zur Entwickelung kommt, d. h. wo er einen selbständigen Jahrestrieb darstellt, z. B. bei unseren Obstbäumen, — wogegen in anderen Fällen, wo der blühende Sprofs in demselben Jahr

---

*) Die vorliegende Darstellung reiht sich an die Lehre vom Jahrestrieb (Cap. III, S. 34 ff.) und vom einfachen Sprofs (Cap. IV, S. 64 ff).

zur Entwickelung kommt, in welchem sich die Mutteraxe desselben entwickelt, und daher mit seiner Mutteraxe gleichsam zu einem Jahrestriebe gehört, z. B. bei der *Buche, Eiche*, mit der winterlichen Einhüllung auch die ganze Formation des Niederblattes wegfällt.

Ein anderer Unterschied beruht in dem Vorhandensein oder Fehlen der Laubblatt-Formation, ein Unterschied, welcher in der beschreibenden Botanik besonders hervorgehoben zu werden pflegt, indem man diejenige Blüthe, welche von einem mit Laubblättern besetzten und mehr oder weniger gestreckten Sprofs getragen wird, als „end- oder gipfelständig", z. B. bei der *Rose, Rofskastanie*, diejenige aber, welcher jene Formation nicht vorangeht, welche vielmehr auf einer verkürzten unbelaubten Axe sitzt, als „seitenständig" an ihrer Mutteraxe bezeichnet, z. B. bei der *Buche, Eiche, Linde, Heidelbeere*.

Endlich die Hochblattformation tritt an dem blühenden Sprofs auf in der Gestalt von Deckblättchen, also bei denjenigen Pflanzen, wo der Sprofs sich oben in mehrere Blüthen verzweigt, und so gleichsam eine zusammengesetzte Blüthe, eine Blüthe im weiteren Sinne trägt. Wir betrachten im Folgenden jedes Köpfchen, Dolde, Aehre, Traube, Rispe u. s. w., kurz jeden echten Blüthenstand wie eine einzige Blüthe, und deuten den Unterschied, ob wir eine einzelne Blüthe oder einen Blüthenstand vor uns haben, nur durch das Fehlen oder Vorhandensein von Hochblättern an, wobei wir absehen sowohl von der mehr oder weniger, wenn auch noch so undeutlich, entwickelten Form der Deckblätter als auch von dem Vorhandensein oder Fehlen einer wahren Gipfelblüthe.

Hierauf können wir folgende Uebersicht der bekanntesten Holzgewächse in Beziehung auf die Metamorphose des einjährigen blühenden Sprofses aufstellen, welche, obgleich nicht vollständig, doch zugleich ein Bild von der relativen Häufigkeit der verschiedenen Fälle darbietet.

§. 56.

Uebersicht der Beispiele.

1. Laubblätter vorhanden, d. h. Blüthe gipfelständig.

a. Niederblätter (Knospenschuppen) vorhanden, d. h. der blühende Sprofs ein selbständiger Jahrestrieb oder mehrjährig.

α. Hochblätter vorhanden, d. h. Blüthe in Form eines Blüthenstandes.

Lärche. Der weibliche Zapfen endständig an einem beblätterten Stauchling, wie es scheint, stets erst im zweiten Jahre entspringend, ebenso die weibliche Blüthe, welche jedoch weder von Hochblättern noch von Nadeln begleitet ist.

Lebensbaum. Weibliche Zapfen endständig auf beblätterten längeren oder kürzeren (ein- oder mehrjährigen) Axen.

Mistel. Die Blüthe tritt auf zwei verschiedene Weise in der vegetativen Region auf; entweder am Ende einer im vorigen Jahr entwickelten einjährigen Axe (Tab. II, Fig. 7. 8 *Fl*); die Metamorphose des Blattes wird also vollständig, aber in der einfachsten Weise durchlaufen: 1) ein Paar dünnhäutige schuppenförmige Niederblätter am Grund der Axe; 2) ein Paar Laubblätter; 3) 2 Hochblätter, (*dd*) in deren Achseln je eine kleinere Blüthe (*fl*) entspringt, während die Axe selbst in einer gröfseren (*Fl*) endigt (also ein Blüthenstand). Männliche (Fig. 7) und weibliche (Fig. 8) Blüthe verhalten sich in dieser Beziehung gleich, mit dem Unterschied, dafs der endständigen weiblichen Blüthe noch ein Paar schuppenförmige Hochblätter (Vorblätter, *ee*) am Grund des unterständigen Ovariums vorangehen. Die Blüthe selbst besteht in beiden Fällen aus einem Perigon von 4 Klappen, deren innere Fläche in der männlichen Blüthe je als ein Antherenfach ausgebildet ist, während in der weiblichen das Perigon die stumpfe Narbe umschliefst. In anderen Fällen, wo die Axe rein abschliefst, und aus den Achseln der beiden Laubblätter Zweige entspringen, von denen jeder in den Achseln der beiden basilären Niederblätter eine Knospe erzeugt, welche demnach in einer auf die Verzweigungsebene senkrechten Linie neben ihrer Mutteraxe sitzen, kommt es mitunter vor, dafs alle oder einzelne dieser basilären Knospen (Tab. II, Fig. 9) als Blüthen entwickelt sind, welche also in diesem Fall seitenständig erscheinen.

Hainbuche. Das weibliche, zuweilen auch das männliche Kätzchen entspringt an der Spitze eines wenig entwickelten aber belaubten diefsjährigen oder zweijährigen Sprofses.

Hasel. Männlicher und weiblicher Blüthenstand zum Theil endständig an einer entwickelten Laubaxe. (Vergl. unten.)

Birke. 1 — 3 männliche Kätzchen beschliefsen die ein- oder mehrjährige Niederblätter (als Knospenschuppen) und Laubblätter tragende Axe. Ebenso die weiblichen Kätzchen, nur dafs hier die Laubaxe nicht gestreckt ist; überdiefs verhält sich dieselbe gegen die erstere als secundär.

Erle. Blüthenstand zum Theil vollständig an einer entwickelten Laubaxe.

Ulme. Der Blüthenstand zuweilen, besonders an schwach entwickelten ein- oder mehrjährige Axen, terminal, alsdann aber einem eigenen Jahrestriebe entsprechend, d. h. ohne gleichzeitig vorhandene Laubblätter; — häufiger lateral. (Vergl. unten.).

Weide. Blühender Sprofs aus e in e m Jahrestriebe, mehr oder weniger unentwickelt; Niederblattbildung: e in e Winterschuppe an der Basis, — Laubblätter je nach dem Entwickelungsgrad der Axe mehr oder weniger zurücktretend, — Hochblätter als Kätzchenschuppen.

Platane. Am Ende der belaubten Axe der langgestielte mehrköpfige Blüthenstand, mit dem letzten Jahrestriebe in einem und demselben Jahre entwickelt.

Hollunder. Die Trugdolde endständig auf einem entwickelten, mehrere Laubblätter tragenden Sprofs.

Rother Hornstrauch (Cornus sanguinea). Eine gestielte Cyma als Ende eines entwickelten Jahrestriebes; dieselbe stirbt nach der Reife bis an die der obersten Laubblätter, aus deren Achseln Seitentriebe entspringen, ab. — *Cornus mascula* vergl. unten.

Syrene. Der blühende Sprofs in der Regel aus nur e in e m (zuweilen auch zwei) Jahrestriebe bestehend; derselbe trägt Niederblätter (als basiläre Knospenschuppen), sodann ein oder mehrere Paare kleiner, zum Theil aus der opponierten Stellung verschobener Laubblätter und Hochblätter als Deckblätter an dem endständigen Blüthenstraufs.

Ligusterstrauch. Der blühende Sprofs aus 1 oder mehreren Jahrestrieben bestehend, deren letzter aufser den basilären Niederblättern 3 bis 5 Paare Laubblätter trägt und in einem terminalen Blüthenstand endigt.

Sauerdorn (Berberis vulgaris). Der Blüthentrieb ist gewöhnlich eine einjährige verkürzte Axe mit Niederblättern an der Basis, einer Rosette von Laubblättern, aus deren Mitte die Blüthentraube mit den Hochblättern entspringt. Zuweilen endigt auch die mehrjährige Hauptaxe in einem Blüthenstand.

Waldrebe (Clematis Vitalba). Der Blüthenstand endständig an den entwickelten Laubaxen.

Pfeifenstrauch (Philadelphus coron.). Der einjährige Blüthentrieb besteht 1) aus einem kurzen (sterilen) Stengelglied mit opponierten Laubblättern; 2) einem $\frac{1}{2} - \frac{3}{4}''$ langen Stengelglied mit Laubblättern (mit Axillarknospen); 3) einem $1\frac{1}{4}''$ langen Glied mit Laubblättern, in deren Winkeln Knospen oder zuweilen Blüthen entspringen; 4) an der fortgesetzten Axe ein Paar Hochblätter mit je einer Blüthe, — und schliefst endlich mit einer terminalen Blüthe (also ein terminaler dreiblüthiger Blüthenstand).

Geisblatt (Lonicera Caprifolium). Blüthensprofs mit ungefähr 3 Paaren Laubblätter mit Axillarknospen, die obersten an der Basis verwachsen, — darauf folgen einige sehr genährte Paare Hochblätter, ebenfalls verwachsen, die obersten verschwindend klein, aus dem Winkel eines jeden entspringen 3 nebeneinander stehende Blüthen; das Ganze bildet ein die Axe begrenzendes Köpfchen. Bei *L. Periclymenum* ebenso, die Hochblätter fast verschwindend, das Köpfchen dichter.

Weinrebe. Hierher gehört nur der unterste Sprofs der Rebe, weil nur dieser am Grunde Niederblätter trägt, worauf 3 bis 8 Laubblätter und endlich in dem terminalen Blüthenstand die Hochblätter folgen, während die übrigen Sprofse der Rebe der Niederblattbildung entbehren.

Roskastanie. Der blühende Jahrestrieb trägt aufser den Knospenschuppen 2 bis 3 Paar Laubblätter und endigt in einem Blüthenstand. Der einzelne Sprofs gelangt in der Regel schon in seinem ersten Jahre zur Blüthe. Derselbe ist entweder kräftig entwickelt oder gestaucht; durch seitliche Fortbildung aus beiden obersten Blattwinkeln entsteht dichotomische Verzweigung, durch Entwickelung nur eines Seitensprofses die der einfachen Axe ähnliche Sympodienbildung, insbesondere (bei verkürzten Jahrestrieben und regelmäfsig alle 1 oder 2 Jahr wiederkehrender Blüthenbildung) jene oben betrachtete eigenthümliche Modification von Sympodium.

Ahorn (A. platanoides). Die Blüthe erscheint am Gipfel bald von Kraftsprofsen bald von Stauchlingen, nach ein- oder gewöhnlich mehrjährigem Wachsthum. Der letzte Jahrestrieb zeigt folgende Blattmetamorphose · a) mehrere Paare Niederblätter, wie sie oben beim vegetativen Jahrestriebe beschrieben wurden, b) 2 Paare Laubblätter (deren Axillarknospen zum Theil in demselben Jahre zur Entwickelung kommen); c) die Hochblätter (Deckblätter) an der endständigen Cyma, innerhalb welcher die Hauptaxe selbst mit terminaler Blüthe schliefst.

Apfel- und Birnbaum. Die Blüthenbildung ist in der Regel an die Stauchlinge gebunden und tritt bald im ersten Jahre (in welchem Fall der Sprofs abstirbt oder sich verzweigt), bald erst nach 2 oder mehreren Jahren auf, zuweilen auch endständig an entwickelten Axen, jedoch, wie es scheint, erst nach ein- oder zweimaliger Stockung in deren Wachsthum. Der blühende Jahrestrieb selbst trägt aufser den basilären Niederblättern einige Laubblätter und endigt in einer Dolde.

Weifsdorn. Der blühende Sprofs wenig (bis 1½″) entwickelt, einjährig, aufser den basilären Niederblättern einige Laubblätter und eine terminale Cyma tragend.

Rose (z. B. R. centifolia, lutea, pimpinellaefolia). Blüthenprofs, einjährig, trägt Niederblätter, ungefähr 5 Laubblätter, welche durch Verschwinden der Lamina allmählich in die Hochblätter des Blüthenstandes übergehen. Bei *R. centifolia* kommen auch (in den obersten Blattwinkeln) einzelne Blüthen ohne vegetative Axe vor.

Traubenkirsche (Prunus Padus und Pr. Mahaleb). Blüthenzweig einjährig, am Grunde aufser den Knospenschuppen einige Laubblätter in einer Traube endigend.

Sauerkirsche. Blüthenzweig einjährig, verkürzt, am Grunde Knospenschuppen, einige kleine Laubblätter und einen doldenartigen Blüthenstand tragend. Bei der *Süfskirsche* gehen die Laubblätter durch Verschwinden der Lamina und Ueberwiegen des Stipulartheils in Hochblätter über, welche eine Hülle bilden.

Brombeerstrauch (*Rubus fruticosus*). Blüthensprofs einjährig, am Grunde Knospenschuppen, mehrere Laubblätter und in eine **Cyma** endigend.

β. Keine Hochblätter, die Blüthe einzeln, nicht im Blüthenstand.

Lebensbaum. Der männliche Blüthensprofs.

Quitte. Der blühende Sprofs einjährig, mit Laubblättern besetzt, in einer
einzelnen Blüthe endigend.

Spartium Scoparium. Die Blüthe entspringt einzeln auf nacktem oder am
Grunde mit einigen kleinen Laubblättern besetzten Stiel aus der Winterknospe,
gewöhnlich von einem Laubtriebe begleitet, welcher wie ein accessorischer Trieb
erscheint, wahrscheinlich aber aus der Achsel des untersten Niederblattes am
Grunde des Blüthenstiels entspringt.

b. Keine Niederblätter, der blühende Sprofs entwickelt sich in gleichem Jahre wie dessen Mutteraxe.

α. Laubblätter und Hochblätter, d. h. ein terminaler Blüthenstand.

Hierher gehören die theils in vollkommnen, theils in sterilen Blüthenständen (Ranken) endigenden Sprofse der zweiten und aller folgenden Generationen
an einer Rebe des *Weinstocks* (Vergl. oben §. 37.), viele Blüthensprofse am *Brombeerstrauch*, — ferner der *Ginster* (*Genista tinctoria*), dessen Blüthensprofse am
unteren Theil leere Blätter, aus den Winkeln der oberen kleiner werdenden Blätter je eine blüthen, wobei die Axe des Blüthenstandes abbricht.

β. Nackter Blüthenstiel mit einzelner Blüthe.

Bei der *Heide* (*Calluna vulg.*) ist der Blüthenstiel bald mit einem oder mehr
Paar Laubblättern besetzt, bald nackt; — aufserdem ist mir kein Beispiel bekannt.

2. Keine Laubblätter am blühenden Sprofs, d. h.
die Blüthe seitenständig.

a. Niederblätter (Knospenschuppen) vorhanden, d. h.
der blühende Sprofs ein selbständiger Jahrestrieb.

α. Hochblätter vorhanden, d. h. ein unbelaubter Blüthenstand an einer vorjährigen Axe entspringend.

Kiefer und *Rothtanne.* Der weibliche Zapfen.

Wachholder. Männlicher und weiblicher Blüthenstand aus den Blattwinkeln der zweijährigen Triebe, am Grunde von grünen Schuppen (Niederblättern) umgeben.

Hainbuche. Das männliche Kätzchen gewöhnlich auf nacktem Stiel an einer vorjährigen Axe entspringend.

Pappel (P. pyramidalis, tremula u. s. w.). Die nackten Kätzchen am Grunde mit Knospenschuppen, stets seitenständig.

Ulme. Doldenartiger Blüthenstand meistens ungestielt seitlich aus einer vorjährigen Axe, zuweilen auch endständig an derselben entspringend.

Esche. Der Blüthenstand seitenständig, nackt, am Grunde mit Winterschuppen.

Kornelkirsche (Cornus mascula). Der diefsjährige Blüthentrieb trägt an seinen sämmtlich unentwickelten Stengelgliedern *a)* 2 kleine stumpfe (ausnahmsweise lanzettliche) Schuppen (Niederblätter); *b)* 2 lanzettförmige gröfsere Hochblätter, aus deren Achseln im folgenden Jahre entweder wiederum Blüthen oder Laubtriebe entspringen; *c)* 2 miteinander alternierende Paar breiter gewölbter Hochblätter als Hülle um den endständigen doldenförmigen Blüthenstand. — Entweder entwickelt sich der hier beschriebene Blüthentrieb gleich im ersten Jahre aus den Seitenknospen der Mutteraxe, — oder es entsteht im ersten Jahre ein Trieb aus einem kurzen Fufsglied (mit Niederblättern) und 1 oder 2 gestreckten Laubblattgliedern und setzt sich erst im folgenden Jahre als der oben beschriebene Blüthentrieb fort, und gehört demnach alsdann unter den ersten Fall (S. 179).

Der *Spindelbaum (Evonymus europaeus)* gehört hierher in den Fällen, wo der Blüthenstiel verzweigt ist.

β. Keine Hochblätter, einzelne nackte Blüthe seitlich an der vorjährigen Axe entspringend,

Von der *Lärche* gehört die männliche Blüthe insofern hierher, als ihre Axe der Hochblätter und gleichzeitiger Laubblätter entbehrt; insofern die Blüthe jedoch an der Spitze der Stauchlinge gewöhnlich erst im zweiten Jahr auftritt, kann man sie auch als endständig betrachten. (Vergl. oben S. 178.)

Kiefer und *Rothtanne.* Die männliche Blüthe (sogenanntes Kätzchen) aus einer Winterknospe seitlich an den vorjährigen Trieben entspringend.

Zwetsche und *Pflaume.* Die Blüthen entspringen meistens paarweise (also eigentlich als zweigliedrige Dolde aber ohne Hochblätter), bei der *Schlehe* in der Regel einzeln aus einer Winterknospe, ebenso bei der *Aprikose* und *Mandel.*
Man beachte das innerhalb der Gattung *Prunus* von der Untergattung *Padus (Padus* und *Mahaleb* mit gestrecktem belaubten Stiel des doldenförmigen Blüthenstandes) durch die Untergattung *Cerasus (Sauerkirsche* mit kleinen Laubblättern

und *Süfskirsche* mit Hochblättern an dem verkürzten Stiel) bis zu den *Pruni* *genuinis* (*Zwetsche*, *Pflaume*, *Schlehe* mit ganz verschiedener Axe ohne Laub- und Hochblätter) fortschreitende Zurücktreten der vegetativen Region und die gleichzeitige Verminderung der Blüthenzahl an der Axe von der reichblüthigen Traube bei *Pr. Padus* bis zu der einzelnen Blüthe von *Pr. spinosa.*

Spartium Scoparium, zum Theil, vergl. S. 181.

Endlich gehört hierher der *Spindelbaum*, insofern der an der vorjährigen Axe entspringende Blüthenstiel nur einblüthig ist.

b. **Keine Niederblätter, die Blüthen entwickeln sich auf nacktem Stiel gleichzeitig mit ihrer Mutteraxe.**

α. **Hochblätter vorhanden, der Stiel trägt einen Blüthen-stand.**

Buche. Männlicher und weiblicher Blüthenstand aus dem Blattwinkel der diefsjährigen Triebe.

Kustanie. Die Blüthenstände, nämlich eine gestreckte Spindel, an welcher bald nur männliche Blüthen in getrennten Büscheln, bald zugleich unter 1 oder 2 weibliche Blüthenköpfchen, bald nur eins der letzteren sitzt, entspringt aus den Blattwinkeln der diefsjährigen Triebe, — zuweilen auch endständig an der Spitze einer vegetativen Axe. Uebergänge zwischen beiden Fällen vergl. unten S. 187.

Eiche. Männliche und weibliche Kätzchen seitlich an den diefsjährigen Trieben.

Hainbuche. Die männlichen Kätzchen gewöhnlich nackt, seitenständig an der diefsjährigen Axe (Vergl. oben S. 182.).

Hasel. Der Blüthenstand, meistens seitenständig (der männliche bestehend aus einer verzweigten, mehrere Kätzchen tragenden Axe), ist bereits in dem Herbst des Jahres, in welchem die Mutteraxe sich entwickelt, fertig ausgebildet, die Kätzchen entfalten sich jedoch erst im Frühjahr des folgenden Jahres. Zuweilen gelangt ein (alsdann verkürzt bleibender) Sprofs erst nach dem ersten Jahr zur Blüthe.

Erle. Blüthenstand androgynisch oder getrennten Geschlechts, gewöhnlich mehrere Kätzchen tragend, bald seitenständig, bald endständig an einer vegetativen Axe. Wo an einem verzweigten Blüthenstand beide Geschlechter vereinigt sind, tragen die unteren Zweige desselben stets die weiblichen, die obersten die männlichen Kätzchen.

Stachelbeere. Aus den Winkeln der Laubblätter der Stauchlinge entspringt je ein Blüthenstiel, welcher, in der Regel mit 1 — 3 Hochblättern besetzt, 1—3 Blüthen trägt. *Johannisbeere:* traubenförmger Blüthenstand.

Linde. Eine arm- (*T. grandifolia*) oder reichblüthige (*T. parvifolia*) Trugdolde, am Stiel ein grofses zungenförmiges Hochblatt tragend, entwickelt sich seitlich aus den Laubtrieben und zwar ein Jahr vor der Ausbildung der letzteren in dem Winkel der untersten Knospenschuppe.

Robinia Pseudacacia. Blüthentraube aus den Blattwinkeln der diefsjährigen Triebe.

β. Keine Hochblätter, einzelne Blüthe mit nacktem Stiel aus den Blattwinkeln der diefsjährigen Triebe.

Mistel. Die als Blüthen am Grunde der vegetativen Axen auftretenden Blüthen. (Vergl. oben S. 178).

Heidelbeere,

Heide, zum Theil (Vergl. oben S. 181).

Faulbaum (Rhamnus Frangula). Blüthen theils einzeln, theils in ungestielten deckblattlosen doldenartigen Büscheln aus den diefsjährigen Trieben.

Pfeifenstrauch, zum Theil (Vergl. oben S. 179).

Die vorstehende Zusammenstellung hat uns eine grofse Mannigfaltigkeit in dem Grade von Vollständigkeit, womit an dem einfachen Blüthensprofs die vegetative Region die verschiedenen Stufen der Metamorphose durchläuft, eröffnet. Die vollkommenste Form zeigt derjenige Sprofs, welcher die rein vegetativen Stufen der Nieder- und Laubblätter einmal oder mehrmal in ein oder mehreren Jahrgängen wiederholt und das letzte Mal den Cyklus durch Erzeugung eines endständigen Blüthenstandes mit der Hochblattformation vervollständigt hat, — wogegen die einfache aus dem Blattwinkel einer diefsjährigen Axe entspringende Blüthe den Blüthensprofs in der einfachsten Form durch gänzliches Ueberspringen der vegetativen Region darstellt.

§. 57.

Formation des Mutterblattes des blühenden Sprofses.

Nehmen wir aufser den Blättergebilden des Blüthensprofses selbst auch noch Rücksicht auf die Formation des Mutterblattes, aus dessen Achsel die oben bezeichneten verschiedenen Formen des Blüthensprofses entspringen, so finden wir, dafs die einzelne nackte Blüthe vorzugsweise aus einem entwickelten oder mehr oder weniger rudimentären Hochblatt, seltener (z. B. *Tanne, Eibe, Wachholder* ( ), *Mistel, Heide, Heidelbeere, Stachelbeere, Pfeifenstrauch, Faulbaum, Spindelbaum, Mandel* u. s. w.) aus einem Laubblatt, oder noch seltener (z. B. *Kiefer, Faulbaum, Spindelbaum, Mandel*) aus einem Niederblatt, — der nackte Blüthenstand meistens aus einem Laubblatt, seltener (z. B. *Eiche, Buche, Linde, Faulbaum*) aus einem Niederblatt, — der belaubte Blüthenprofs dagegen nur aus einem Laubblatt entspringt.

Zweites Capitel.

Die Blüthenordnung an der verzweigten Axe.

Wir gehen auf dem Wege, welchen wir für den Aufbau der vegetativen Sphäre des Baums gefunden haben, weiter zu der Betrachtung, wie sich die höhere Metamorphose in der Blüthenbildung an eine verzweigte Axe anknüpft, — nämlich inwiefern sich sowohl an einem einzelnen Jahrestriebe einer vegetativen Axe, dessen Seitensprofse sämmtlich oder zum Theil als Blüthensprofse auftreten, in der Reihe der letzteren eine gesetzmäfsige Anordnung offenbart, als auch ob und in welcher Weise auch unter den einem mehr als einjährigen Sprofsystem angehörenden Blüthen ein Gesetz der Anordnung herrscht. Und zwar wollen wir dieser Betrachtung eine Reihe von einzelnen Fällen voranschicken.

A. *Betrachtung einzelner Fälle.*

§. 58.

Rothtanne. Männliche Blüthen entspringen gewöhnlich mehrere an dem Jahrestriebe zerstreut aus den Blattwinkeln ohne coordinierte Laubsprofse; —

der **w ei b l i c h e** Blüthenstand, 1 oder 2, steht seitlich, dicht unterhalb der Spitze, welche dadurch also nicht geschlofsen wird. Beide Geschlechter scheinen nicht an einem Jahrestriebe nebeneinander vorzukommen, wohl aber männlich blühende Zweige und weiblich blühende coordiniert an einer gemeinschaftlichen Mutteraxe, jedoch an verschiedenen Jahrestrieben derselben.

Bei der *Edeltanne* entspringt der weibliche Zapfen etwas weiter von der Spitze entfernt und näher an derselben die Laubsprofse.

Kiefer. Aus den unteren Schuppenblättern des Jahrestriebes entspringen die männlichen Blüthen, als ein breiter Gürtel (sogen. zusammengesetztes Kätzchen) die Axe umgebend, während in den oberen Achseln Nadelbüschel sitzen. — Die weiblichen Zapfen entspringen meistens je zwei aus den obersten Blattwinkeln des Jahrestriebes, während alle übrigen Seitensprofsen Nadelbündel sind. Der Gipfel treibt im nächsten Jahre fort. Beiderlei Blüthen gehören also demselben Jahre an wie die erzeugenden Axen, während bei der *Tanne* (*Abies*) die Blüthenstände erst im Frühjahr des folgenden Jahres zur Entfaltung kommen.

Lärche. Männliche und weibliche Blüthensprofse, sowie reine Laubtriebe, d. h. Nadelbüschel (nicht aber gleichzeitig Kraftsprofse) wechseln längs eines Jahrestriebes ohne Ordnung, doch scheinen die weiblichen im Ganzen mehr der oberen Region anzugehören. Die dreierlei Sprofse werden im ersten Jahre der Axe als Winterknospen angelegt.

Wachholder. Die unteren Blattwinkel leer, die Blüthensprofse vorzugsweise aus den mittleren, Laubtriebe aus den oberen.

Eibe (*Taxus baccata*). Männliche Blüthen vorzugsweise in den unteren Blattwinkeln, die Laubtriebe in den oberen. Gewisse Axen verzweigen sich nur durch Laubsprofse (diese Generation rein vegetativ); von den letzteren tragen je die unteren eines Jahrestriebes männliche Blüthen in sämmtlichen Blattwinkeln, die oberen (kräftigeren) Sprofse dieser Sprofsfamilie aber nur in den unteren Blattwinkeln Blüthen, in den oberen Laubsprofse. Die Spitze der primären Axe entwickelt sich kräftig fort und verzweigt sich weiter. — Nach einer gewissen Zahl von Generationen ist die Metamorphose des ganzen Baums so fortgeschritten, dafs auch die kräftigsten (obersten) Sprofse eines Jahrestriebes der ganzen Länge nach bis oben hin Blüthen erzeugen, wodurch dann zugleich die terminale Fortbildung derselben mehr oder weniger abgeschlofsen wird. Der Unterschied zwischen den Seitensprofsen eines Jahrestriebes ist demnach derselbe wie der zwischen den Axen einer früheren und späteren Generation. Die oberen Sprofse verhalten sich mehr der Hauptaxe ähnlich (vegetativ), die unteren mehr wie die späteren Generationen (reproductiv). Die Disposition zur Blüthenbildung beginnt an dem einzelnen diefsjährigen Jahrestriebe in den unteren Blattwinkeln und greift von da aus bei manchen Axen über die ganze Länge des Triebes um sich; und dieselbe Richtung der fortschreitenden Metamorphose zeigt sich zwischen den Laubsprofsen zweiter Generation eines rein vegetativen Jahrestriebes; die untersten sind am leichtesten geneigt, reichliche Blüthen zu erzeugen, während die obersten den vegetativen Charakter am festesten halten.

Lebensbaum (*Thuja occidentalis*). Häufig endigen sämmtliche Sprofse eines einmal oder mehrmal (oft fünfmal) verzweigten Systems in Blüthen; ♀ und ☿ sind in der Weise vertheilt, dafs es bald ein Zweig aus 2, bald aus mehreren (bis 5) Generationen ist, dessen coordinierte Glieder sich in die zwei Geschlechter theilen, so dafs bald einfache ♀ Blüthensprofse neben einfachen ☿, bald mehrfach verästelte Systeme, deren Axenenden nur ♀ Blüthen tragen neben solchen, deren Axenenden nur ☿ tragen, auftreten. Und zwar gilt, wenn auch nicht durchgreifend, doch vorherrschend die Ordnung, dafs unter den an einer gemeinschaftlichen Axe coordinierten Gliedern, welche, mögen sie einfach oder verzweigt sein, getrennten Geschlechts sind, die männlichen vorzugsweise die untere, die weiblichen die obere Region einnehmen.

Buche. Ein Jahrestrieb trägt in seinen Blattwinkeln bald nur männliche Kätzchen (der häufigste Fall), bald nur weibliche (am seltensten), bald beide zugleich; alsdann gehören die männlichen stets den unteren, die weiblichen den oberen Blattwinkeln an. Die männlichen sind stets in der Mehrzahl (bis zu 6) vorhanden; die untersten derselben entspringen oft aus den Achseln der Niederblätter, selten erzeugt das nächstoberste Blatt ein männliches Kätzchen; die weiblichen in der Regel nur einzelne, seltener je zwei und wohl nur ausnahmsweise drei an einem Trieb, und zwar vorzugsweise den oberen Blattwinkeln, besonders dem vorletzten, seltener auch dem vorhergehenden entspringend. Der Jahrestrieb, wenn er Blüthen trägt, ist gewöhnlich wenig entwickelt, mit 3 — 6 Blättern, welche sämmtlich, ausgenommen das oberste, in ihren Achseln Blüthen erzeugen. — Sprofssysteme von 4 — 5 Generationen tragen oft an sämmtlichen Endtrieben Blüthen. Ein Gesetz der Anordnung läfst sich nicht erkennen; rein weibliche und rein männliche, gemischt männliche und weibliche und rein vegetative Triebe wechseln ohne Ordnung.

Kastanie. Wie in dem Sprofsvermögen (vergl. S. 56), so herrscht auch in der Blüthenbildung am einzelnen Jahrestriebe keine so bestimmte Ordnung wie gewöhnlich, insbesondere nicht der Fortschritt von unten nach oben. Gewöhnlich tragen die (etwa 3) untersten Blattwinkel keine oder nur schwache Knospen, — dann folgen einige männliche Kätzchen, — dann einige aus langen Stengelgliedern entspringende kräftige Laubknospen, ferner oben noch ein oder einige männliche Kätzchen und am Ende noch mehrere Laubknospen; — oder alle Blattwinkel, zuweilen auch der Gipfel, tragen Kätzchen. Zuweilen ist auch die Reihe der Laubblätter durch einige Hochblätter unterbrochen, aus denen die Kätzchen entspringen, oder es treten, besonders wo alle Axillarbildungen Kätzchen sind, sämmtliche Blätter des Jahrestriebes als Deckblätter auf: der Trieb ist ein echter Blüthenstand. Stets sind unverhältnismäfsig mehr männliche als weibliche Blüthen vorhanden; die letzteren gewöhnlich an den untersten Gliedern eines gemischten (androgynischen) Kätzchens. Diese gemischten Kätzchen stehen immer am höchsten am Jahrestriebe, gewöhnlich von den unteren, männlichen, durch ein Paar Laubknospen getrennt. — Die Kätzchen entwickeln sich wie bei der *Buche* im gleichen Jahre wie die Mutteraxen. Im folgenden Jahre (also an einem Sprofssysteme) sind die Kätzchen abgefallen, glatte Narben hinterlafsend; von den Laubknospen desselben Jahrestiebes entwickeln sich die unteren vegetativen Laubtriebe, die oberen als Laubtriebe mit seitlichen Blüthenkätzchen.

Eiche. Aus den Winkeln der untersten Laubblätter des Jahrestriebes oder häufiger aus denen der Knospendecken, also am Grunde des diesjährigen Triebes entspringen die männlichen Kätzchen; oft entspringen ein oder mehrere dieser Kätzchen unmittelbar aus der Winterknospe, ohne daſs dieselbe sich als Laubtrieb entwickelt. Die weiblichen Blüthenstände gehören den obersten Blattwinkeln des Triebes an.

Hainbuche. Die einem Jahrestrieb der Mutteraxe angehörigen Blüthensprofse (mögen sie nun im zweiten Jahr oder später zur Blüthe gelangen) zeigen untereinander, sowie im Verhältnis zu den coordinierten Laubsprofsen folgende Anordnung von unten nach oben: männliche, weibliche, Laub-Triebe. Zuweilen sind sie sämmtlich weiblich (oft mehrere), zuweilen nur männlich (nur einer), zuweilen trägt ein Jahrestrieb gar keine Laubsprofse.

An einem gröfseren, z. B. aus 5. Generationen bestehenden Sprofssystem ist die Hauptaxe rein vegetativ, von den Axen zweiter Generation erzeugen nur die schwächeren Blüthen, und noch mehr steigert sich die Disposition zur Blüthenbildung bei der dritten, vierten und fünften Generation.

Hasel. In der Zahl und Anordnung der männlichen und weiblichen Blüthenstände und der Laubknospen, welche einem Jahrestrieb theils seitlich, theils endständig entspringen, herrscht die gröfste Mannigfaltigkeit, wie man aus folgender Zusammenstellung von 8 zufällig herausgegriffenen Fällen sieht.

Reihe der beobachteten einjährigen Triebe.	Reihe der Seitensprofse an dem Jahrestriebe mit Angabe ihrer Natur als ♀, ☿ oder Laubblätter (L)								Gipfel des Triebes.
	1	2	3	4	5	6	7	8	
I	L	L	♀	.	.	.	.	.	☿ u. L
II	L	L	L	L	☿ u. L	♀	L	L	L
III	L	L	L	☿	♀	L	.	.	L
IV	L	♀	☿	☿	☿				L
V	L	.	.	.	.	.	.	.	☿
VI	☿	☿	.	.	.	.	.	.	♀
VII	L	♀	☿	☿	♀	L	♀	.	♀
VIII	L	L	L	☿	.	.	.	.	♀

Birke. Der vorjährige Jahrestrieb endigt in einem männlichen Kätzchen welches sich im Frühjahr des zweiten Jahres entfaltet, oder in einem aus 2—3 Kätzchen bestehenden Blüthenstand. Die im zweiten Jahr aus den Seitenknospen entspringenden Sprofse sind theils Laub-, theils (1—2) weibliche Blüthensprofse. Ein Gesetz der Anordnung fehlt; bald sind die Blüthensprofse die untersten, bald die obersten Glieder in der Reihe. In anderen Fällen fehlen die weiblichen Kätzchen ganz an dem männlich endigenden Trieb, während umgekehrt an anderen Jahrestrieben nur weibliche Seitensprofse ohne männliche Endsprofse vorhanden sind.

Ulme (*U. campestris* und *U. effusa*). Die untersten Knospen eines Jahrestriebes bleiben unentwickelt, die mittleren = Blüthenkätzchen (im folgenden Frühjahr entfaltet), die obersten entwickeln sich meistens als Laubtriebe, und erzeugen alsdann entweder seiten- oder auch endständige Kätzchen, am schwächsten ist die Disposition zur Blüthenbildung in dem Gipfel des Triebes, diese tritt erst bei erlöschendem Längenwachsthum auf, wie z. B, an einem nur ¼′ langen dreijährigen Zweig nicht nur alle secundären Sprofse, sondern auch die Hauptaxe mit Blüthenkätzchen schliefsen; ebenso nimmt mit steigender Generationszahl die Disposition zum Blühen zu, in demselben Verhältnis, wie hier das Längenwachsthum abnimmt; und dem entsprechend steigert sich dieselbe auch in einer und derselben Generation in den aufeinanderfolgenden Jahrestrieben. So tragen z. B. an Zweigen von 4 Sprofsgenerationen die Axen der zweiten Generation im ersten Jahr ebenso wie die Hauptaxe durchweg weder seiten- noch endständige Blüthen, an den späteren Jahrestrieben der Axen zweiter Generation dagegen und besonders an den entwickelten Jahrestrieben der dritten Generation treten die unteren Knospen als r e i n e Blüthenkätzchen auf, während die oberen derselben sich zu Sprofsen vierter Generation entwickeln und entweder nur seitlich oder auch endständig Blüthenbüschel tragen.

Weide. An einem Jahrestriebe, welcher im folgenden Jahre aus seinen Blattwinkeln Blüthensprofse erzeugt, bilden die letzteren die Mehrzahl unter sämmtlichen Seitentrieben; von welchen gewöhnlich nur die untersten und die obersten oder auch einzelne zwischen der Reihe der Blüthensprofse Laubtriebe sind.

Aspe. An schwach entwickelten Jahrestrieben erscheinen sämmtliche Knospen im nächsten Frühling als Blüthenkätzchen, an kräftigen Trieben treten daneben auch wohl einzelne Laubsprofse, jedoch wie es scheint ohne bestimmte Anordnung, auf.

Heidelbeere. Nur das unterste Laubblatt des diefsjährigen Triebes erzeugt in seiner Achsel eine einzelne Blüthe.

Heide. Längs des (diefsjährigen) Jahrestriebes nehmen die Blüthen resp. die beblätterten Blüthenstielchen den o b e r e n Theil ein, wo sie aus allen Blattwinkeln entspringend eine dichte Aehre bilden, während an der unteren Hälfte des Triebes grüne Zweiglein in den Blattachseln auftreten. Erstreckt sich die Blüthenähre bis an die Spitze, so stirbt dieser Theil des Axe nach dem Verblühen ab; — in anderen Fällen setzt sich aber die letztere mehr oder weniger weit über den Blüthengürtel fort, und treibt hier ebenso wie am unteren Theil Laubzweiglein, aus welchen im folgenden Jahre die Hauptverzweigung der Axe stattfindet. — Aufserdem stehen aber auch die Blüthen hier und da einzeln oder je 2 aus opponierten Blattwinkeln selbst an unentwickelten Stengelgliedern längs der ganzen Axe zerstreut.

Geisblatt (*Lonicera Caprifolium*). An einem kräftigen Jahrestriebe entwickeln sich manche Knospen gar nicht, andere zu Laubtrieben in demselben Jahre, andere zu den oben (S. 180) geschilderten Blüthensprofsen im folgenden Jahre. Alle drei Formen stehen ohne bestimmte Anordnung. Der Jahrestrieb stirbt an der Spitze ab.

Hollunder. Der vorjährige Trieb trägt in diesem Jahr von unten bis oben hin opponierte Sprofse, von welchen die untersten reine Laubsprofse, die oberen die oben beschriebenen Blüthensprofse sind, — die Hauptaxe selbst endigt in einem Blüthenstand, nämlich entweder durch directe Fortsetzung in einem blühenden Trieb oder durch Sympodienbildung, indem die Hauptaxe selbst abstirbt und durch den obersten seitlichen Blüthensprofs ersetzt wird.

Schneeball (*Viburnum Opulus*) verhält sich ähnlich so.

Syrene. Der oben beschriebene Blüthensprofs entspringt entweder als Fortsetzung der vorjährigen Axe oder aus beiden oder einem der obersten Blattwinkel, niemals aus den unteren, welche nur Laubsprofse erzeugen. Es kommen hiernach folgende Fälle vor (vergl. Tab. II. Fig. 10).

1.   Gipfeltrieb = Laubtrieb, — beide obersten Seitentriebe = Laubtriebe*)
2. *a.*   „   abortiert   „   „   „   „
    b.   „   „   „   „   „ = Blüthentrieb
    c.   „   „   ein Laubtrieb und ein Blüthentrieb
3. *a.*   „   = Blüthentrieb,— beide obersten Seitentriebe = Laubtriebe
    b.   „   „   „   „   „ = Blüthentriebe
    c.   „   „   ein Laubtrieb und ein Blüthentrieb.

Der *Ligusterstrauch* ist vorzugsweise geeignet, die Ordnung in dem Auftreten der Blüthenmetamorphose in Beziehung auf die vegetative Entwickelung zu beleuchten. Es kommen an seinem Sprofssystem folgende Fälle vor:

1. Die Hauptaxe schliefst schon im ersten Jahre mit einem terminalen Blüthenstand und trägt 3 — 5 Blattpaare, deren oberstes 1 oder 2 Blüthenstiele, die unteren aber Laubknospen treiben. Im folgenden Jahre stirbt alsdann der obere Theil bis zu demjenigen Stengelglied, welches die obersten Knospen trägt, ab;— die Seitenknospen entwickeln sich entweder zu Laub- oder zu Blüthentrieben (gleich dem vorjährigen Trieb), und zwar stehen die reinen Laubtriebe mehr in den unteren, die belaubten Blüthentriebe mehr in den oberen Blattwinkeln, gewöhnlich nur in den obersten neben dem Ueberrest der abgestorbenen Hauptaxe (Fig. 11, *A*), — oder es entwickelt sich einer der beiden letzteren als Fortsetzung oder Stellvertreter der verblühten Hauptaxe (Fig. 11, *B*).

2. Die Axe vegetiert zwei Jahre, der zweite Jahrestrieb schliefst wie Nr. 1 mit einem Blüthenstand ab und verhält sich ebenso im darauf folgenden Jahre (Tab. II, Fig. 12). Am ersten Jahrestrieb entspringen alsdann im zweiten Jahre entweder lauter Laubtriebe (Fig. 12, *A*) oder aus den unteren Blattwinkeln Laubtriebe und aus den 2 obersten oder aus allen oberen Blattwinkeln Blüthenzweige (Fig 12, *B*).

3. Die Hauptaxe vegetiert drei Jahre hindurch, der dritte Jahrestrieb ist Blüthentrieb (= Nro. 1). Alsdann entwickeln sich am ersten Jahrestriebe der Hauptaxe im zweiten Jahre sämmtliche Knospen als Laubtriebe, im dritten Jahre (im zweiten ihres Wachsthums) treiben dieselben (alle oder mit Ausnahme der untersten) als zweiter Jahrestrieb einen Blüthentrieb (= Nro. 1),

---

*) Blüthenbildung an den Seitentrieben bei fortwachsender Hauptaxe scheint nicht vorzukommen.

während aus den Blattwinkeln des ersten Jahrestriebes dieser Seitenaxen schwache Laubtriebe entspringen. — Am zweiten Jahrestriebe der Hauptaxe treten an den unteren Stengelgliedern Laub-, an den oberen Blüthensprofse auf (Tab. II, Fig. 13.).

4. Die Hauptaxe des Systems vegetiert vier Jahre lang, der vierte Jahrgang ist ein Blüthentrieb (= Nro. 1). Alsdann bilden die secundären Sprofse des ersten Jahrestriebes der Hauptaxe mit Ausnahme der untersten im vierten Jahre, d. h. im dritten ihres eigenen Wachsthums, einen terminalen Blüthentrieb (= Nro. 1); — ferner endigen von den an diesen letzteren secundären Axen entspringenden Axen dritter Generation die der terminalen Blüthe (zweiter Generation) zunächststehenden ebenfalls als Blüthentriebe, die unteren aber bleiben Laubtriebe. — Es kommen hiernach an diesem vierjährigen Sprofssystem alle Blüthen gleichzeitig im letzten Jahre zur Erscheinung; die Zweige am ersten Jahrestriebe der Hauptaxe blühen im dritten Jahre, die des zweiten Jahrestriebes im zweiten, die des dritten im ersten Jahre, die Hauptaxe im vierten Jahre, die tertiären Sprofse an der untersten Sprofsfamilie im ersten Jahre ihres Daseins (Tab. II, Fig 14). So wird ein ganzes Sprofssystem, sei es ein- oder mehrjährig, einfach oder verzweigt, zu gleicher Zeit von der Metamorphose ergriffen; ein mehrjähriger Zweig blüht also nicht von unten herauf successive wie er sich entwickelt, sondern auf einmal, und zwar steigert sich die Disposition zur Metamorphose einerseits von unten nach oben, und andererseits zugleich in den successiven Generationen; — während an dem einzelnen Jahrestrieb, resp. Sprofsfamilie, umgekehrt die Neigung zur Blüthenbildung von oben nach unten nachläfst, indem die untersten Sprofse des Jahrestriebes niemals zur Blüthe gelangen.

Esche. Von den Seitensprofsen eines Jahrestriebes treten vorzugsweise die obersten als Blüthenstände auf. Während sich die Gipfelknospe jährlich zu einem neuen Trieb entwickelt, wiederholt sich an gewissen Axen, nämlich an den früher erwähnten Stauchlingen, die seitliche Blüthenbildung fast in jedem Jahre.

Kornelkirsche. Die Seitensprofse eines Jahrestriebes entwickeln sich oft sämmtlich (zuweilen mit Ausnahme der beiden obersten) als ein- oder mehrjährige Blüthentriebe, wie sie oben (S. 182) beschrieben wurden. Die Hauptaxe selbst, welche diese Blüthensprofse trägt, bleibt stets an der Spitze entwickelungsfähig und ist hierdurch sowie durch ihre kräftige Entwickelung von den zur Blüthenbildung berufenen Stauchlingen specifisch verschieden. Ein solches am Gipfel sich fortbildendes System kann nicht nur in jedem Jahre am vorletzten Jahrestrieb, sondern, weil die Blüthensprofse selbst ihre Blüthenbildung wiederholen, möglicher Weise in jedem Jahr in seiner ganzen Länge Blüthen treiben. Die Fortbildung der eigenthümlichen Blüthensprofse geschieht theils, wie oben bemerkt, durch Seitensprofsung aus den der Blüthendolde zunächststehenden Hochblattwinkeln, theils, wo der Sprofs im ersten Jahre vegetativ ist, aus den Winkeln der betreffenden Laubblätter.

Sauerdorn. Die unteren Sprofse eines Jahrestriebes sind stets Stauchlinge mit einem Laubbüschel, die übrigen werden an nicht blühbaren Zweigen nach oben immer kräftiger, an blühbaren sind die mittleren entwickelte Laubtriebe, bei denen sich aus einer grundständigen Laubrosette der Sprofs mit kräftigem Wachsthum fortsetzt, die obersten endigen inmitten der Blattrosette in einer Blüthentraube; bei weniger kräftigen Jahrestrieben entwickeln sich auch die mittleren Knospen als Blüthensprofse. Der Gipfel der Hauptaxe setzt sich entweder als Laubtrieb oder ebenfalls als Blüthentrieb fort, und wir haben in diesem Fall die bemerkenswerthe Erscheinung, dafs ein Zweig, welcher im ersten Jahre kräftig und rein vegetativ getrieben hatte, im zweiten Jahr plötzlich fast in allen seinen Sprofsenden theils als Stauchlinge, theils als Blüthentriebe abschliefst und so mit einem Mal seine Metamorphose vollendet. Ein solcher Zweig blüht im folgen- Jahre nicht wieder; seine Belaubung findet statt theils durch die im vorigen Jahre nicht geblüht habenden Stauchlinge, theils durch Blätterbüschel, welche jederseits von dem im vorigen Jahre abgeblühten Seitentrieb, scheinbar als accessorische in der That aber als Seitensprofse aus den untersten links und rechts stehenden Niederblättern (Winterschuppen) des vorjährigen Blüthenspro- fses entspringen. — Was die Disposition zur Blüthenbildung betrifft, so stehen also die oberen Seitensprofse des Jahrestriebes in erster, die Hauptaxe in zweiter, die mittleren Seitensprofse in dritter Stelle, während die untersten sich stets der Metamorphose, aber auch einer kräftigen vegetativen Entwickelung enthalten.

Waldrebe. Immer nur der Gipfel einer Axe blüht, während sich die Axillarknospen weiter entwickeln und wiederholt verzweigen, — also umgekehrt, wie bei der *Kornelkirsche.*

Stachelbeere. Die allein zur (axillaren) Blüthenbildung bestimmten Stauchlinge wiederholen dieselbe, an der Spitze sich verjüngend, 2 — 3, zuweilen 5 Jahre hindurch und sterben alsdann ab. Zuweilen findet Verzweigung derselben statt.

Pfeifenstrauch. Der oben (S. 179) beschriebene Blüthensprofs bildet sich in der Weise fort, dafs im zweiten Jahre der blühende Gipfel bis zum zweiten (vegetativen) Stengelglied abstirbt, und aus dessen Knospen Blüthensprofse derselben Art entspringen u. s. f. — An stärker entwickelten Jahrestrieben treten im zweiten Jahr entweder sämmtliche Seitentriebe oder nur die obersten als Blüthen-, die untersten als Laubsprofse auf.

Linde (*T. parvifolia*). Der Jahrestrieb, in welchem der Blüthenstand als Seitensprofs entspringt, erscheint zur Zeit der Blüthe noch im Knospenzustand. Nur die unterste Knospenschuppe desselben erzeugt einen Blüthensprofs, alle übrigen Blattwinkel dagegen, und zwar im folgenden Jahre, Laubknospen, die sich ihrerseits wieder gröfstentheils ebenso verhalten; und zwar sind es an einem entwickelten Jahrestrieb vorzugsweise die in den Blattwinkeln der unteren kürzeren Stengelglieder sowie die aus dem obersten Blattwinkel entspringenden (scheinbar gipfelständigen) Knospen, welche auf obige Weise Blüthen treiben, während wenigstens an kräftigeren Trieben die oberen Seitenknospen rein vegetativ sind.

An einem blühenden *Linden*-Zweige von zwei Jahren und zwei Sprofsgenerationen zeigen demnach die längs des ersten Jahrestriebes aufeinanderfolgenden coordinierten Sprofse zweiter Generation folgende Verschiedenheit und folgende Anordnung: 1) in dem Winkel der untersten Knospenschuppe ein reiner

Blüthenstand (bereits vor der Entfaltung der Mutteraxe entwickelt); 2) aus den Winkeln der untersten Laubblätter Laubsprofse, welche gleich der Hauptaxe aus der untersten Knospenschuppe einen reinen Blüthenstand (und zwar in demselben Jahr, wo sich der Haupttrieb entwickelt, aus den untersten Laubblättern aber je einen Laubsprofs erzeugen, welcher gleich ihnen selbst (und zwar im zweiten Jahre), selbst noch Knospe, bereits einen seitlichen Blüthenstand treibt; — 3) aus den Winkeln der oberen Blätter Laubsprofse, welche sich von den vorigen durch den Mangel einer basilären (anticipierten) Blüthenbildung unterscheiden, also, noch mehr vegetativ, erst aus den Laubwinkeln Sprofse erzeugen, die sich wie Nro. 2 verhalten. 4) Der oberste, scheinbar gipfelständige Sprofs, anscheinend den zweiten Jahrestrieb der Hauptaxe darstellend, verhält sich in Betreff der Blüthenbildung gerade wie die unteren Laubsprofse des ersteren Jahrestriebes (Nro. 2) [Tab. II., Fig. 15].

Es ergibt sich aus dieser Beschränkung der Blüthenbildung auf die, ohnehin nicht sprofsbildende Niederblattregion des Jahrestriebes, dafs bei der *Linde* weniger als bei irgend einer anderen Pflanze die vegetative Entwickelung durch die Metamorphose beeinträchtigt wird, indem vielmehr diese beiden Bildungsrichtungen hier nebeneinander hergehen. Das kräftigste Wachsthum verträgt sich mit einem grofsen Reichthum an Blühen, so dafs z. B. an einem aus 2 Generationen bestehenden Sprofssystem unter 90 Knospen 63 blüthentragend waren.

Ueber den *Weinstock* haben wir aus dessen früher geschilderter Entwickelungsgeschichte für unsere gegenwärtige Betrachtung hervorzuheben: 1) In dem Sprofssystem, welches durch Sympodienbildung eine scheinbar einfache Axe (Lode) darstellt, wird in jeder Generation die Metamorphose vollendet, in den ersten 2 — 3 Generationen als fruchtbarer Blüthenstand, in den folgenden als Ranke. 2) Die ganze Lode als ein homogener Sprofs erster Generation betrachtet, erzeugt eine Reihe von Seitensprofsen zweiter Generation (die Geize) welche sämmtlich der Blüthenbildung ermangeln, wogegen die wiederum aus diesen als dritte Generation entspringenden Loden sich in Beziehung auf Blüthenbildung wie die erste verhalten. 3) Fassen wir die erste Lode als Jahrestrieb, und, von der Zwischengeneration der Geize absehend, die Loden des nächsten Jahres als dessen Seitensprofsen, so haben wir oben das Gesetz erkannt, dafs in diese Reihe coordinierter Loden nur die mittleren blühbar, die untersten 2—3 sowie die obersten nur rankenbildend sind (bei *Vitis vulpina* alle aufser den obersten blühbar).

Roskastanie. An jeder gröfseren Axe sind 2 Stadien zu unterscheiden: eine Reihe von Jahren verhält sie sich rein vegetativ, indem sie sich an der Spitze fortentwickelt, — dann folgt das Stadium der Mannbarkeit, wo die Axe fast in jedem Jahre mit Blüthe abschliefst. Die Fortbildung des oben beschriebenen blühenden Jahrestriebes geschieht dadurch, dafs einer der beiden obersten Seitensprofse, nachdem die Gipfelblüthe durch Gliederung abgefallen ist, mehr oder weniger täuschend als directe Fortsetzung der primären Axe erscheint und entweder im ersten oder nach wenigen Jahren wiederum mit terminaler Blüthe schliefst.

Ahorn (*A. platanoides*). Wenn an einem Jahrestriebe sowohl Laub- als

Blüthensprofsen nebeneinander vorkommen, dann treten die ersteren mehr nach oben, die letzteren mehr nach unten auf. An einer mehrjährigen Axe tragen nur die unteren Jahrgänge Blüthentriebe, die oberen dagegen nur Laubtriebe, im Gegensatz zu anderen Bäumen, wo die Disposition zur Blüthenbildung gerade in den oberen Jahrgängen zunimmt.

Faulbaum. Aus den Niederblättern am Grunde des Jahrestriebes entspringen im ersten Jahre Blüthenbüschel, desgleichen nach oben aus den unteren Laubblättern reichblüthige Dolden, aus den folgenden Laubblättern Laubtriebe mit seitlicher Blüthenbildung, aus den darauf folgenden nur einzelne Blüthen, und in den allerobersten Blattwinkeln Knospen, welche sich erst im folgenden Jahre zu Zweigen oder Blüthen entfalten.

Spindelbaum. Die Blüthenstiele entspringen an dem diefsjährigen Triebe im Allgemeinen nur aus den unteren Laubblättern die untersten zuweilen aus den grundständigen Niederblättern; zuweilen trägt das unterste Laubblatt-Paar noch keine Blüthen, sondern erst die folgenden; — die oberen aber tragen nur Laubsprofse.

Apfel und *Birne.* Unter den Sprofsen längs eines Jahrestriebes der Hauptaxe zeigt sich keine bestimmte Ordnung in deren Wechsel von Blüthenzweigen und Laubtrieben. Die Blüthenzweige verästeln sich im folgenden Jahre durch Erzeugung neuer Blüthensprofse aus den Winkeln der Laubblätter. — Bei der *Quitte* treten entweder nur die unteren Seitensprofse eines Jahrestriebes als Blüthensprofse, die obere aber und der Gipfeltrieb als Laubtriebe auf, oder sämmtliche Seitenaxen als Blüthensprofse und die Hauptaxe selbst mit Blüthe schliefsend.

Weifsdorn. Eine Metamorphose längs des Jahrestriebes einer Hauptaxe findet nur in der Reihe der Hauptknospen statt, indem sich aus den unteren einfache Dornen, aus den oberen $1\frac{1}{2}''$ — $1'$ lange Sprofse entwickeln, welche entweder dornartig oder in einem Blüthenstand endigen. Die Beiknospen, welche je eine rechts und links von den vorigen stehen, treten dagegen sämmtlich als Blüthensprofse auf. Die obersten kräftigen Seitensprofse dieses Jahrestriebes tragen wie die primäre Axe seitlich Blüthen, nämlich unten neben den Dornen, nach oben aber, abweichend von denen der Hauptaxe, als besondere einzelne Zweiglein, so dafs wir hier in der zweiten Generation im Vergleich mit der ersten eine Remission der vegetativen Kraft zu Gunsten der Blüthenbildung erblicken. — Dasselbe Verhältnis zeigt sich auch zwischen den oben betrachteten und dem nächstfolgenden Jahrestrieb der Hauptaxe, indem in dem letzteren die obersten Sprofse zweiter Generation ebenso wie die Seitensprofse an den Kraftzweigen zweiter Generation des vorhergehenden Jahrestriebes blofs als kurze belaubte in einem Blüthenstand endigende Triebe erscheinen. Die letzteren verzweigen sich im folgenden Jahre durch Erzeugung von Blüthensprofsen aus den Achseln der Laubblätter. — Der ferneren Entwickelung dieses Sprofssystems ist demnach bereits nach zweijährigem kräftigen Längenwachsthum durch die Oberherrschaft, welche die Metamorphose in der reichlichen Blüthenbildung dieses zweiten Jahres gewinnt, bis auf eine theilweise Verzweigung aus den grundständigen Blattwinkeln, wobei aber wiederum nur Blüthensprofse erzeugt werden, ein Ziel gesetzt.

Die *Traubenkirsche* (*Prunus Padus*) bietet eine ähnliche Erscheinung wie der *Weißdorn* dar; an einem Sproßsystem aus zwei Jahrestrieben der Haupt- axe ist der untere ziemlich weit hinauf leer von Seitenbildungen, dann folgen zahlreiche Blüthensproße (wie sie oben S. 182 beschrieben sind) und ganz oben Laubsproße. Der folgende Jahrestrieb unterscheidet sich von dem vorigen da- durch, daß an ihm auch die obersten Sproße Blüthensproße sind. — Die Kraft- triebe (die obersten) zweiter Generation am $n + 1$sten Jahrestriebe verhalten sich in Beziehung auf ihren Entwickelungsgrad, ihre Fortbildungsfähigkeit und Blüthenerzeugung gerade wie die u n t e r e n Sproße zweiter Generation am $n$ten Jahrestrieb, und der $n + 1$ste Jahrestrieb der Hauptaxe wie die Kraftsproße zweiter Generation am $n$ten Jahrestriebe.

Zwetsche. Die unteren Knospen eines Jahrestriebes sind Blüthen- die obe- ren Laubknospen: häufig wiederholt sich auch in der allerobersten Seitenknospe noch einmal Blüthenbildung (entsprechend der so häufigen Erscheinung, daß die vegetative Kraft in dem Cyklus einer Sproßfamilie zu- und nach oben wieder abnimmt, in Verbindung mit dem Gesetz, wonach Blüthenbildung gewöhnlich mit Abnahme der vegetativen Kraft verknüpft ist). Wo neben einer Knospe jederseits eine Beiknospe steht, da ist die erstere stets Laub-, die letzteren aber Blüthenknospen.

Süßkirsche. Die Knospen eines Jahrestriebes stehen oben und unten zu- sammengedrängt, die unteren enthalten einen Blüthenstand, sind also begrenzt, die oberen entwickeln sich im ersten Jahre ihres Daseins als Laubtriebe (und zwar als Stauchlinge) und tragen im folgenden Jahre seitlich zahlreiche Blüthen- büschel, während sie am Gipfel als Laubtriebe fortwachsen. Also ein sehr ausge- zeichneter Unterschied zwischen den unteren und oberen Seitensproßen eines Jah- restriebes, indem die unteren einjährig, die oberen perennierend wie die Hauptaxe, jedoch verkürzt sind.

Sauerkirsche. Im Wesentlichen ebenso wie die *Süßkirsche*, nur daß fast sämmt- liche Seitenknospen sich als Blüthenstände öffnen, und nur der Gipfel fortwächst.

Schlehdorn. Am untersten Theil des Jahrestriebes entwickeln sich im Früh- jahr des zweiten Jahres gewöhnlich einzelne Blüthen ohne Laubtriebe, nach oben entwickeln sich entweder die Hauptknospen in der Regel als Laubtriebe und die ein oder zwei Beiknospen links und rechts als Blüthen, — oder alle drei enthalten Blüthen; die oberen Zweige sind rein vegetativ. Im folgenden (dritten) Jahre zeigt sich ein Unterschied unter den letzteren, indem die unteren derselben (Dornzweige) fast auf ihrer ganzen Länge mit Ausnahme der ober- sten (Laub-) Knospen lauter Blüthen erzeugen, die obersten, an der Spitze fort- wachsenden Kraftzweige dagegen ihrer ganzen Länge nach außer den Blüthen auch Laubknospen, nach dem Gipfel zu aber nur Laubknospen tragen. Also wiederum ein Fortschritt der vegetativen Bildung in der Reihe der an einem Jahrestriebe coordinierten Sproße zweiter Generation, indem die untersten ein- jährig, die oberen vegetativ entwickelt, aber am Gipfel als Dornen geschlossen und seitlich fast unverzweigt, die obersten aber unbegrenzt und seitlich reichlich verzweigt sind.

Mandel. Ein in diesem Jahre erzeugter kräftiger Jahrestrieb entwickelt im

. folgenden Jahre lauter vegetative (gestreckte) Laubsprofse, die an den letzteren im dritten Jahre sich entfaltenden Sprofse dritter Generation treten sämmtlich mit wenigen Ausnahmen als Blüthen auf. Der Gipfel sämmtlicher belaubten Axen bildet sich als Laubtrieb weiter. — Wir haben hier einen ausgezeichneten Fall von einem durchgreifenden Unterschied der aufeinanderfolgenden Sprofs-generationen; denn während die Axen erster und zweiter Generation rein vegetativ sind (und auch in ihrer weiteren Entwickelung bleiben), so tritt in der dritten Generation plötzlich fast allgemein Blüthenbildung auf.

Brombeerstrauch. Die rein vegetative, oft 20′ lange, niederliegende, hier und da namentlich an der Spitze wurzelnde Axe erzeugt Seitensprofse, welche fast sämmtlich aufrechte Blüthensprofse (S. 181) sind. Meistens treten dieselben je zwei in einem Blattwinkel übereinander auf und entwickeln sich entweder beide oder nur der obere noch im ersten Jahr (durch Anticipation), — oder beide verharren als Winterknospen bis zum zweiten Jahre und entfalten sich alsdann entweder beide oder nur einer derselben. Häufig treibt alsdann der obere in demselben Jahre aus seinen basilären Winterschuppen noch 1, 2 oder 3 Triebe, so dafs zuweilen ein ganzer Büschel von Trieben aus einem Blattwinkel ent-springt. — Es scheint, als zeigten sich zwischen den verschiedenen Varietäten dieser Species Unterschiede in Beziehung auf diese Sprofsverhältnisse, indem z. B. jene anticipierte Sprofsung vorzugsweise bei *Var. hybridus*, jene gehäufte Sprofsung aber bei *Var. fruticosus* verkommt.

Rose (R. centifolia). Aehnlich wie bei der *Mandel*, entwickelt sich in einem Jahre ein sehr kräftiger vegetativer Trieb, welcher im nächsten Jahre die oben (S. 180) beschriebenen belaubten Blüthensprofse erzeugt, am Gipfel selbst aber abstirbt. Die weitere Entwickelung dieses Systems geschieht durch Ausschlagen aus den mittleren Blattwinkeln der genannten Blüthensprofse im folgenden Jahre.

Ginster (Genista germanica). Die am unteren Theil beblätterten, an der Spitze in dem Blüthenstand endigenden Blüthensprofse unterscheiden sich aufser-dem von den übrigen, rein vegetativen Kraftsprofsen durch den Mangel an Dorn-zweigen (vergl. oben S. 58. 70) und dadurch, dafs sie nach dem Blühen gänzlich absterben (d. h. sich nicht wie jene verzweigen). Sie bilden entweder den oberen Theil der bedornten Kraftsprofse, und diese sterben alsdann abwärts bis an die Dornzweige und die entwickelungsfähigen Knospen ab[*]), — oder sie treten als letzte Generation an dem aus den successiven Generationen von be-dornten Sprofsen bestehenden System auf. — Bei *Genista tinctoria* trägt der diefsjährige Sprofs bis zur Hälfte Laubblätter, deren Knospen sich im folgenden Jahre entfalten werden, aus den oberen Blättern entspringt (und zwar noch in diesem Jahre) je ein Blüthensprofs wie er oben (S. 181) beschrieben wurde, und in derselben Form endigt auch der Hauptsprofs.

Aus den hier dargestellten Beispielen gelangen wir zu folgen-den allgemeinen Ansichten über die räumliche und zeitliche Ord-nung in der Blüthenbildung an den einzelnen Gliederungen des Baums.

---

[*]) Die Kraftzweige endigen mit dem ersten Jahr entweder mit einem Blüthenstand oder durch Verkümmerung der Gipfelknospe (wie auch die *Birke*).

B. Die Blüthenordnung innerhalb der Sprofsfamilie.

§. 59.

Unter den coordinierten Sprofsen, welche einem einzelnen Jahrestriebe der Mutteraxe angehören, herrscht, falls an derselben Blüthenbildung auftritt, zwar kein so allgemein durchgreifendes Gesetz,
wie wir diefs früher an der rein vegetativen Sprofsfamilie in Beziehung auf den Entwickelungsgrad der Seitenaxen zweiter Generation erkannt haben; wohl aber gilt für jede Pflanzenart eine
bestimmte Ordnung. Und zwar kommen hier folgende verschiedene
Fälle vor.

a. Die Seitensprofse eines Jahrestriebes sind zum Theil Blüthensprofse (in dem Sinn, wie dieser Begriff S. 176 ff. entwickelt ist, d. h. einzelne Blüthen oder Blüthenstände bald mit bald
ohne vorhergehende Niederblatt- und Laubblattbildung) — zum
Theil rein vegetative Sprofse; die ersteren sind die untersten,
die letzteren die obersten Glieder in der Reihe, d. h. die Herrschaft
der Metamorphose über die vegetative Entwickelung ist in der
unteren Region der Sprofsfamilie am vollkommensten und nimmt
nach oben zu Gunsten der vegetativen Entwickelung ab. Beispiele:
Edeltanne bei der weiblichen Blüthe, *Kiefer*, die männlichen Blüthen,
Wachholder (Blüthensprofse, vorzugsweise aus der mittleren, Laubsprofse aus der oberen Region, während die untere ohne Seitenbildungen
bleibt), *Eibe, Hainbuche, Ulme, Heidelbeere, Ahorn, Faulbaum, Spindelbaum, Linde, Quitte,* die *Prunus*-Arten. — Hierher gehören
auch diejenigen Fälle, wo zwar neben den Blüthensprofsen keine
Laubsprofse entwickelt sind, wo aber die ersteren nur in den oberen
Blattwinkeln auftreten, wie die männlichen und weiblichen Blüthen
der *Rothtanne.*

b. Blüthensprofse und Laubsprofse zugleich längs des Jahrestriebes; die ersteren nehmen die obere, die letzteren die untere
Region ein, die Herrschaft der Metamorphose nimmt von oben
nach unten ab. Beispiele: *Kiefer*, der weibliche Zapfen, *Heide*
(wo aber in manchen Fällen sich die Laubzweiglein der unteren Region oberhalb des Blüthengürtels wiederholen), *Hollunder,
Schneeball, Syrene, Liguster, Esche, Sauerdorn, Pfeifenstrauch, Weifsdorn* (die aus der Hauptknospe hervorgehenden Seitensprofse).

c. Laubsprofse und Blüthensprofse wechseln längs des Jahrestriebes ohne bestimmte Ordnung. Beispiele: *Lärche, Kastanie, Hasel, Birke, Aspe* (in den Fällen, wo neben den Blüthenkätzchen auch einzelne Laubsprofse auftreten), *Heide* (insofern, aufser den ährenförmig zusammenstehenden Blüthen, einzelne auch längs des ganzen Jahrestriebes zerstreut stehen), *Geisblatt, Apfel, Birne*.

d. Sämmtliche Axillarbildungen sind Blüthensprofse und zwar stehen dieselben längs des ganzen Jahrestriebes. Beispiele: *Lebensbaum* (meistens), *Buche, Eiche, Weide* (meistens), wo auch einzelne Laubsprofse vorhanden sind, stehen sie gewöhnlich zu oberst und zu unterst, zuweilen auch zwischen den Blüthenkätzchen), *Aspe* (meistens), *Kornelkirsche, Weifsdorn* (die Beiknospen), *Mandel* (meistens). Aufserdem kommt diese Alleinherrschaft der Metamorphose auch in einzelnen Fällen bei solchen Arten vor, wo in der Regel vegetative Sprofse neben den Blüthensprofsen bestehen, z. B. bei der *Kastanie, Hainbuche, Pfeifenstrauch*.

Die hier nachgewiesene Gesetzmäfsigkeit in Beziehung auf die Metamorphose der Seitenaxen eines Jahrestriebes äufsert sich, wie wir sehen, theils schon im ersten Jahr, wenn die Blüthen oder Blüthenstände gleichzeitig mit der primären Axe zur Erscheinung kommen, theils im zweiten Jahr, wenn Blüthensprofse sowohl als Laubsprofse das Ruhestadium der Winterknospe erfahren, — sie gilt aber auch in gleicher Weise in der ferneren mehr als zweijährigen Entwickelung der Sprofsfamilie. Denn wenn die Seitenaxen im ersten Jahr ihres Daseins sämmtlich oder zum Theil vegetativ, erst in einem folgenden Jahr und zum Theil erst bei wiederholter Verzweigung, also erst in dritter oder weiterer Generation zur Blüthe gelangen, so zeigt sich hier entweder eine überwiegende Neigung der unteren Sprofse zur Blüthenbildung, ein längerer Widerstand der oberen Sprofse gegen die Metamorphose z. B. bei der *Eibe, Linde, Schlehdorn* u. s. w. ebenso wie wenn die Blüthen bereits als zweite Generation aufgetreten wären; — oder umgekehrt bei der *Kastanie*, dem *Liguster* hält die untere Region der Sprofsfamilie länger den vegetativen Charakter fest als die obere; — bei der *Kornelkirsche* setzt sich die gleichzeitige Blüthenbildung an sämmtlichen Seitenaxen eines Jahrestriebes auch in den folgenden Jahren fort. Beim *Weinstock*, wo die Seitensprofse einer jährigen Lode (die Geize) sämmtlich steril sind, zeigt sich unter den im folgenden Jahr aus denselben entspringenden Loden (Sprofsen dritter Generation) die Ordnung, dafs nur die mittleren Loden dieser

Reihe blühbar, die zwei bis drei unteren, sowie die obersten, hingegen nur rankenbildend sind.

Die Ordnung in der Blüthenbildung innerhalb einer Sprofsfamilie erhält noch folgende weitere Bestimmungen.

Wo bei monöcischen Bäumen männliche und weibliche Blüthen innerhalb einer Sprofsfamilie zugleich auftreten, da gilt in den meisten Fällen die Ordnung, dafs die männlichen der unteren, die weiblichen der oberen Region des Jahrestriebes entspringen, wie beim *Lebensbaum*, der *Buche*, *Kastanie*, *Eiche*, *Hainbuche*, im Allgemeinen auch bei der *Lärche*. — Bei der *Birke* bildet dagegen der männliche Blüthenstand den Gipfel des Jahrestriebes, während sämmtliche Seitentriebe theils weibliche Kätzchen, theils reine Laubsprofse darstellen. — Bei der *Hasel* dagegen wechseln männliche, weibliche und Laubsprofse ohne Ordnung miteinander.

Auch unter den zuweilen je zwei oder drei in einem und demselben Blattwinkel entspringenden Sprofsen herrscht im Allgemeinen eine bestimmte Ordnung in Beziehung auf die Metamorphose; und zwar scheint in allen denjenigen Fällen, wo eine Hauptknospe von zwei zu ihrer Rechten und Linken stehenden Beiknospen begleitet ist, wie beim *Weifsdorn*, der *Zwetsche*, dem *Schlehdorn*, der *Mandel*, die Regel allgemein die zu sein, dafs die Beiknospen stets unmittelbar eine Blüthe enthalten, während der aus der Hauptknospe hervorgehende Sprofs die verschiedenen Stufen der Metamorphose von der nackten Blüthe oder Blüthenstand, belaubtem Blüthensprofs bis zum rein vegetativen Trieb nach den oben dargestellten Gesetzen repräsentieren kann. Beim *Kreuzdorn* (*Rhamnus cathartica*) erscheinen alle drei Knospen einer der unteren Blattachseln als Blüthen. Bei dem *Ginster* (*G. germanica*), wo die einem Blattwinkel angehörenden Sprofse übereinander stehen, sahen wir insofern einen specifischen Unterschied zwischen beiden, als der obere stets als Dornzweig, der untere aber als kräftiger unbedornter entweder rein vegetativer oder in einem Blüthenstand endigender Laubtrieb auftritt. — Auch beim *Weinstock* entspringen, wie wir sahen, zwei Sprofse übereinander in einem Blattwinkel und dieselben stellen den durchgreifendsten Gegensatz zweier Sprofsmodificationen dar, den wir überhaupt finden, indem der obere derselben als Blüthen resp. Ranken tragende Lode, der untere als stets unfruchtbarer Geiz auftritt.

Nächst der Aufeinanderfolge der secundären Sprofse einer einfachen Sprofsfamilie gehört zur vollständigen Charakteristik der Metamorphose der letzteren auch die Natur der **Blattorgane**, welche die primäre Axe längs des Jahrestriebes trägt. Mit Ausnahme von *Pinus*, wo die Axen der ganzen Länge nach nur Niederblätter tragen, gibt es wohl keinen Fall eines in zweiter Generation Blüthensprofse erzeugenden Jahrestriebes, wo nicht die **Laubblattformation** vor Allem und zwar an dem vorzugsweise productiven Theil des Triebes vertreten wäre. Dazu kommen dann in der Regel an der Basis einige Schuppen aus der Niederblattbildung, und da, wo der verzweigte Jahrestrieb in einem Blüthenstand endigt, auch die Hochblattformation am Ende. Die Hochblätter producieren vorzugsweise einzelne Blüthen (zuweilen auch Blüthenstände wie bei *Castanea*), die Laubblätter vorzugsweise Blüthenstände oder belaubte Blüthensprofse oder reine Laubsprofse, nur seltener einzelne nackte Blüthen (*Abies, Taxus* (♂) —, *Mistel, Heide, Heidelbeere, Stachelbeere, Pfeifenstrauch, Faulbaum, Spindelbaum, Mandel*), die Niederblätter in der Regel keine Sprofse, zuweilen einzelne Blüthen (*Mistel, Pinus* ♂, *Faulbaum, Spindelbaum, Mandel*), oder Blüthenstände (*Pinus* ♀, *Eiche, Buche*) niemals (ausgenommen die *Mistel* und den *Brombeerstrauch*) reine oder gemischte Blättertriebe.

C. Die Blüthenordnung innerhalb des Sprofssystems.

§. 60.

Die zwei Richtungen im Fortschreiten der Metamorphose.

Die vegetative Fortbildung der durch einfache Verzweigung eines Jahrestriebes hervorgegangenen Sprofsfamilie zu einem Sprofssystem geschieht einerseits durch Verlängerung der Hauptaxe durch Ansetzen neuer Jahrestriebe, andrerseits durch wiederholte Verzweigung, Vermehrung der Sprofsgenerationen. In beiden Richtungen der Fortbildung findet auch ein Fortschritt von der vegetativen Bildung zur Metamorphose, eine Steigerung der Disposition zur Blüthenbildung statt.

a. Fortschritt der Metamorphose in der Richtung der Generationsfolge. In vielen Fällen (z. B. *Roskastanie,*

Syrene) stimmen die aus einander entspringenden Sprofse in Beziehung auf die Metamorphose überein, indem jede Generation in endständiger Blüthe abschliefst; ein grofser Theil der Sprofssysteme eines Baums bleibt durch alle Generationen rein vegetativ, erfährt niemals die Metamorphose; in den übrigen aber gilt das Gesetz einer mit der Generationszahl fortschreitenden Remission der vegetativen Kraft zu Gunsten der Blüthenbildung, — gleichsam als ob dieses höchste Stadium durch den Wechsel der Sprofse mehr und mehr vorbereitet würde. Je weiter vom Centrum eines Verzweigungssystems, um so leichter und reichlicher treten die letzten Sprofsenden als Blüthen auf. Entweder äufsert sich dieser Fortschritt mehr allmählich, die Sprofse gleicher Ordnung theilen sich in die beiden Bildungsrichtungen, so aber dafs die reproductive immer mehr Herrschaft gewinnt, — oder beide Bildungsrichtungen wechseln plötzlich zwischen zwei gewifsen Generationen, wie z. B. bei der *Mandel* ein Sprofs im ersten Jahr kräftig und rein vegetativ entwickelt im zweiten Jahr lauter kräftige Laubtriebe erzeugt, während die im dritten Jahr an demselben entspringenden Sprofse dritter Generation oft durchgängig als Blüthen erscheinen, — ein bezeichnendes Beispiel für die Ungleichwerthigkeit zweier unmittelbar aufeinanderfolgender Sprofsgenerationen. — In jedem Fall eilt die Metamorphose in der Richtung der Sprofsfolge unwiederbringlich ihrem Ziele entgegen; selten findet, nachdem einmal die Blüthenbildung zur Herrschaft gelangt ist, ein Zurücksinken in ein mehr vegetatives Stadium statt. Letzteres zeigt sich in dem eigenthümlichen Abwechseln der fruchtbaren Lode mit dem sterilen Geiz beim *Weinstock*; — sowie in den Fällen, wo aus den Blattwinkeln eines vorjährigen belaubten Blüthensprofses in diesem Jahr sich Laubtriebe entwickeln, z. B. *Ahorn, Roskastanie, Kornelkirsche, Pfeifenstrauch, Weifsdorn, Sauerdorn.*

b. In Beziehung auf den Fortschritt der Metamorphose in der Richtung einer Hauptaxe kommen folgende Hauptfälle vor.

α) Die Axe erreicht bereits im ersten Jahre ihres Daseins durch endständige Blüthenbildung ihr Ziel.

β) Diefs bereitet sich erst durch eine gröfsere oder kleinere Reihe von rein vegetativen Jahrestrieben vor. Ein Rückschritt von dem einmal erreichten Ziele zu dem vegetativen Stadium kommt nur in abnormen Fällen (Durchwachsung) vor.

γ) Die Axe entwickelt sich rein vegetativ weiter, ohne überhaupt jemals zur Blüthenbildung zu gelangen.

Dieses Hinstreben aus dem rein vegetativen Gebiet nach dem Ziel der Metamorphose bei fortschreitender Entwickelung der Hauptaxe äuſsert sich insbesondere auch in der Reihe der coordinierten Seitensproſse. Entweder ist der Uebergang plötzlich, wenn z. B. bei der *Buche* die Seitensproſse sämmtlicher vorhergehenden Jahrestriebe reine Laubtriebe, die des dieſsjährigen dagegen sämmtlich ·Blüthenstände sind, oder noch auffallender beim *Sauerdorn*, wo häufig, wie wir oben gesehen haben, ein Sproſs in einem Jahr sich rein vegetativ entwickelt und bereits im zweiten Jahre durch Blüthenbildung am Gipfel und an allen kräftigen Seitensproſsen das volle Maaſs der Metamorphose und damit das Ziel seiner Entwickelung erreicht. Oder der Uebergang aus dem vegetativen Stadium in das der herrschenden Metamorphose findet allmählich statt, dieſs aber natürlich nicht in einem gleichmäſsigen Fortschritt durch die ganze Reihe der coordinierten Seitensproſse der mehrjährigen Axe, indem sich hierbei zugleich das eigenthümliche in jeder einzelnen Sproſsfamilie für das Auftreten der Blüthensproſse im Verhältnis zu den Laubsproſsen bestehende Gesetz geltend macht. In denjenigen Fällen z. B., wo (vergl. oben S. 169 a.) die Herrschaft der Metamorphose von den unteren Gliedern der Sproſsfamilie nach oben um sich greift, äuſsert sich jener allgemeine Fortschritt der Metamorphose längs der ganzen Axe zunächst in der von einem gewissen Jahrgange beginnenden Metamorphose je der untersten Glieder an allen weiteren Jahrestrieben, — sodann in einer von Jahrgang zu Jahrgang immer mehr auch die oberen vegetativ kräftigeren Seitensproſse einer Sproſsfamilie in das Bereich der Blüthe ziehenden Wirkung, — so daſs am $n$ten Jahrestrieb sämmtliche Seitensproſse als Laubtriebe, am $n+1$sten die unteren als Blüthentriebe, die oberen als Laubtriebe, am $n+2$ten aber auch die oberen gleich den unteren Sproſsen des $n+1$sten Jahrestriebes als Blüthentriebe auftreten.

Auch hier findet, wenn das Stadium der seitlichen Blüthenbildung einmal erreicht ist, ein Zurücksinken in das der rein vegetativen Bildung im Allgemeinen nicht statt. Ausnahmen unter unseren einheimischen Gewächsen bei der *Buche*, *Eiche* und beson-

ders bei dem männlichen Blüthenstand der *Kiefer*, wo sich die Axe
aus der Mitte eines reichblüthigen Gürtels als Laubtrieb fortsetzt, —
sowie beim *Ahorn* (*A. platanoides*) in der oben angegebenen Weise.
Diese allmähliche Beherrschung der Sprofse durch die Metamorphose
äufsert sich einerseits darin, dafs die letztere mit jedem folgenden
Jahrestrieb um ein Jahr früher auftritt, in der Weise, dafs, wenn
die Kraftsprofse des $n$ten Jahrestriebes erst im zweiten Jahre ihres
Daseins mit Blüthenbildung schliefsen, diefs an den Kraftsprofsen
des nächst oberen ($n +$ 1sten) Jahrestriebes bereits in ihrem ersten
Jahr, also gleichzeitig mit jenen der Fall ist. Andrerseits äufsert
sich jener Fortschritt der Metamorphose in einer in der Richtung
der sich fortbildenden Hauptaxe stattfindenden Modification des
obigen Gesetzes über den Fortschritt der Metamorphose im Verhältnis der Generationsfolge, nämlich in einer Beschleunigung dieses
Fortschrittes in den aufeinanderfolgenden Sprofsfamilien. Vergleicht
man nämlich die einander entsprechenden Seitensprofse zweier aufeinanderfolgender Jahrestriebe, nämlich je den kräftigsten (d. h. in
den meisten Fällen der obersten) Sprofs in der einen mit dem ent-
prechenden in der folgenden Sprofsfamilie, so tritt die Blüthenbildung
in dem letzteren um eine Generation früher auf als in dem ersteren, — nämlich an dem ersteren erst seitenständig, an dem letzteren
bereits endständig. Der Fortschritt aus dem vegetativen Stadium zu
der Herrschaft der Blüthe wird in gleichem Sinne befördert, mag die
Fortbildung durch successive Sprofsung oder durch terminale Entwickelung geschehen, — in vielen Fällen äufsern sich diese beiden Wirkungen nicht nur in gleichem Sinne, sondern auch in
gleichem Maafse, die Metamorphose geht auf beiden Wegen
(seitliche und Gipfelsprofsung) in gleichmäfsigem Schritt ihrem Ziel
entgegen. Nehmen wir hierzu, dafs derselbe Fortschritt auch unter
den coordinierten Sprofsen einer und derselben Sprofsfamilie stattfindet, so erhalten wir z. B. für ein fünfjähriges Sprofssystem des
Kirschbaums folgendes Bild. Am ersten Jahrestrieb (*mn*, Tab. II,
Fig. 16) der primären Axe sind sämmtliche Seitensprofse (IIter
Generation) Laubtriebe (*a*, *b*), die sich je nach ihrer kräftigen
Anlage weiter verzweigen; der zweite Jahrestrieb (*no*) trägt in
seiner unteren Region Blüthensprofse (*c*), in der oberen dagegen
Laubsprofse (*d*), und erst die an den letzteren im folgenden Jahr
erzeugten Sprofse IIIter Generation, und zwar auch nur die unter-
sten (*d'*) dieses Jahrestriebes erscheinen als Blüthen, — am dritten

Jahrestriebe (*o p*) der Hauptaxe erzeugen wiederum die untersten Sprofse (*e*) schon in erster Generation (endständige) Blüthe, die oberen (*f*) entwickeln sich zwar kräftig, aber sie tragen im folgenden Jahre nicht nur in ihren unteren, sondern auch in ihren oberen Blattwinkeln Blüthensprofse (*f' f''*) oder schliefsen zugleich selbst mit endständiger Blüthe ab, — der vierte Jahrestrieb der Hauptaxe ist zwar ein Laubtrieb, der aber im fünften Jahr in allen seinen Blattwinkeln Blüthensprofse (*g, h*), d. h. einjährige nackte oder belaubte Blüthenstiele trägt und häufig selbst als Blüthenstand abschliefst.

Es herrscht demnach an einem blühenden Sprofssystem für die sowohl innerhalb der einzelnen Sprofsfamilien als in der Reihe der aufeinanderfolgenden Sprofsfamilien, sowie in den successiven Generationen vertheilten Sprofse folgende Ordnung, wie man es mehr oder weniger vollkommmen bei der *Hainbuche, Ulme, Weide, Pappel, Heide, Heidelbeere, Faulbaum; Spindelbaum, Mandel, Prunus, Rose* u. s. w. — und mit Berücksichtigung der umgekehrten Anordnung der Laub- und Blüthensprofss innerhalb der einzelnen Sprofsfamilie beim *Liguster, Pfeifenstrauch, Sauerdorn, Weifsdorn* u. s. w. wahrnimmt:

1) Ein **oberer** Sprofs IIter Generation am *n* + 1sten Jahrestriebe der Hauptaxe ist in Beziehung auf die Metamorphose gleichwerthig mit einem **unteren** Sprofs IIter Generation am *n*ten Jahrestrieb (wie bereits oben ausgesprochen wurde): $e = h$, $b = d$ Fig. 16.

2) Ein Sprofs IIIter Generation an einem oberen Sprofs IIter Generation am *n*ten Jahrestriebe der Hauptaxe ist gleichwerthig mit einem unteren Sprofs IIter Generation an demselben Jahrestrieb ($c = d'$).

3) Ein oberer Sprofs IIter Generation am *n*ten Jahrestriebe ist gleichwerthig mit dem Gipfelsprofs (Iter Generation) des *n* + 1sten Jahrganges ($b = nr$, $d = op$, $f = pr$), sowie die unteren und oberen Sprofse IIIter Generation an einem oberen Sprofs IIter Generation des *n*ten Jahrestriebes der Hauptaxe gleichwerthig sind mit den beziehungsweise unteren und oberen Sprofsen IIter Generation am *n* + 1sten Jahrestrieb der Hauptaxe ($d' = e$, $d'' = f$ $d''' = g$, $d^{IV} = h$, — $f' = g$, $f'' = h$) — d. h. ein oberer Sprofs IIter Generation am *n*ten Jahrestriebe sammt seinen Verzweigungen ist gleichwerthig mit dem *n* + 1sten Jahrestriebe der Hauptaxe sammt ihren Ver-

zweigungen (d mit d', d'', $d''' = op$ mit e, f, g, h, — f mit f', $f'' = pr$ mit g, h).

Durch dieses Hineilen der Metamorphose zu ihrem Ziele in der Blüthe auf beiden Wegen, in der Richtung der Hauptaxe einerseits und in der Succession der Generationen andererseits kommt es, dafs in den genannten Beispielen bald mehr, bald weniger vollkommen, bald successive, bald gleichzeitig in einem Jahr die vegetative Fortbildung durch das Auftreten der Blüthen an fast sämmtlichen Axenenden gänzlich erschöpft und so ein ganzes Sprofssystem gleichsam wie ein Blüthenstand im allgemeineren Sinne einen Abschlufs erfährt. Und zwar geschieht diefs bei einer und derselben Species bald im ersten, bald nach einem oder mehreren Jahren (vergl. das oben S. 190 über den *Ligusterstrauch* Mitgetheilte). In anderen Fällen dagegen findet ein solches gleichzeitiges Fortschreiten der Metamorphose nach zwei Richtungen nicht statt, wenn nämlich entweder, wie bei der *Mistel*, *Syrene*, *Roskastanie* (zum Theil), *Waldrebe*, *Geisblatt*, *Hollunder* u. s. w., nur die Hauptaxe eines Sprofssystems zur Blüthe befähigt ist, die Seitensprofse dagegen sich vegetativ fortbilden, — oder wenn, wie bei der *Kornelkirshe*, *Weide*, *Esche* u. s. w. die Hauptaxe fortfährt zu wachsen, während Blüthenbildung nur an den Seitensprofsen auftritt.

§. 61.
Die ungleiche Disposition verschiedener Axen eines Systems für die Blüthenbildung.

Indem wir auf obige Weise das Schicksal der Sprofse bei ihrer weiteren Entwickelung durch terminales Wachsthum und Verzweigung verfolgen, ergibt sich der relative Werth der verschiedenen miteinander zu einem Ganzen verbundenen Sprofse in Beziehung auf die stärkere oder schwächere Neigung zur Erzeugung von Blüthen, und wir erhalten auf diese Weise ein Bild von der Ordnung, nach welcher die Metamorphose von diesem vegetativen Ganzen Besitz ergreift. Wir legen hier wiederum wie oben (S. 196) den Typus der einfachen Sprofsfamilie zu Grunde, stellen aber nicht blofs, wie dort, eine Vergleichung zwischen den Sprofsen zweiter Generation, sondern auch zwischen diesen und der primären Axe an, — und wir müssen auf diese Betrachtung an dieser Stelle deshalb zurückkommen, theils weil die Beziehung der verschiedenen aus einem einzigen Jahrestriebe hervorgehenden Sprofse zur Metamorphose durch die Verfolgung ihrer mehrjährigen Entwickelung bestimmter hervortritt (denn das Maaſs für die relative Neigung eines Sprofses zur Blüthenbildung haben wir in der Zahl der der Blüthe vorangehenden Jahrgänge des vegetativen Wachsthums, sowie in der Zahl der betreffenden Generationen der Verzweigung), — theils weil unter dieser einfachen Form zugleich der Charakter des weiter entwickelten Sprofssystems in Beziehung auf das Auftreten der Blüthen nach seinen verschiedenen Typen dargestellt wird. Es laſsen sich aber folgende sieben Fälle nachweisen.

a. Die Hauptaxe entwickelt sich ohne Ende fort, schlieſst wenigstens niemals als Blüthe ab, während die an gewissen Jahrestrieben der ersteren entspringenden Seitensprofse sämmtlich bereits im ersten Jahre ihrer Entwickelung und in erster Generation als Blüthensprofse auftreten (Fig. 17 *a*); z. B. *Weide, Aspe, Rothtanne, Buche, Eiche, Stachelbeere, Mandel.*

b. Die Hauptaxe ist permanent vegetativ, von den Seitensprofsen je eines Jahrestriebes sind die obersten mehr als die unteren zur Blüthenbildung geneigt (Fig. 17 *b*), z. B. die *Esche.*

c. Die Hauptaxe ist permanent vegetativ, von den Seitensprofsen sind je die untersten mehr zur Blüthe disponiert als die oberen (Fig. 17 *c*), z. B. *Edeltanne* (♀), *Kiefer, Wachholder, Eibe, Hainbuche, Kornelkirsche, Heidelbeere* (der oberste Seitensprofs stets vegetativ), *Linde, Faulbaum.*

d. Sowohl die Hauptaxe als sämmtliche Seitensprofse sind zur Blüthenbildung befähigt; diese Befähigung stuft sich aber in folgender Reihe ab: 1) die unteren, 2) die oberen Seitensprofse, 3) die Hauptaxe (Fig. 17 *d*), z. B. *Ulme, Weiſsdorn, Quitte, Prunus*-Arten.

e. Die Rangordnung der Sprofse in Beziehung auf die Neigung zur Metamorphose ist folgende: 1) oberste Seitensprofse, 2) Hauptsprofs, 3) mittlere Seitensprofse, 4) die untersten Seitensprofse niemals blühend (Stauchlinge) (Fig. 17 *e*), z. B. *Sauerdorn.*

f. Die Hauptaxe am meisten zur Blüthe disponiert, nächstdem die obersten Seitensprofse, während die unteren erst bei weiterer Entwickelung oder niemals zur Blüthe gelangen (Fig. 17 *f*), — z. B. *Syrene, Liguster, Pfeifenstrauch, Roskastanie, Hollunder.* Bei der *Mistel* schlieſst der jedesmalige primäre Sprofs entweder unmittelbar ab (Fig. 9) oder endigt in Blüthe (Fig. 7, 8), während das einzige Seitensprofs-Paar erst nach einem vegetativen Jahrestriebe zu diesem Ziele gelangt.

g. Die Hauptaxe schliefst regelmäfsig jedes Jahr mit Blüthe, die Seitensprofse bleiben stets sämmtlich, wenigstens in ihrer ersten Entwickelungsperiode vegetativ (Fig. 17 g), z. B. *Geifsblatt*, *Waldrebe*, — auch die belaubten Blüthensprofse bei der *Rose* und dem *Apfelbaum* gehören hierher, — beim *Weinstock* schliefst sowohl der Hauptsprofs als auch der (obere) Nebensprofs im obersten Blattwinkel (die Lode) mit vollkommener oder verkümmerter Blüthe, die übrigen Seitensprofse (Geize) bleiben sämmtlich in erster Generation vegetativ, in zweiter = Hauptaxe.

Der erste und letzte dieser sieben Fälle bilden den extremsten Gegensatz und stellen die beiden Grundtypen für die Anordnungsweise der Blüthen und die Art der vegetativen Entwickelung dar, indem in dem einen die vegetative Entwickelung auf die erste, die Blüthenbildung auf die zweite, in dem anderen Fall die vegetative Entwickelung auf die zweite, die Blüthenbildung aber auf die erste Generation beschränkt ist. Durch die übrigen Fälle wird dieser Gegensatz mannigfach vermittelt. In manchen Beispielen, beim *Haselstrauch*, bei der *Birke* und *Kastanie*, zeigt sich in Beziehung auf die Metamorphose überhaupt kein bestimmter Unterschied zwischen erster und zweiter Generation.

§. 62.

Das Maafs der vegetativen Entwickelung einer durch die Metamorphose geschlofsenen Axe.

Durch Nichts erhält eine Axe so sehr das Gepräge der Einheit als dadurch, dafs sie mit der Blüthe abschliefst, — und andererseits erscheint in einer mit Blüthenbildung abgeschlofsenen Axe die Metamorphose um so vollendeter, je reichlicher und kräftiger die der Blüthenbildung vorangehende vegetative Region entwickelt ist. So kommen in Beziehung auf den Grad dieser Entwickelung, d. h. auf die Zahl der vegetativen Stengelglieder und Sprofse, welche als Träger der Blüthe erscheinen, folgende Stufen vor.

a. Die einzelne Blüthe oder ein Blüthenstand auf einem eingliedrigen, nackten Blüthenstiel.

b. Dieselbe auf einem belaubten Stiel (Blüthensprofs).

c. Eine einfache Sprofsfamilie, welche, obgleich mit vegetativ entwickelte Laubblätter tragender (einjähriger) Hauptaxe, doch in allen ihren Sprofsen, sowohl am Gipfel selbst als in sämmtlichen Seitentrieben, sei es durch Blüthenbildung oder, zugleich durch blofse Obliteration oder durch eine allgemeine Erschöpfung der vegetativen Kraft in Folge der reichlichen, wenn auch nur partiellen Blüthenbildung einen vollkommenen Abschlufs ihrer Entwickelung erfährt. Sie ist gleichsam als ein Blüthenstand im weiteren Sinne zu betrachten z. B. *Birke, Liguster, Sauerdorn.*

d. Ein Sprofssystem, dessen vegetatives Stadium zwei oder mehrere Jahrgänge und zwei oder mehrere Generationen umfafst, und erst im dritten oder noch späteren Jahrestrieb der Hauptaxe, und erst in dritter oder weiterer Generation der Verzweigung von allgemein auftretender Blüthenbildung überwunden und abgeschlofsen wird, z. B. *Eibe, Lebensbaum, Ulme. Weifsdorn, Kirsche, Liguster, Syrene, Sauerdorn* u. s. w. — gleichsam ein Blüthenstand in noch weiterem Sinne.

In anderen Fällen erfährt das Sprofssystem keine derartige Abschliefsung als einheitliches Ganzes, indem sich dasselbe trotz seiner wenn auch oft noch so reichlichen Blüthenbildung in der einen oder anderen Richtung für die vegetative Fortbildung offen erhält (z. B. *Eiche, Buche, Tanne, Kiefer, Linde* u. s. w.).

§. 63.

Die zeitliche Folge in dem Auftreten der Blüthe an den verschiedenen Axen eines Systems.

Nächstdem und mit dem eben erwähnten Punkt zusammenhängend gehört zur Charakteristik eines Sprofssystems in Betreff der Metamorphose die zeitliche Folge, in welcher die Blüthenbildung an demselben im Verhältnis zur vegetativen Entwickelung auftritt. Es kommen nämlich folgende beiden Hauptfälle vor: Entweder erzeugt ein Sprofssystem seine Blüthen successive; neben der vegetativen Fortbildung schreitet die Metamorphose einher; die Blüthenbildung ist über die aufeinanderfolgenden Jahre ziemlich gleichmäfsig vertheilt. Diefs ist bei allen denjenigen Holzgewächsen der Fall, wo alle oder ein Theil der Seitensprofse gewisser Jahrestriebe als Blüthen oder Blüthensprofse auftreten, während die primäre Axe sich am wahren oder am scheinbaren (*Buche, Birke, Heidelbeere*) Gipfel immer weiter entwickelt, ohne jemals zur Blüthenbildung zu gelangen. Die Blüthenbildung wiederholt sich hier theils in den gleichzeitig mit der Fortbildung der Hauptaxe nacheinander auftretenden Sprofsen derselben zweiten Generation, z. B. *Kiefer* (♀), *Buche, Birke, Esche, Kornelkirsche, Stachelbeere, Prunus* u. s. w., — theils dadurch, dafs unter den Seitensprofsen eines gewifsen Jahrestriebes einzelne derselben nicht gleichzeitig mit den übrigen blühen, sondern ihre von vornherein kräftigere vegetative Anlage erst nach ein- oder mehrjähriger Fortbildung und Verzweigung durch die Metamorphose überwinden lafsen (z. B. die *Prunus*-Arten), — oder durch alljährlich neue Production von Blüthen aus den Blattwinkeln der sich weiter verzweigenden Blüthensprofse zweiter Generation, wie bei der *Kornelkirsche*, wodurch es in diesem Falle kommt, dafs die Blüthenbildung nicht nur hinter dem fortwachsenden Gipfel her fortschreitet, sondern sich längs des ganzen mehrjährigen Sprofssystems in jedem Jahr erneuert. Oder endlich die Blüthe wiederholt sich nach je einem oder mehr als einem Jahr gipfelständig an der Hauptaxe selbst, welche sich alsdann durch einen an ihre Stelle tretenden obersten Seitenprofs verjüngt, während alle übrigen Seitenprofse derselben blüthenlos sind (z. B. *Roskastanie*).

Dagegen äufsert sich in anderen Fällen die Metamorphose mehr st ofs weise, indem ein Sprofssystem die demselben beschiedene Anzahl der Blüthen in einem gewissen Jahre auf einmal oder wenigstens in gewissen Jahren in überwiegend reichlicherer Fülle als sonst hervorbringt. Wenn neben einem solchen plötzlich auftretenden Blüthenreichthum noch Laubknospen vorhanden sind, so kann sich der Zweig durch dieselben fortbilden und demnächst seine Blüthe nach und nach oder nach einer gewissen Zeit wiederum in rasch zunehmender Anzahl wiederholen; wenn aber die Zahl der Blüthen zum ersten Mal in dem Grade überwiegt, dafs die vegetative Bildungskraft durch die Metamorphose gleichsam erstickt wird, denn erreicht das Sprofssystem mit diesem Stadium zugleich das Ziel seiner Entwickelung und erscheint gewissermafsen als ein Blüthenstand höherer Ordnung. Diese Erscheinung erklärt sich durch folgende Gründe.

a. Wenn die nach dem früher Gesagten in der vegetativen Entwickelung der Sprofse gesetzmäfsig stattfindende Steigerung der

Disposition zur Blüthenbildung gleichen Schritt hält einerseits in der Richtung der Hauptaxe, andererseits in der Richtung der successiven Generationen, dann tritt mit innerer Nothwendigkeit im Entwickelungsgang des Sprofssystems ein Stadium ein, wo sämmtliche Sprofse desselben, welche überhaupt einmal blühen, sowohl Haupt- als Seitensprofse, dieses Ziel gleichzeitig und zwar unabhängig von ihrem relativen Alter erreichen. Diesen Fall, wo an einem Zweige auf einen oder mehrere Jahrgänge kräftigen Wachsthums mit einem Male ein allgemeines Blühen erfolgt, haben wir oben in besonders auffallender Weise beim *Liguster* (Tab. II., Fig. 11 — 14), *Sauerdorn* und *Weifsdorn* wahrgenommen.

b. In anderen Fällen erscheint die Blüthenbildung gebunden an eine bestimmte Generation, wenn, wie z. B. bei dem *Mandelbaum*, an einem Zweige, welcher sich zwei Generationen hindurch kräftig und rein vegetativ entwickelt hat, plötzlich die Sprofse der dritten Generation und nur diese, sämmtlich oder nur mit wenigen Ausnahmen, als Blüthen auftreten, — oder wenn an einem Sprofssystem der *Stachelbeere* die erste Generation als kräftiger Trieb, die zweite durch die permanent sterilen Stauchlinge, die dritte dagegen durch die aus den letzteren seitlich entspringenden Blüthen vertreten wird, — oder wenn die durch Blüthenbildung einerseits und absolute Unfruchtbarkeit andererseits charakterisierten beiden Sprofsmodificationen des *Weinstocks*, Lode und Geiz, miteinander als zwei regelmäfsig wechselnde Generationen verknüpft sind.

c. Nicht immer läfst sich eine solche bestimmte Beziehung der Metamorphose zu der vegetativen Entwickelung, eine solche innere Vorbereitung der Blüthe als des gesetzmäfsigen Ziels der vorhergehenden Wachsthumsperiode erkennen, in vielen Fällen scheint vielmehr ein Sprofssystem plötzlich von einem fast alle Sprofse gemeinsam beherrschenden, vielleicht in den äufseren Einflüfsen, etwa in den klimatischen Verhältnissen eines gewissen Jahres begründeten Triebe beherrscht und zu einem gleichzeitigen Blühen bestimmt zu werden. So mag es häufig bei der *Buche, Linde,* bei der *Kiefer* ($\frac{1}{6}$), *Mistel* u. s. w. der Fall sein.

d. Das Vermögen der Blüthenbildung ist in der Regel unter die verschiedenen Sprofse und Sprofssysteme eines Baums in der Art ungleich vertheilt, dafs, während die einen während ihres ganzen Daseins zum Blühen unfähig bleiben, die anderen mit dieser Fähigkeit in um so reicherem Maaße begabt sind. Wie diese ungleiche Disposition zum Blühen großentheils mit der Anordnung zusammenhängt, haben wir oben nachgewiesen. Ich erinnere insbesondere an die unfruchtbaren Stauchlinge des *Sauerdorns*, der *Kiefer* u. s. w. und umgekehrt an die vorzugsweise der Blüthe als Träger dienenden Stauchlinge gegenüber den absolut vegetativen Krafttrieben der *Kornelkirsche*, — an den oben erwähnten Unterschied zwischen den aus einerlei Blattwinkel entspringenden Sprossen beim *Schleh-* und *Weißdorn* u. s. w.

§. 64.
Wechselverhältnis zwischen Wachsthum und Metamorphose.

Die Metamorphose ist ihrem Ziele in der Blüthe da am nächsten, wo die Bildungskraft am wenigsten von dem vegetativen Leben absorbiert wird, — mit anderen Worten: in dem Grade, wie das Wachsthum abnimmt, nimmt die Neigung zur Reproduction zu. Dieses auf anderen Gebieten des Pflanzenlebens, insbesondere bei den krautartigen Pflanzen, bekannte Gesetz bestätigt sich auch bei den Holzgewächsen. Denn

a. An einem einzelnen blühenden Sproß ist entweder die Laubregion gänzlich übersprungen (nackte Blüthen und Blüthenstände), oder wo dieselbe vertreten ist, da ist sie fast allgemein auf ein ungleich geringeres Maaß reduciert als in den nicht blühenden Sprossen; und zwar beschränkt sie sich häufig auf einen einzigen, nämlich den blühenden, Jahrestrieb (*Birke* [☿], *Weide*, *Syrene*, *Pfeifenstrauch*, *Rose*, *Pyrus*, *Kornelkirsche* u. s. w.); wo der Blüthe ein oder mehrere vegetative Jahrestriebe vorangehen, da sind dieselben entweder sämmtlich wenig entwickelt, die Blüthe tritt ausschließlich oder doch mit vorherrschender Neigung am Gipfel der Stauchlinge auf (*Lärche*, *Hainbuche*, *Kornelkirsche*, *Ahorn*, *Roskastanie*, *Apfel-* und *Birnbaum* u. s. w.), — oder die Jahrestriebe des Sprosses haben wenigstens nach oben hin an Länge abgenommen (*Ulme*, *Hollunder*, *Liguster*), wenigstens ist der letzte, blühende Jahrestrieb stets ärmer an Blättern und kürzer entwickelt als die früheren Triebe (unbelaubt bei der *Birke* [♀], *Hasel* [wo überdieß die Blüthen ungleich häufiger seiten- als endständig an der kräftig entwickelten Axe entspringen], *Erle* u. s. w.), kurz wo neben seitenständiger auch gipfelständige Blüthenbildung vorkommt, da ist dieſs um so leichter der Fall, je weniger krüftig der Sproſs entwickelt ist. Dieses Verhältnis geht besonders deutlich aus dem bereits im Früheren nachgewiesenen Umstand hervor, daſs die Richtung, in welcher unter den verschiedenen Seitenprofsen längs eines Jahrestriebes der Hauptaxe die Neigung zum Blühen abnimmt, in den meisten Füllen dieselbe ist, in welcher die Kraft der vegetativen Entwickelung zunimmt, nämlich von unten nach oben, indem sich der entgegengesetzte Fall fast nur auf solche Beispiele (*Hollunder*, *Liguster*, *Syrene*, *Pfeifenstrauch*, *Roskastanie*) beschränkt, wo der Gipfel der Hauptaxe selbst am meisten zur Blüthe disponiert den Ausgangspunkt darstellt, von wo aus die Metamorphose die benachbarten, also die obersten Glieder der Sproſsfamilie zunächst ergreift.

b. Vergleichen wir ferner die verschiedenen Jahrestriebe eines Sproſses untereinander, sowie die verschiedenen Sproſse eines Gewächses in Beziehung auf das Verhältnis ihres vegetativen Entwickelungsgrades zu der Neigung der daraus seitlich entspringenden Sproſse für Blüthenbildung, so finden wir zwar, daſs in den meisten Füllen (z. B. *Kiefer*, *Tanne*, *Wachholder*, *Hasel*, *Eiche*, *Kastanie*, *Birke*, *Weide*, *Platane*, *Heidelbeere*, *Hollunder*, *Syrene*, *Liguster*, *Sauerdorn*, *Rose*, *Prunus* - Arten), die Blüthensprofse stets aus einer Hauptaxe mit entwickelten Jahrestrieben entspringen, daſs aber bei denjenigen Gewächsen, wo das jährliche Wachsthum der Sproſse in einem gewissen Stadium sich auf ein Minimum reduciert, die Neigung zur Production von seitlichen Blüthensprofsen gerade in diesem Stadium kümmerlicher Vegetation am gröfsten ist (z. B. *Buche**[*]), *Hainbuche*, *Erle*, *Pappel*, *Ulme*, *Esche*, *Ahorn*, *Roskastanie* u. s. w.), — ja in manchen Fällen findet die seitliche Blüthenbildung ausschliefslich an jener eigenthümlichen Sproſsform, den Stauchlingen statt, wie bei der *Stachelbeere*, während freilich bei anderen, z. B. der *Birke*, umgekehrt gerade diese Sproſsform durchweg unfruchtbar ist. Bei der *Linde* entspringt der Blüthenstand stets aus einem noch nicht entwickelten Sproſs und zwar aus dem untersten unentwickelt bleibenden Stengelglied; ebenso die blühende Lode des *Weinstocks* aus dem untersten unentwickelten Glied des Geizes.

---

[*] Sproſse z. B., welche 15 Jahre hindurch je nur um ein Paar Linien mit 3 — 4 Blättern gewachsen sind, zeigen sogar mehrere Jahre hintereinander die krüftigste und reichlichste Blüthenbildung.

c. Ebenso finden wir an dem weiter verzweigten Sprofssystem, dafs gerade mit erlöschendem Wachsthum vorzugsweise eine Disposition zur Blüthenbildung zusammenhängt, indem Zweige, an welchen die Blüthe in besonderer Fülle auftritt, gerade solche sind, welche wegen ihrer langsamen Entwickelung selbst bei einem beträchtlichen Alter nur eine geringe Länge und Stärke gewonnen haben*), und wenn z. B. bei der *Buche* zwischen Aesten, die in vollster Blüthe stehen, einzelne Zweige ohne alle Blüthen stehen, so ergibt sich, dafs diefs stets solche sind, welche noch ein kräftiges Wachsthum bewahrt haben, während dasselbe bei den übrigen durchweg im Erlöschen ist. Und zwar kommt bei solchen durch die Begünstigung einer vegetativen Remission von der Metamorphose ergriffenen Zweigen das relative Alter, sowie die Generationsordnung der einzelnen Sprofse nicht in Betracht; alle Sprofse, ein- und mehrjährige, primäre und secundäre, selbst die verhältnismäfsig kräftigeren unter ihnen, werden durch den alternden Zustand des ganzen Systems gemeinsam dem Ziel der Metamorphose entgegengeführt.

Ueberhaupt hat das Alter des einzelnen Sprofses im Allgemeinen keinen Einflufs auf dessen Blühbarkeit, insbesondere nicht in Beziehung auf die Production von seitlichen Blüthen und Blüthensprofsen, während für das Auftreten der Gipfelblüthe, wie aus den obigen (S. 178 ff.) Angaben hervorgeht, allerdings in vielen Fällen ein bestimmtes Alter der betreffenden Axe gesetzmäfsig ist.

---

*) So trägt z. B. ein Buchenzweig, welcher in 7 Jahren nur 8 Generationen und nur eine Länge von 1 Fufs erreicht hat, dessen letzten Jahrestriebe lauter Stockungen, dessen letzte Generation lauter Stauchlinge sind, lauter Fruchtaugen; — ebenso ein anderer Zweig von 17 Jahren mit 4 Generationen und nur 1½ Fufs Länge; — bei einem anderen, an welchem unter 180 Sprofsenden nur etwa 10 noch irgend ein, wenn auch geringes, Längenwachsthum haben, endigen fast alle Sprofse niederer Ordnung mit Blüthenbildung.

Drittes Capitel.

Die Blüthenordnung am ganzen Baum.

§. 65.

Ueber den Wechsel der vegetativen und der reproductiven Periode des Baums.

Ueber die Stellung, welche die Blüthe in Beziehung auf die Gestalt des ganzen Baums einnimmt, d. h. über das Verhältnis der Metamorphose zur vegetativen Sphäre des Baums, wage ich einstweilen nur folgende allgemeine Bestimmungen auszusprechen. Wenngleich die Holzgewächse nicht wie die einjährigen Pflanzen mit der Blüthe zugleich das Ziel ihrer Entwickelung erreichen, vielmehr ihr Wachsthum ungestört fortzusetzen vermögen, so gilt bei ihnen doch die Regel, dafs die vegetative Sphäre ihres Lebens der Hauptsache nach der reproductiven Sphäre vorangeht. Dieses zeigt sich in folgenden Punkten.

a. Die Blüthe erscheint wohl niemals an der Hauptaxe eines Holzgewächses, sondern es mufs erst eine Reihe von Sprofsgenerationen, gleichsam eine starke vegetative Grundlage erzeugt werden, bevor die Blühbarkeit eintritt; und das Gesetz, welches wir in dem einzelnen Sprofssystem erkannt haben, gilt auch für den ganzen Baum, das Gesetz, dafs die Blüthenbildung um so mehr Raum gewinnt, je mehr die Zahl der Generationen zunimmt.

Bei der *Mistel* tritt die erste Blüthe erst nach einer mehrmaligen Gabeltheilung auf; — bei der *Buche* scheint (wenigstens für die unteren Aeste) die dritte Generation die frühste zu sein, aus welcher Blüthen entspringen können; — bei der *Erle* kommen die Blüthensprofse (d. h. die männliche und weibliche Kätzchen gemeinschaftlich tragenden Sprofse) ebenfalls schon als dritte und vierte Generation vor; — bei der *Roskastanie* können schon Axen der vierten Generation, vielleicht sogar die Hauptaxe selbst, einen terminalen Blüthenstand treiben, — bei der *Syrene* ebenso (wenigstens an Wurzelschöfslingen, bei letzteren sogar schon in erster Generation), in der Regel an kräftigeren, eigentlich baumförmigen Exemplaren wohl erst nach längerer Verzweigung; — die *Linde* blüht frühestens an (entwickelten) Axen fünfter Generation, — der *Ahorn* (*A. platanoides*) an der fünften oder sechsten Generation.

b. Zu dieser für den Beginn der Metamorphose erforderlichen Erstarkung oder vegetativen Reife des Baums gehört aufserdem ein gewisses Lebensalter, und zwar ist der Zeitpunkt, womit dieses Stadium der Mannbarkeit eintritt, für jede Baumart ein, wenngleich innerhalb gewisser Grenzen, bestimmter. Diese engeren und weiteren Grenzen hängen zum Theil mit der Individualität, besonders aber mit den äufseren Bedingungen, namentlich mit dem Standort zusammen, und zwar in der Weise, dafs, als Aeufserung des oben hervorgehobenen Wechselverhältnisses zwischen der vegetativen und reproductiven Lebenssphäre, diejenigen Einflüfse, welche das Wachsthum, besonders das Höhenwachsthum begünstigen, als fruchtbarer Boden, geschlofsener Stand, das Stadium der Mannbarkeit weiter hinausrücken. Wir verdanken in dieser Beziehung den Beobachtungen der Forstmänner bereits eine ausgedehnte Kenntnis über das Verhalten der verschiedenen Baumarten.

Einige beispielsweise anzuführenden Angaben*) mögen ein Bild der in diesem Punkt herrschenden Verschiedenheit unter den Bäumen geben.

Rothtanne 50, *Edeltanne* 30, *Lärche* 15, *Kiefer* 15 — 20, *Krummholzkiefer* 10, *Pinus austriaca* 30, *Zirbelkiefer* 60, *Weymouthskiefer* 25, *Stieleiche* 60, *Kastanie* 25 — 30, *Buche* 40 — 50, *Hasel* 10, *Hainbuche* 20, *Birke* 10 — 12, *Erle* 15 — 20, *Ulme* 40, *Esche* 25, *Ahorn* 25 — 30, *Linde* 25 — 30.

Die vorstehenden Zahlen geben das durchschnittliche Alter des Baums bei dem ersten Eintritt der Fruchtbarkeit an, und beziehen sich auf die verhältnismäfsig günstigsten Umstände, insbesondere auf freien Stand der Bäume, während im geschlofsenen Stand das genannte Stadium etwa 20 Jahre später einzutreten pflegt, und durch besonders fruchtbaren Boden noch weiter hinausgerückt wird. Die Angaben beziehen sich ferner auf Samenpflanzen, wogegen Stockausschläge noch viel früher zur Blüthe gelangen, wie es besonders bei der *Eiche* auffallend ist, sowie nicht sowohl auf das Erscheinen der ersten Blüthen, welches gewöhnlich noch früher erfolgt, als auf die erste Erzeugung von keimfähigem Samen.

Im Allgemeinen kann man hiernach und mit Berücksichtigung des oben über den individuellen Wachsthumsgang der Bäume Mitgetheilten annehmen, dafs das zweite Lebensstadium, das der repro-

---

*) Hartig's Naturgeschichte der forstlichen Culturpflanzen entlehnt.

ductiven Sphäre, seinen Anfang nimmt, wenn das erste, das der
vegetativen Entwickelung, insbesondere das Längenwachsthum den
Höhenpunkt seiner Intensität erreicht oder zum Theil schon überschritten hat*), und daſs mit der Periode der allgemein fortschreitenden Remission der vegetativen Thätigkeit des Baums gerade
die immer reichere Entfaltung der Blüthenkraft in umgekehrter
Richtung gleichen Schritt geht. Und zwar ist es wahrscheinlich,
daſs diese Steigerung in der immer mehr die Herrschaft über die
niedere Lebenssphäre erringenden Metamorphose im Ganzen bis
zum Lebensende fortschreitet**). Dabei aber ist es eine bemerkenswerthe Erscheinung, daſs innerhalb dieses Fortschrittes der
Metamorphose periodische Schwankungen stattfinden, welche
wiederum für jede Baumart bezeichnend sind, — und zwar äuſsern
sich diese gewöhnlich nur als Schwankungen in dem relativen Reichthum an Blüthen in den aufeinanderfolgenden Jahren, so daſs
„gute und weniger gute Samenjahre" in bestimmter Weise miteinander wechseln, ohne daſs die Samenerzeugung in einem Jahr
ganz unterbrochen wird. Wenigstens gilt dieſs für die Menge aller
Bäume einer Art oder doch für ganze Bestände; für den einzelnen Baum kann hierbei eine gänzliche Unterbrechung der Blüthenbildung recht wohl bestehen, aber für die *Buche* und *Hainbuche*
gilt dieses nach den Erfahrungen der Forstmänner selbst für einen
ganzen Jahrgang oder für gröſsere Bestände. Einige Beispiele***)
werden das verschiedene Verhalten der Baumarten in Beziehung
auf die Zahl der Jahre, nach welchen die (guten) Samenjahre
wiederkehren, erklären.

Rothtanne 6 — 8 (unter ungünstigen Verhältnissen), — *Kiefer* 3 — 5, Blüthe
alljährlich; *Krummholzkiefer* jährlich, *P. austriaca* 2 — 3, *Zirbelkiefer* 4 — 5,
Weymouthskiefer 2 — 3 (im Schluſs), im freien Stande jährlich, — *Stieleiche* 3 — 4
unter günstigen, 10 — 12 unter ungünstigen Verhältnissen, — *Kastanie* 2 — 3, —
Buche im günstigsten Fall 5, im ungünstigen 15 — 20, *Hasel* 3 — 4 (im Schluſs),
im freien Stande jährlich, — *Hainbuche* fast jährlich, in einzelnen Jahren gar
kein Samen, — *Birke* fast jährlich, — *Erle* 3 — 4, — *Ahorn* fast jährlich.

---

*) Hundeshagen (Encyklopädie der Forstwissenschaft 1ste Abth. 1828, S. 80)
setzt den Beginn der Mannbarkeit vor den Culminationspunkt des Wachsthums, und
zwar für gewöhnlich in die Hälfte des Zeitraums vom Entstehen bis zum letzteren.

**) Wenigstens ist, so viel mir bekannt, eine etwa gegen das Ende normal, d. h.
von zufälligen Umständen unabhängig eintretende Remission in der Blüthenproductivität,
nicht nachgewiesen.

***) Nach Hartig's Angaben.

§. 66.

Die Anordnung der Blüthen, insbesondere die Vertheilung der Geschlechter am Baum.

Was die Vertheilungsweise der gleichzeitig entstehenden Blüthen betrifft, so ist dieselbe entweder gleichmäfsig mehr oder weniger reichlich über den ganzen Baum, oder in der Art ungleichmäfsig, dafs die Blüthenbildung, unabhängig von der Generation der Sprofse, sich vielmehr auf einzelne kleinere oder gröfsere Sprofssysteme oder einzelne Regionen des Baums beschränkt und dann hier um so reichlicher, oft, z. B. bei der *Buche*, an sämmtlichen diefsjährigen Trieben aller Generationen auftritt, während die übrigen Aeste, Regionen u. s. w. gänzlich leer ausgehen *). Es scheinen die verschiedenen Theile eines Baums in Beziehung auf das Blühen in den aufeinanderfolgenden Jahren abzuwechseln **).

Die Anordnung der Blüthen am Baum erhält nähere Bestimmungen durch Berücksichtigung des Geschlechts. Folgendes sind die Stufen, auf welchen die Natur in der Verknüpfung der beiden Geschlechter fortschreitet.

1) Zweihäusige Gewächse: Die beiden Geschlechter sind zwischen zwei getrennten Stöcken getheilt, — männliche und weibliche Individuen, z. B. *Mistel, Wachholder, Eibe, Weide, Pappel.*

2) Einhäusige Gewächse: Die beiden Geschlechter sind an verschiedene Sprofse eines Stockes vertheilt, und zwar kommen zwei verschiedene Fälle für das Verhältnis der Geschlechtstrennung zu der Trennung der Sprofse vor. Entweder theilen sich die coordinierten Sprofse einer und derselben Generation in die zwei Geschlechter, wobei diese Trennung bald in die letzte, bald in eine frühere Generation fällt, d. h. die mit Blüthen je einer Art versehenen Glieder eines Baums sind entweder männliche und weibliche Blüthenstiele oder einfache Sprofse oder Sprofssysteme oder ganze Regionen des Baums, und diese mehr oder weniger zu-

---

*) An einer *Hainbuche* trugen z. B. im Jahr 1853 von sämmtlichen Aesten nur zwei Blüthen, und zwar in Menge, die übrigen gar keine.

**) Kirschleger erzählt von einer *Roskastanie* bei Strafsburg, welche in den aufeinanderfolgenden Jahren abwechselnd auf der östlichen und westlichen Seite blühte. Einen ähnlichen Wechsel beobachtete ich an einer *Linde.*

sammengesetzten dem Geschlecht ihrer Blüthen nach verschiedenen Glieder sind ihrem Ursprung nach coordiniert an einer in der Generationsfolge mehr oder weniger der Hauptaxe des Baums nahestehenden Axe. Oder mit anderen Worten, die Einheiten aus der vegetativen Gliederung eines monöcischen Baums tragen die zweierlei Blüthen in der Weise vereinigt, dafs die Sprofse, von denen der eine unmittelbar oder erst nach weiterer Verzweigung die männlichen, der andere ebenso die weiblichen Blüthen erzeugt, aus einer und derselben Mutteraxe entspringen. Je nach der Anzahl von vegetativen Generationen, welche der Blüthenbildung vorangehen, ist diese Einheit der ganze Baum, das Sprofssystem, die Sprofsfamilie, der Blüthenstand. Beispiele:

a. Der ganze Baum androgynisch dadurch, dafs sich schon in der Hauptaxe entspringende Aeste in Beziehung auf das Geschlecht unterscheiden, z. B. bei der *Kiefer, Rothtanne* u. s. w., wo die männlichen Blüthen vorzugsweise der unteren, die weiblichen vorzugsweise der obersten Region des Baums angehören.

b. Bei den genannten Bäumen kommen aber auch, wie auch bei anderen, z. B. der *Platane*, androgynische Sprofssysteme vor, deren Hauptaxe in Beziehung auf die Hauptaxe des Baums secundär ist, welche aber aus mehr als zwei Generationen bestehen, also Sprofse, welche seitlich mittelbar oder erst in weiterer Verzweigung männliche Blüthen oder Blüthenstände tragen, und solche mit weiblichen Blüthen, beide als coordinierte Seitenglieder einer gemeinschaftlichen Axe.

c. Androgynische Sprofsfamilie, d. h. männliche und weibliche Blüthen oder Blüthenstände, als coordinierte Sprofse an einem Jahrestrieb eines primären Sprofses, aus den Winkeln der Niederblätter oder der Laubblätter, z. B. *Buche, Hainbuche, Hasel, Kastanie, Eiche,* — bei der *Lärche* oft als coordinierte Seitenglieder einer mehrjährigen Axe.

d. Androgynischer Blüthenstand, d. h. männliche und weibliche Blüthen als coordinierte Glieder seitlich an einer gemeinschaftlichen Spindel aus den Winkeln von Hochblättern (oder ohne Stützblätter) entspringend, z. B. *Erle, Kastanie* (zum Theil).

Der andere Fall der Monöcie ist die Trennung der Geschlechter durch Generationswechsel, die Vertheilung der männlichen und weiblichen Blüthen an Sprofse, welche sich zueinander als erste und zweite Generation verhalten, z. B. bei der *Birke*, wo die

männlichen Kätzchen gipfelständig, die weiblichen seitenständig an
ein und demselben Jahrestrieb einer Axe entspringen; auch bei der
Hasel gehören beiderlei Blüthenstände häufig zweierlei Generationen
an, jedoch ohne ein bestimmtes Gesetz der Vertheilung; — bei
der *Erle* gehören die weiblichen Kätzchen meist einer in Beziehung
auf die männlichen secundären Generation desselben Blüthenstandes
an, — und bei der *Hainbuche* gehören zwei männliche und weibliche Kätzchen ei n e r Generation an, an diesen Kätzchen selbst
aber bilden die männlichen Blüthen die zweite, die weiblichen
Blüthen die dritte Generation.

3) Endlich in der h e r m a p h r o d i t i s c h e n B l ü t h e tritt der
Gegensatz beider Geschlechter, indem sie sich an einer und der-
selben Axe vereinigen, gänzlich aus der Gliederung der vegetativen
Sphäre heraus.

§. 67.

D e r G e n e r a t i o n s w e c h s e l d e s B a u m s , v e r g l i c h e n mit dem bei den Thieren.

Die Thatsache, daſs die Verzweigung des Baums nicht blofs
ein reiner Generationswechsel ist, d. h. eine Wiederholung gleichwerthiger Axen in der Art wie Vater, Sohn, Enkel u. s. w., vielmehr, wie wir im Früheren nachgewiesen haben, wesentlich auch
einen Wechsel der Axen nach ihrer Qualität in sich schliefst, —
die Thatsache, daſs die Succession der G e n e r a t i o n e n zugleich
eine Aufeinanderfolge ebenso vieler verschiedener L e b e n s f o r m e n
ist, — hat in dem Vorstehenden durch die Betrachtung des Auftretens der Blüthe an der vegetativen Region insbesondere durch die
unmittelbare Aufeinanderfolge einer rein vegetativen und einer durch
lauter Blüthen vertretenen Generation (z. B. *Mandel*) eine weitere
Begründung erhalten. Sie erinnert uns an eine ganz analoge Erscheinung im Thierreich, deren Entdeckung in der neueren Zoologie
Epoche gemacht hat. Denn wenn man hier in dem Leben eines
Eingeweidewurms, einer Blattlaus u. s. w., eine Reihe von Stadien
wechseln sieht, welche theils durch geschlechtliche Erzeugung, theils
durch Sprofsung, theils durch directe Umwandlung eines aus dem
anderen hervorgehen, zugleich aber in der Art selbständig exi-
stieren, daſs man sie früher als ebenso viele besondere Thierspecies
ansehen konnte, — so ist diefs im Wesentlichen nichts Anderes als
wenn die zahlreichen auseinander hervorgehenden Sprofse, als die

Individuen einer grofsen Familie, des Baums, durch ein bestimmtes Maafs der vegetativen Kraft, durch eigenthümliche Richtungs- und Stellungsgesetze, durch eigenthümliche Modificationen der Axe selbst sowohl als der Blätter sich unterscheiden und in einer gesetzmäfsigen Folge aneinander gereiht sind. Der Unterschied liegt nur darin, dafs der Cyklus der verschiedenen Generationen, d. h. Lebensformen, bei dem Baum in einem höheren physiologischen Ganzen miteinander verbunden bleibt, — dafs es hier vorzugsweise Stadien aus der Formgeschichte, bei den Thieren Stadien aus der Lebensgeschichte sind. — Die Vergleichung läfst sich sogar noch mehr im Einzelnen durchführen, indem das, was man nach Steenstrup im engeren Sinne Generationswechsel nennt, nämlich die Aufeinanderfolge folgender Lebensstadien: 1) das eiererzeugende Thier, 2) der aus einem Ei geschlechtlich hervorgegangene Embryo, 3) der durch Umwandlung des Embryos gebildete Keimschlauch („Amme"), 4) der im Innern desselben entstandene Keim, welcher sich zu dem vollkommen eiertragenden Thier ausbildet, — einen ganz analogen Cyklus in der Entwickelung des Baums findet. Die den genannten Stadien entsprechenden der Pflanze würden nämlich folgende sein: 1) der blühende Sprofs, 2) der durch Befruchtung aus den Eichen hervorgegangene, im Samen eingeschlofsene von der Mutterpflanze sich trennende Embryo, 3) der durch Auswachsen desselben hervorgegangene nicht blühende Baum, 4) jeder vegetative Sprofs des Baums entspricht den in der „Amme" erzeugten Keimen (man denke an die Vermehrung der Pflanze durch Stecklinge, Augen, Brutknospen); diese Stufe wird am Baum durch die ganze Reihe von ungleichwerthigen vegetativen Sprofsgenerationen vertreten; — durch Metamorphose erreicht der vegetative Sprofs wiederum die höchste Stufe des Cyklus in der Blüthe.

So erscheint der Baum nicht mehr als ein Complex zahlreicher untereinander wesentlich übereinstimmender Individuen, sondern als ein in sich geschlofsener Cyklus von physiologisch und morphologisch differenten aber in gesetzmäfsiger Weise verknüpften Lebensformen, er erscheint uns als eine Einheit ebenso, wie bei dem Eingeweidewurm, der Blattlaus u. s. w. der Kreislauf jener scheinbar unabhängigen und selbständigen Lebensstadien den Begriff des Individuums darstellt.

Dritter Theil.

Der Rhythmus in der Entwickelung der Baumgestalt.

---

§. 68.

Noch einmal müfsen wir unsere Aufmerksamkeit auf den Baum mit seiner oben dargestellten Gliederung und Ordnung als auf ein Product des Werdens richten, — des Werdens, welches wir nicht blofs als eine allmähliche Vergröfserung, sondern als eine Entwickelung, ein Durchlaufen immer neuer Phasen der Gestalt bei gleichbleibendem Grundtypus aufzufassen gelernt haben.

Diese Entwickelung ist aber nicht nur an eine gewisse Zeitdauer, innerhalb welcher sie verläuft, gebunden, — sie schreitet dabei auch nicht gleichmäfsig, sondern in bestimmten Schwankungen, bald schneller, bald langsamer voran, — sie läfst ferner eine Reihe von eigenthümlichen Stadien unterscheiden, die in einer ganz bestimmten Ordnung aufeinander folgen, und von denen jedem seine bestimmte Zeit von der Natur angewiesen ist. Insbesondere aber erfolgt diese ungleichmäfsige Entwickelung nicht ununterbrochen in einem Zuge, vielmehr äufsert sich der das ganze Gewächs beherrschende Rhythmus auch in einem unaufhörlichen und immer gleichmäfsigen Wechsel von Perioden des Stillstandes und Fortschrittes, gleich den Pulsschlägen des thierischen Blutlaufes oder richtiger gleich den Bewegungen der ein- und ausathmenden Lunge; charakteristisch für diesen Rhythmus des Pflanzenwachsthums ist es aber, dafs derselbe zusammenfüllt mit dem Rhythmus des allgemeinen tellurischen Lebens. Was für ein Uhrwerk zum gleichmäfsigen Gange die regulierenden Schwingungen des Pendels, das sind für die ruhige und, unbeschadet jener eigenthümlichen Schwankungen, doch in einem festen Ebenmaafs dahinschreitende Entwickelung des Baums jene Schwingungen in dem Leben der Erde zwischen Tag und Nacht, Sommer und Winter.

Dazu kommt aber noch der bemerkenswerthe Umstand, dafs diese Pulsschläge des Wachsthums zugleich den Gliedern des Baums entsprechen, welche anatomisch und morphologisch so scharf ausgeprägt sind, dafs wir dieselben im Vorhergehenden, auch absehend von der zeitlichen Entwickelung, selbst an dem todten Gewächs aufs Bestimmteste nachzuweisen vermochten. Dieser stufenartige Aufbau der Gestalt, diese selbständigen, von dem äufseren Naturleben· unabhängigen, vielmehr in dem eigenen Gesetz des Organismus begründeten Oscillationen der bildenden Kraft, wie sie sich unter anderen in jener steten Wiederkehr eines und desselben Cyklus der Blattmetamorphose an einer Axe äufsern, fallen zusammen mit den regelmäfsigen Perioden der zeitlichen Entwickelung. Daher gehen Morphologie und Biologie des Baums Hand in Hand, die eine weist auf die andere hin.

Erstes Capitel.

Der Rhythmus in der Entwickelung des einzelnen Sprofses.

§. 69.

Der Rhythmus in dem Längenwachsthum.

Die Verlängerung einer vegetativen Axe geschieht nicht continuierlich, sondern durch ein periodisches Abwechseln von Wachsthum und Stillstand. Von den einzelnen je in einem Zeitabschnitt erzeugten Wachsthumsstücken gilt vorzüglich das oben Gesagte, durch den Cyklus der Stengelglieder, durch die in einem Kreislaufe vollendete Metamorphose des Blattes u. s. w. erscheinen sie zugleich als morphologische Einheiten. Dieser Rhythmus des Wachsthums stimmt überein mit der jährlichen Periode, so daſs der Sproſs regelmäſsig in jedem Jahre sich mit einem neuen und zwar nur einem Trieb fortsetzt. Ausnahmsweise, unter besonderen Umständen wiederholt sich der Wachsthumsact in einem Jahre noch einmal; etwas Näheres über diesen „Herbst-" oder „Sommertrieb" wird weiter unten (§. 74) angeführt werden.

Die Entwickelung dieses jährlichen Triebes ist aber auf eine eigenthümliche Weise an die Jahresperiode geknüpft, indem das Stadium der Ruhe nicht etwa zwischen je zwei Jahrestriebe, sondern vielmehr zwischen die beiden Acte fällt, die sich in der Entwickelung des einzelnen Jahrestriebes unterscheiden laſsen, und eben dadurch noch schärfer gegeneinander abgegrenzt werden. Nämlich einerseits die Anlage der sämmtlichen[*] Blätter und Stengelglieder des Triebes, welche gegen das Ende der ersten Wachsthumsperiode erfolgt, und nach der winterlichen Unterbrechung der Act der Entfaltung dieser Theile, womit das Wachsthum im folgenden Jahre beginnt, und an welche sich die Anlage des im dritten Jahre zur Entfaltung kommenden Triebes in Gestalt einer Winterknospe unmittelbar anschließt u. s. f.

Die Anlage des Triebes als Winterknospe geschieht natürlich von unten nach oben, die untersten Glieder treten zuerst, die obersten zuletzt auf, dagegen gilt für die Entfaltung dieser Knospe zum Trieb ein anderes Gesetz. Die Ausdehnung geschieht nämlich weder in allen jenen verkürzten Internodien vollkommen gleichzeitig noch auch nach einander, sondern das im Frühjahr erwachende Wachsthum ist zuerst in allen (mit Ausnahme der den Knospendecken entsprechenden vollkommen unentwickelt bleibenden) Internodien gleichmäſsig, und erst nach und nach tritt eine Ungleichheit ein, indem dasselbe in den unteren Gliedern alsbald aufhört, in den oberen hingegen länger, in dem obersten in der Regel am längsten fortdauert, was sich zum Theil schon aus der am fertigen Triebe wahrnehmbaren Steigerung der Internodiallänge von unten nach oben erkennen läſst, aber auch bei gleich langen Gliedern Regel zu sein scheint, wie andererseits auch die verschiedene Länge derselben nicht bloſs von der kürzeren oder längeren Dauer, sondern auſserdem auch von der in den verschiedenen Internodien

---

[*] Eine Regel, welche nach Ohlert (Linnaea 1837, S. 682) nur eine unbedeutende Einschränkung erleidet.

ungleich vertheilten Intensität des Wachsthums abhängt, welche oft gerade in den obersten (kürzeren) Stengelgliedern abnimmt, obgleich dieselben am längsten in der Ausdehnung verharren. Noch in demselben Jahre, und zwar im Allgemeinen in der ersten Hälfte des Sommers, haben sämmtliche Stengelglieder ihr bestimmtes Maaſs der Ausdehnung erreicht, eine weitere Verlängerung des Jahrestriebes findet in der Folge nicht statt, — nur bei den Nadelhölzern dauert die Ausdehnung der Axe länger als ein Jahr lang fort.

Was nun die Art und Weise betrifft, wie sich das einzelne Stengelglied vergröſsert, so stimmen die Ergebnisse aller darüber angestellten Beobachtungen[*]) darin überein, daſs das Wachsthum im Anfang in allen Theilen des Stengelgliedes gleichmäſsig stattfindet, nach und nach aber, während die unteren Theile zu wachsen aufhören, sich immer mehr nach oben hin zurückzieht und endlich dicht unter dem oberen Knoten erlischt. Der anatomische Vorgang bei diesem Wachsthum besteht theils in einer Bildung neuer Zellen, theils in einer Ausdehnung der vorhandenen; nämlich im Knospenzustand (wo nur radiales Wachsthum), und in dem ersten Stadium der Entwickelung, nämlich so lange dieselbe in allen Theilen des Stengelglieds gleichmäſsig ist, beruht das Wachsthum nur auf Vermehrung der Zellen (im Knospenzustand nur in radialer, nach dem Aufbrechen nur in der Richtung der Peripherie und der Länge), — im folgenden Stadium tritt zu der Zellenvermehrung auch Zellenausdehnung hinzu; die verschiedene Länge der Internodien beruht nur auf Zellenvermehrung, — endlich hört die Zellenbildung auf und es dauert nur noch Ausdehnung der vorhandenen fort. Nachdem hiermit die Verlängerung des Internodiums aufgehört hat, dauert die Verdickung desselben, sowie die Verdickung der Zellenwände in Holz und Bast noch fort[**]).

---

[*]) Münter (Bot. Zeit. 1843, S. 769); — Grisebach (Wiegmannn's Archiv IX. 1843, S. 267); die von demselben auſserdem noch beobachteten Fälle, nämlich bloſs gleichförmiges Wachsthum, längere Dauer des Wachsthums am unteren Theil, Wachsthum durch Einschaltung neuer Theile am oberen oder unteren Ende, kommen seltener und namentlich, wie es scheint, nicht bei Holzgewächsen vor; — Harting, Mikrometr. Untersuchungen über die Entwickelung der Elementartheile des jährlichen Stamms der Dicotylen in der Tydschrift voor nat. geschiednis 1844, XI. Tasc. III. IV. und Ann. des sc. nat. IV. 1845, S. 210, übers. von K. Müller 1847.

[**]) Grisebach a. a. O.; — Unger, Bot. Zeit. 1844, S. 489; — Harting a. a. O. S. 80.

§. 70.

Der Rhythmus in dem Dickenwachsthum.

In gleicher Weise wie die Verlängerung der Axe, geschieht auch das Wachsthum derselben im Durchmeſser nicht in einem Zuge, sondern, wenigstens bei unseren einheimischen Holzgewächsen, mit regelmäſsig wiederkehrenden Unterbrechungen. Die Producte dieses Wachsthums erscheinen insbesondere im Holzkörper als eben so viele deutlich zu unterscheidende concentrische Schichten, und es fällt diese Periodicität ebenfalls mit der des allgemeinen Naturlebens, nämlich mit dem Wechsel der Jahre zusammen. Auch der schichtenartige Bau der Rinde, insbesondere des Bastes und der Kork- und Borkebildung entspricht einem periodischen Wachsthum dieser Theile, wenn dasselbe auch nicht so genau mit der jährlichen Periodicität zusammenfällt, wie dieſs für die Holzschichten gilt. — Auch innerhalb des einzelnen Jahres äuſsert sich ein Rhythmus in der anatomisch ungleichartigen Ausbildung der Holzschicht durch die vorzugsweise im Anfange der Vegetationsperiode auftretenden Gefäſse und die mehr gegen das Ende derselben auftretenden Holzzellen, — sowie andererseits die innerhalb der ganzen Entwickelungsgeschichte des einzelnen Sproſses wahrzunehmende bereits früher angeführte Erscheinung von Schwankungen und insbesondere das Gesetz einer allgemeinen Abnahme in der Intensität des Dickenwachsthums als eine Erscheinung von Periodicität auch an dieser Stelle zu erwähnen ist.

Die beiden Wachsthumsacte an der einzelnen Axe: Verlängerung am Gipfel und Vergröſserung des Durchmeſsers, welche in gleicher Weise sich jährlich wiederholen, stehen innerhalb der Jahresperiode in einem bestimmten zeitlichen Verhältnis, indem beide zwar von Anfang an eine Zeit lang gleichzeitig stattfinden, jedoch so, daſs das Dickenwachsthum gewöhnlich bis in den Sommer hinein fortdauert und sein Maximum erst erreicht, nachdem das Längenwachsthum bereits aufgehört hat*). Im Sinne unserer oben (S. 82) dargestellten Auffaſsung dieser beiden Wachsthumsäuſserungen eines Sproſses als Erscheinungen eines und desselben Bildungsactes, nämlich der Erzeugung eines den ganzen Holzkörper

---

*) Vergl. Mohl in Bot. Zeit. 1844, S. 114.

des Sprofses jährlich von Neuem bekleidenden Hohlkegels oder
Kegelmantels, würde die eben genannte Erscheinung so auszudrücken
sein, dafs dieser Wachsthums-Kegelmantel bei den Holzgewächsen
sich nicht in allen seinen Höhen zugleich, vielmehr im Anfang der
Vegetationsperiode vorzugsweise an der Spitze und von da an nach
unten fortschreitend ausbildet.

§. 71.

Die Zeit der jährlichen Belaubung und Blüthenentfaltung.

Der Zeitpunkt, wo die Entwickelung der in der Knospe bereits angelegten Stengelglieder oder, was dasselbe ist, die Belaubung des Baums im Frühjahr erfolgt, unterliegt für jede Baumart einer beträchtlichen Schwankung, welche, abgesehen von dem
Einflufs der geographischen Lage und der besonderen Localität, sich
selbst zwischen den benachbarten gleichartigen Bäumen eines Waldes
so sehr geltend macht, dafs die Zeit der beginnenden und die der vollendeten Belaubung eines Bestandes oft um vier Wochen auseinander
liegen. Es ist dieser Umstand, dafs einzelne Bäume sich durch
eine frühzeitige allgemeine oder umgekehrt durch eine sehr verspätete
Belaubung vor den übrigen Bäumen ihrer Umgebung aufs Bestimmteste auszeichnen, eine jener Aeufserungen des individuellen
Charakters des Baums. Der einzelne Baum belaubt sich entweder
in allen seinen Theilen gleichzeitig, oder wenn ein Theil der Knospen sich früher als die anderen entfalten, dann sind dieselben (mit
Ausnahme der *Lärche*, wo sich die Knospen eines und desselben
Jahrestriebes aufs Bestimmteste dadurch unterscheiden, dafs die
Seitenknospen durchweg beträchtlich früher als die Gipfelknospe
ausschlagen) nicht gleichmäfsig über den ganzen Baum mit den
letzteren gemischt, sondern die eine ganze Seite des Baums (z. B.
in einem einen westlichen Bergabhang bedeckenden Buchenwalde
die dem Berge zugewandte, also östliche Hälfte der einzelnen Bäume)
eilt der entgegengesetzten voraus. Bei der *Pappel* beginnt die Belaubung an der Spitze des Baums, während sich beim Blätterfall
die Blätter gerade in dieser Region am längsten frisch erhalten.
Hauptsächlich aber vertheilt sich der Unterschied nach ganzen
Aesten, indem an einem Baum der eine Ast bereits vollkommen

grün ist, während alle übrigen noch vollständig schlafen, — eine
Erscheinung, worin sich eine höhere Individualität der einzelnen
Aeste offenbart. Insbesondere aber scheint, wenigstens bei der
Buche, die frühzeitigere Belaubung einzelner Regionen mit der Blüthenbildung zusammenzuhängen, indem die voreilig entfalteten Knospen fast ausschließlich solche sind, welche an ihren jungen Trieben
aus den Blattwinkeln Blüthen erzeugen.

Trotz dieser Schwankungen innerhalb einer und derselben
Species läßt sich doch nicht verkennen, daß jeder Baumart im
Ganzen genommen im Verhältnis zu den anderen eine bestimmte
Periode für die Entfaltung ihrer Winterknospen zukommt. Am
frühsten tritt sie unter unseren Holzgewächsen wohl bei der *Syrene*,
den *Ribes*-Arten, unter den Waldbäumen insbesondere bei der *Birke*,
am spätesten bei der *Eiche*, *Linde*, und zuletzt bei der *Esche* ein.

Alles dieß zeugt von einer nicht bloß von außen bedingten,
sondern dem Gewächs selbst innewohnenden Periodicität. Auch unter
ganz gleichen äußeren Bedingungen weiß jede Baumart des Waldes, wenn ihre Zeit zur Entfaltung im Frühling vorhanden ist. Ja
selbst wenn das Gewächs dem unmittelbaren Einfluß der Früh-
lingskräfte entzogen wird, z. B. an Baumzweigen, welche lange
vor dem Treiben abgeschnitten und im Zimmer ins Wasser gestellt
sind, öffnen sich die Winterknospen und entfalten ihre Triebe zu
derselben Zeit, wo sich ihre Schwesterzweige im Freien belauben, —
ja selbst in einem lange vor der Belaubung abgeschnittenen und
trocken im Zimmer hingelegten *Pappel*-Zweige regt sich zur bestimmten Zeit das neue Leben, und die Knospen öffnen sich gleichzeitig mit denen des draußen von Feuchtigkeit und Sonnenlicht
umflossenen Mutterbaums.

Ebenso charakteristisch für den Habitus der verschiedenen
Baumspecies ist umgekehrt der Zeitpunkt der jährlichen Entlaubung, und insbesondere kommt dabei der Umstand in Betracht,
ob das Abfallen des Laubes bald auf das Absterben desselben folgt,
wie bei den meisten unserer Bäume, oder ob die dürren Blätter noch
längere Zeit am Baum sitzen bleiben, wie dieß besonders bei der
Eiche fast den ganzen Winter hindurch der Fall ist. Mehr noch
wird aber der physiognomische Charakter bestimmt durch die Zahl
der Vegetationsperioden, während deren die Blätter ausdauern.
Unter den einheimischen Holzgewächsen sind es besonders die
Nadelhölzer, mit Ausnahme der *Lärche*, deren Blätter mehr als ein,

nämlich 3 — 5 Jahre hindurch vegetieren, — daher der Mangel einer allgemeinen Entlaubung und die immergrüne Erscheinung dieser Bäume.

Aber auch am einzelnen Zweige zwischen den benachbarten Knospen zeigt sich ein bestimmtes Verhältnis der Zeitfolge in der Entwickelung im Frühjahr. Zunächst herrscht unter den coordinierten Hauptknospen eine Ungleichzeitigkeit der Entfaltung; bei der *Eiche* z. B. brechen zuerst einzelne der obersten, andere und besonders die unteren Knospen des Jahrestriebes erst später auf*). Wenn eine Hauptknospe von B e i k n o s p e n begleitet ist, so scheint die Ent-

---

*) Es ist diese Ungleichzeitigkeit in der Entfaltung coordinierter Knospen ein Hauptpräservativ der Natur gegen die Gefahr von Frost und anderen zerstörenden Einflüsen für das Bestehen des Baumlebens. So war es in diesem Jahre (1854), wo die Spätfröste, besonders der am 25. April, den Laubausschlag der meisten Waldbäume, besonders der *Eichen* und noch mehr der bereits etwas weiter entfalteten *Buchen* in unseren Gegenden zur Hälfte, in anderen, z. B. an der Weser und Leine, fast ausnahmslos zerstörte und die Wälder bis in den Juni in den winterlichen Zustand zurückwarf. Zwar vertrösteten sich die Forstleute auf den Sommertrieb, der Alles wieder gut machen würde, und diese Hoffnung hat sich zum Theil bestätigt, indem mit Anfang Juli bei uns wenigstens der Wald ein gleichmäfsig grünes Gewand wiedergewonnen hat. Im Einzelnen ist aber ein grofser Unterschied von dem Zustand der Bäume in günstigeren Jahren leicht bemerklich. Denn die einmal erfrorenen Triebe können durch keinen Sommertrieb geheilt, sie können aber durch andere Knospen e r s e t z t werden, welche durch ihre Verspätung dem Schicksal der übrigen entgangen waren. Bei der *Eiche* sind es theils einzelne der am Gipfel des vorjährigen Triebes zusammengedrängten, theils die untersten Knospen des Triebes, welche sich gegenwärtig zu neuen Trieben entwickeln, während die der mittleren Region nach der Art und Weise dieses Baums abgestofsen worden sind. Bei der *Buche* dagegen, welche überhaupt die zur Entfaltung bestimmten Knospen eines Jahrestriebes mehr gleichzeitig aufbrechen läfst, sind es vorzugsweise die kümmerlichen den Anfangsgliedern (S. 38. 53) des Jahrestriebes entspringenden, normal gar nicht oder erst am älteren Stamm als „schlafende Augen" zur Entfaltung gelangenden Knospen, welche heuer durch den zweiten Anstofs der jährlichen Vegetation zur Erzeugung von Laubtrieben angeregt werden. Manche Knospen mögen auch gerade durch die niedrige Temperatur jener Frühlingstage zurückgehalten und dadurch für die nachträgliche Entfaltung im Juli gerettet worden sein; — bei einzelnen Trieben sind auch nur die untersten zuerst herausgebrochenen Blätter vom Frost zerstört, die Spitze selbst blieb gesund und konnte die damals gehemmte Entwickelung jetzt im Sommer fortsetzen. Hier und da hat sich die gestauchte Vegetationskraft in Ermangelung von hinreichenden Bildungsstätten durch anticipierte Entwickelung von den an diesjährigen Trieben seitlich entspringenden für das nächste Jahr bestimmten Seitenknospen einen Ausweg verschafft. — Durch alle diese Bemühungen der Bäume, ihre gehemmten Lebenstriebe von Neuem entfalten zu können und ihr Dasein zu retten, sind unsere Wälder allerdings wieder zu einem leidlichen Grün gekommen. Der verständige Forstmann wird sich aber über die nachtheilige Wirkung eines solchen Waldfrostes auf den Holzertrag und auf die demnächstige Ent-

faltung der letzteren, wenn sie überhaupt stattfindet, immer später als die der ersteren zu erfolgen*).

Vor Allem gehört hierher das bald mehr bald weniger mit der Belaubung gleichzeitige Auftreten der mit dieser zu einer und derselben Vegetationsperiode gehörenden Blüthen, — ein Verhältnis, welches als eine der auffallendsten Erscheinungen der Periodicität der Holzgewächse hier um so mehr hervorgehoben werden muſs, als gerade unsere obige Betrachtung über die Anordnungsweise der Blüthen geeignet ist, einiges Licht über dieselbe zu verbreiten. Hier haben wir folgende Fälle zu unterscheiden.

a. Die Blüthe gehört mit einem Theil der dieſsjährigen Blätter zu einer und derselben Axe, d. h. sie ist endständig an einem dieſsjährigen belaubten Triebe. Alsdann hängt das frühere oder spätere Auftreten der Blüthe hauptsächlich von dem Grad der Entwickelung des Triebes, d. h. von der Zeit ab, welche dieselbe bedarf, bis der Gipfel zum Vorschein kommt. Niemals erscheint hier die Blüthe vor dem Laub. Ist der Trieb nur kurz und mit wenigen Blättern

---

wickelung des Waldes nicht täuschen. Da das Dickenwachsthum von der Thätigkeit der Blätter bedingt wird, so ist zunächst der einer halben Vegetationsperiode, während deren die laublosen Bäume fortschlummerten, entsprechende Holzansatz verloren. Dazu kommt, daſs die neuen Triebe den zerstörten sowohl an Zahl als an Kräftigkeit nachstehen, theils, wenigstens bei der *Buche*, die Anlagen derselben nur kümmerlich waren, theils weil überhaupt der zweite Anstoſs des jährlichen Wachsthums dem des Frühjahrs an Kraft nachsteht. So hängt auch mit der sich hieraus ergebenden geringeren Blätterzahl ein geringerer Massenzuwachs für dieses Jahr nothwendig zusammen. Zugleich läſst sich aber überdieſs aus der dieſsjährigen Störung des allgemeinen Längenwachsthums auf eine geringere Production von neuen Axen für das folgende Jahr schlieſsen. Kurz der dieſsjährige Zerstörungsact kann nicht ohne nachhaltige Wirkung auf das fernere Gedeihen der Forsten bleiben. Und, von dem materiellen Interesse abgesehen, auch von morphologischer und ästhetischer Seite haben wir es zu beklagen, daſs die Mehrzahl unserer Waldbäume in ihrer natürlichen Entwickelung einen Stoſs, in ihrer Gestalt eine Verstümmelung, in der Ordnung und Harmonie, wie wir sie im Vorhergehenden darzustellen versuchten, eine Störung erlitten haben, welche mit der Zeit durch die unüberwindliche Gewalt, mit welcher das Gesetz jener Gliederung aus dem Inneren des Organismus quillt, mehr und mehr ausgeglichen werden, zugleich aber als ein Ereignis in der Geschichte des einzelnen Baums ihre Spur für das Auge des aufmerksamen Beobachters (nach S. 16) auf längere Zeit deutlich zurücklaſsen wird.

*) Diesem Umstande verdanken unsere *Robinien* in diesem Sommer hauptsächlich ihre Belaubung; denn nachdem jener Spätfrost die sich eben entfaltenden Seitentriebe der *Robinien* groſsentheils zerstört hat, sind es gerade jene Beiknospen, die sich bei diesem Baum dicht unter der Hauptknospe befinden, welche bisher unentwickelt und daher vom Frost unberührt, sich bald darauf anstatt der zerstörten Haupttriebe nachträglich entwickelten und dem Baum für das verlorene Laub Ersatz gaben.

besetzt, z. B. bei der *Hainbuche* ♀ (seltener auch), *Birke* ♀, *Weide* (die Gruppe der *Fragiles* und *Amygdalinae*), *Sauerdorn, Ahorn, Roskastanie, Apfel, Weifsdorn, Rose, Syrene, Liguster* u. s. w., so kommt die Blüthe wenigstens als Blüthenknospe ziemlich gleichzeitig oder nur wenig später als die Blätter zum Vorschein; — ist der belaubte Trieb länger, z. B. bei der *Platane, Geisblatt, Schneeball, Hollunder, Waldrebe, Pfeifenstrauch,* so sind die unteren Blätter in der Regel schon entwickelt, ehe sich die Blüthe zeigt. Eine scharfe Grenze zwischen beiden Fällen besteht natürlich nicht. Aufser der Längenentwickelung des Triebes kommt übrigens auch der Grad der Ausbildung, welchen die Blüthe innerhalb der Winterknospe seit dem vorigen Herbst bewahrt hat, in Betracht.

b. Die Blüthe entspringt **seitlich** aus den Blattwinkeln des **diefsjährigen** Triebes, gehört also einer weiteren Generation an als der Laubtrieb. Bald kommt in diesem Falle die Blüthe nahezu **gleichzeitig** mit den Mutterblättern zum Vorschein, wie bei der *Eiche,* der *Buche* (wo die blüthenerzeugenden Triebe sich im Allgemeinen früher entfalten als die reinen Laubtriebe), *Heidelbeere, Stachelbeere, Weinrebe**), — bald **später** als das zugehörige Laub, z. B. *Kiefer* ♀**), *Kastanie, Heide****), *Linde†*), *Robinia Pseudacacia.*

c. Die Blüthen resp. Blüthensprofse entspringen seitlich aus einer **vorjährigen** Axe, und das mit denselben zu einer Vegetationsperiode gehörige Laub wird theils von den mit jenen coordinierten seitlichen Laubsprofsen, theils von dem Gipfeltriebe der primären Axe, bei der *Kiefer* ♂ und dem *Seidelbast* erzeugt und entfaltet sich alsdann etwas später als die Blüthen. Hierzu kommen dann noch in den betreffenden Fällen mit **belaubten** Blüthensprofsen die dem letzteren selbst angehörenden Blätter in der

---

*) Der Blüthenstand tritt als sogenannter „Schein" mit den zugehörigen, d. h. gegenüberstehenden Blättern ziemlich gleichzeitig, oder nur wenig später auf, während das Oeffnen der Blüthen noch später erfolgt; dagegen setzt sich die Entwickelung des Laubs durch Fortwachsen der Rebe, sowie durch Ausbildung der Geize noch über die Blüthezeit während des ganzen Sommers fort.

**) Die Belaubung der Axe geschieht hier ausschliefslich, sowie bei der *Heide* vorzugsweise, durch die den Blüthen coordinierten Zweiglein, welche zwar vor der ♀ Blüthe auftreten, die Nadeln jedoch später als diese entfalten.

***) Die Blüthen müfsen schon darum später auftreten, weil sie am oberen Theil des Jahrestriebes entspringen.

†) Das spätere Auftreten der Blüthe erklärt sich hier genügend aus deren Ursprung als tertiärer Sprofs nach vorausgegangener Anlage der Winterknospe.

oben angegebenen Weise. Die Zeit der Blüthenentfaltung im Verhältnis zu der Laubentfaltung hängt hier vor Allem von dem Grade der Ausbildung ab, welchen die Blüthe bereits aus dem vorigen Jahre mitbringt; deshalb eilen besonders die Blüthenstände in denjenigen Fällen, wo dieselben schon am Ende der vorhergehenden Vegetationsperiode in ihrer vollen Ausbildung hervorgetreten sind, und deshalb ohne erst die Hülle einer Winterknospe durchbrechen zu müfsen, im Frühjahr nur ihre Deckblätter zu öffnen brauchen, wie der weibliche Zapfen der *Rothtanne*, das männliche Kätzchen der *Hasel* und *Birke*, der männliche und weibliche Kätzchen tragende Blüthenzweig der *Erle*, der Laubentwickelung in auffallender Weise und mehr oder weniger auch den im Knospenzustand verborgenen entsprechenden Kätzchen des anderen Geschlechts in der Entwickelung voraus. Aber auch da, wo die Blüthen resp. Blüthenstände während des Winters von einer Knospenhülle verschlofsen liegen, erklärt sich deren durchschnittlich den coordinierten Laubsprofsen vorangehende Entfaltung schon dadurch, dafs zu dem vollkommenen Aufblühen derselben natürlich ein geringeres Maafs von vegetativer Kraft und Neubildung, mithin ein geringerer Zeitaufwand erforderlich ist, als zu der mit einer Entwickelung der Internodien verknüpften Ausbildung der Laubblätter der v e g e t a t i v e n Triebe. Hierher gehören die „*flores praecoces*" der *Hasel* ♀, *Ulme*, *Weide* (besonders die Arten mit sitzenden und nackten Kätzchen), *Pappel*, *Esche*, *Kornelkirsche* *), *Apfel*, *Schlehe* **), *Kirsche*, *Mandel*, *Seidelbast*, — während andere Gewächse, und darunter aufser der *Rothtanne* besonders diejenigen, deren Blüthen auf mehr oder weniger entwickelten belaubten Axen sitzen, z. B. *Lärche*, *Hainbuche* ♀, *Birke* ♀ (seltener auch ☿), *Weide* (*Fragiles*, *Amygdalinae* u. s. w.), *Ahorn*, *Sauerdorn* ***), *Roskastanie* u. s. w. Laub und Blüthe ziemlich gleichzeitig oder, wie der *Weifsdorn*, ersteres v o r letzterer entfalten.

---

*) Die Belaubung geschieht theils durch den Gipfeltrieb, theils aus den rein vegetativen den Blüthenzweigen coordinierten Laubsprofsen, theils aus den Achseln der Hochblätter an den im vorigen Jahr geblüht habenden Zweigen.

**) Die Blüthe aus den unteren Knospen des Jahrestriebes sowie aus den Beiknospen, das Laub aus den entsprechenden Hauptknospen und an den Endtrieben.

***) Bis zum Auftreten der Blüthe entwickeln sich sowohl am Grund des Blüthenstands als an den coordinierten reinen Laubsprofsen und dem Endtriebe blofs die rosettenartigen Grundblätter, die gestreckten Laubtriebe der letzteren dagegen erst n a c h der Blüthe.

In allen diesen Fällen ist unter Belaubung nur das Aufbrechen der Knospen und das Auftreten der Blätter zu verstehen; die Entwickelung des Laubtriebes in der Länge folgt erst später,

§. 72. Der Rhythmus im täglichen Wachsthum.

Eine rhythmische Bewegung in der Entwickelung der Axe äufsert sich nicht blofs innerhalb der Jahresperiode, sondern auch während des Verlaufs des einzelnen Tags, indem das Wachsthum bei Tag im Allgemeinen eine Beschleunigung, bei Nacht eine Remission erleidet*). Selbst bis in das einzelne Elementarorgan hinein durchdringt den Baum jene pulsierende Bewegung des Wachsthums, wenn es wahr ist, was man mit A. Braun**) als wahrscheinlich annehmen möchte, dafs die feinen Schichten in der verdickten Wand der Holz- und Bastzellen und der Amylumkörner mit dem täglichen Wechsel des Pflanzenlebens zwischen Bilden bei Tag und Entbilden bei Nacht zusammenhängen.

*) Nach Treviranus (Physiologie der Gewächse) findet wahrscheinlich Morgens und Abends eine Beschleunigung des Wachsthums statt, während es Mittags und Nachts anhält. — Nach Meyer zeigen sich täglich zwei Beschleunigungen (8 — 10 U. Morgens, 12 — 4 U. Nachmittags) und zwei Verminderungen des Wachsthums. — Nach Meyen (System der Pflanzenphysiologie) ist das Wachsthum bei Tag in den ersten sechs Stunden, von 8 — 2 U., stärker als in den Nachmittagsstunden. — Nach Harting (Tydschr. voor natuurl. Geschiedenis etc. IX. 1842, S. 296, im Auszug in Bot. Zeit. 1843, S. 99, und Archiv für Naturgeschichte 1844, II. S. 40) übertrifft im Anfang das Wachsthum während der ersten 8 Stunden, von 7 — 3 Uhr, die Summe des Wachsthums in den folgenden 16 Stunden; aber im Verhältnis, wie der Stengel länger wird, nimmt das Wachsthum in diesem Abschnitt zu und im ersten ab, so dafs endlich im Anfang Juni das stärkste Wachsthum in die Periode von 3 — 11 U. Nachmittags fällt.

**) Verjüngungserscheinungen. S. 235.

Zweites Capitel.

Der Rhythmus in der Seitensprofsung.

§. 73.

Es ist ferner eine fast durchgreifende Erscheinung in dem periodischen Aufbau der Baumgestalt, dafs auch die Sprofsung an die jährliche Periode gebunden ist, d. h. jeder Sprofs wird in dem neuen Jahre als Knospe angelegt und erst im nächsten Frühling als Trieb entfaltet, ohne sich in diesem Jahre weiter zu verzweigen als durch die Anlegung neuer Seitenknospen; — in jedem Jahre wird im Allgemeinen eine neue, und zwar nur eine Generation erzeugt, — mit dem Wechsel der Jahre fällt auch ein Wechsel der Sprofsgenerationen zusammen.

Dieses Gesetz bewährt sich zunächst nur innerhalb der rein vegetativen Sphäre, während in der Region der Blüthe die Sprofsung freier und rascher vollbracht wird. Das gilt vor Allem für den Blüthenstand, welcher, selbst wenn er mehrfach verzweigt ist, wie bei der *Syrene*, stets das Werk eines einzigen Jahres ist. Aber auch, wenn die einzelne nackte Blüthe aus dem Winkel eines Laubblattes der Mutteraxe entspringt, entwickelt sich dieselbe mit der letzteren in den meisten Fällen in einer und derselben Vegetationsperiode, z. B. bei der *Heidelbeere, Heide,* dem *Faulbaum, Pfeifenstrauch,* wogegen bei der *Lärche, Kiefer, Rothtanne,* bei den *Prunus*-Arten und der *Mandel*[1]) die Blüthe aus einer Winterknospe sich erst im folgenden Jahre entwickelt. Auch Blüthenstände sind meistens von der Erzeugung an ihrem belaubten Muttersprofs nicht durch ein Stadium der Winterruhe getrennt, z. B. *Buche, Kastanie, Eiche, Hainbuche* (⚥), *Hasel, Erle, Wallnufs* (⚥), *Stachelbeere* und die anderen *Ribes*-Arten, *Acacie,* die *Rubus,* die *Linde*

---

*) Zuweilen entspringen aber auch durch Anticipation aus dem Winkel der untersten Schuppe einer Laubknospe noch in demselben Jahr, wo die letztere angelegt wurde, ein oder zwei Blüthen.

(welche den Blüthenstand sogar noch um ein Jahr früher hervorbringt als dessen Mutteraxe selbst sich entfaltet hat), — während bei der *Kiefer* ♀, dem *Wachholder*, der *Pappel, Ulme, Esche, Kornelkirsche* u. s. w. das Gegentheil stattfindet. Letzteres gilt im Allgemeinen auch für Blüthen s p r o ſ s e mit entwickelten am unteren Theil belaubten Stengeln, und nur in einzelnen Fällen, z. B. bei der *Heide*, entwickelt sich der belaubte Blüthensprofs in einem Wachsthumsact mit seinem Muttersprofs. Hierher gehört auch als auffallendstes Beispiel die Lode des *Weinstocks*, welche als ein System von zahlreichen aus einander entspringenden, theils in vollkommenen theils unvollkommenen Blüthen (Ranken) endigenden blättertragenden Sproſsen, diese ganze Reihe von Generationen in einem einzigen Sommer in ununterbrochener Entwickelung zu Stande bringt. Alle diese Fälle gleichen den schnell emporschieſsenden, ihre oft mehrfach verzweigten Stengel in einem Zuge hervorbringenden krautartigen Gewächsen. Der Unterschied zwischen den an einen bestimmten Rhythmus gebundenen vegetativen Sproſsen und den diesem Gesetz zum Trotz voreilig sich entwickelnden Blüthensproſsen zeigt sich aufs Deutlichste bei der *Kastanie*, wo unter den coordinierten Sproſsen eines und desselben Jahrestriebes die einen, die Blüthenkätzchen, schon im ersten Jahr, die anderen, die Laubtriebe, dagegen erst im zweiten Jahr zur Ausbildung kommen.

Aber auch innerhalb des rein vegetativen Gebietes fehlt es bei den Holzgewächsen nicht an (und zwar ganz normalen) Fällen, wo obiges Gesetz von der Periodicität in der Generationsfolge eine Modification erfährt. Vor Allem sind es gewisse eigenthümliche Sprofsformen, welche bereits in demselben Jahre wie ihre Mutteraxe zur Ausbildung gelangen, während die denselben coordinierten kräftigen Sprofse, sich an jenes Gesetz bindend, erst im zweiten Jahre aus dem Knospenzustand heraustreten; es sind dieſs die Nadelbüschel der *Pinus*-Arten, die Zweiglein, mit denen sich der Stengel der *Heide* gleich im ersten Jahre belaubt, die Dornen der *Schlehe*, des *Weiſsdorn* *), des *Bocksdorn* (*Lycium barbarum*) **) und

---

*) Auch die in der oberen Region des Jahrestriebes an der Stelle der Dornen auftretenden blühenden Zweiglein entwickeln sich wie diese bereits im ersten Jahr bis zur Länge eines halben Zolls.

**) Der Dorn tritt im ersten Jahr als ein schwächlicher, aber an der Spitze belaubter oder mit dem Rudiment einer Blüthe versehener, mehr an der Basis links und

die Dornzweige bei *Genista germanica*, wogegen die entsprechenden Nadelbüschel der *Lärche* erst als Winterknospen angelegt, im
zweiten Jahre zum Vorschein kommen.

Das auffallendste Beispiel für eine anticipierte Entwickelung
der Seitensprofse bietet die *Erle*. Der diefsjährige Trieb bringt,
wie eine einjährige krautartige Pflanze, gleichzeitig mit dem Wachsthum der primären Axe auch seine Zweige zur Entwickelung, und
zwar oft, besonders bei jungen kräftigen Exemplaren zu sehr kräftiger Entwickelung, so dafs die der unteren Blätter die Länge eines
Fufses übertreffen; nach oben nimmt die Länge pyramidenartig ab,
so dafs die obersten Blattwinkel nur mehr oder weniger lang gestielte Knospen erzeugen; bei manchen Axen zeigt sich ein anderes Längenverhältnis unter den coordinierten Seitensprofsen, indem
hier an den untersten Gliedern eines Jahrestriebes gestielte aber
nackte Knospen, weiter nach oben solche entspringen, deren Stiel
ein Blatt trägt; noch weiter hinauf erreicht der Stiel eine Länge
von 1 Zoll und trägt mehrere Blätter; von diesem in die Mitte
der ganzen Länge des Jahrestriebes fallenden Culminationspunkt
an wird der Stiel wieder allmählich kürzer und ärmer an Blättern,
so dafs die obersten Knospen auf einem nackten Stielchen oder
unmittelbar an der Mutteraxe sitzen.

Dieselbe Erscheinung kommt beim *Schlehdorn* vor, indem (allgemein?) die untersten und obersten Seitensprofsen eines Jahrestriebes als Winterknospen angelegt, sich erst im Frühjahr des folgenden Jahres, die mittleren dagegen bereits im ersten Jahr ohne
Ruhezustand kräftig entwickeln. — Bei dem *Faulbaum (Rhamnus
Frangula)* treten nicht nur die Blüthensprofse, sondern in der Regel
(doch nicht immer) auch die kräftigen Laubtriebe in gleichem Jahre
wie ihre primäre Axe auf. Dasselbe gilt zum Theil beim *Ahorn*
von den Seitensprofsen und den Laubblättern an den blühenden
Jahrestrieben, — bei der *Roskastanie*, wo der Sprofs aus dem obersten Blattwinkel der endständig blühenden Axe in einem Zug mit
der letzteren ein Stückchen Axe mit 1 oder 2 Paar kleiner Laubblätter erzeugt. Aehnliches wurde beim *Apfel* und *Cornus sanguinea*
beobachtet. Bei der *Weinrebe* werden, wenn man die Lode als
einfachen Sprofs betrachtet, die Seitensprofse desselben, nämlich

---

rechts je ein Laubblatt tragender Zweig auf, welcher im folgenden Jahre als Dorn verkümmert ist.

die Geize bereits in demselben Sommer anticipiert. Bei der *Mistel* entwickeln sich die in den Winkeln der Niederblätter des unteren verkürzten Stengelgliedes entspringenden, deshalb scheinbar accessorischen Knospen gleichzeitig mit ihrem Muttersprofs als Blüthen oder als vegetative Sprofse, oder verkümmern ohne sich zu entwickeln. Aus den früher angegebenen Stellungsverhältnissen der Blätter ergibt sich, dafs diese beiden anticipierten Sprofse mit ihrem Muttersprofs in einer Ebene liegen senkrecht auf derjenigen, in welcher der letztere mit seinem Muttersprofs liegt. Und es erklärt sich hieraus, dafs im günstigsten Fall dicht neben der glatt abgeschlofsenen Spitze des Hauptsprofses zwei secundäre Sprofse umgeben von vier tertiären Sprofsen stehen.

§. 74.

Abweichungen vom normalen Rhythmus: Sommertrieb und Hemmungserscheinungen.

Eine ähnliche Art von Erscheinungen, wodurch der oben bezeichnete Rhythmus in der Entwickelung der Holzgewächse gestört wird, unterscheidet sich von den hier genannten dadurch, dafs sie nicht normal als gewissen Gewächsen eigenthümlich, sondern nur unter gewissen Umständen ausnahmsweise auftritt. Ich meine den sogenannten August-, Herbst- oder befser Sommertrieb *), welcher dadurch entsteht, dafs das Wachsthum, nachdem es seinen Frühlingstrieb mehr oder weniger geschlofsen und die Winterruhe vorbereitet hat, durch einen neuen Anstofs zu einem abermaligen Triebe erweckt, und dadurch gleichsam der Wachsthumsact des folgenden Jahres in dem laufenden anticipiert wird. Und zwar äufsert sich die Erscheinung theils in einer wiederholten Verlängerung des Gipfeltriebes, oft um ein ebenso langes Stück wie der Frühlingstrieb (bei der *Buche* fand ich Sommertriebe von $^3/_4$ Fufs, bei der *Eiche* sogar von 2 Fufs Länge), theils in der eigentlich dem nächsten Frühjahr vorbehaltenen Entfaltung der am Frühlingstriebe erzeugten Axillarknospen zu künftigen Seitensprofsen; letzteres findet sogar mitunter auch an dem Sommertriebe

---

*) Die Entwickelungszeit desselben ist unbestimmt, und gewis ebenso zufällig wie die Veranlafsung; im Jahr 1853 und 1854 fand ich den Sommertrieb schon in der Mitte Juli allgemein ausgebildet.

(z. B. *Eiche*, *Birke*) und an den anticipierten Seitenprofsen selbst
(z. B. *Buche*) statt, so dafs in einem Jahre statt **einer**: zwei oder
drei (nach **Hartig** in seltenen Fällen sogar vier) Generationen
hervorgebracht werden.

Die Veranlafsung dieser Erscheinung liegt ohne Zweifel in
besonderen äufseren, klimatischen Umständen, wie denn dieselbe in
gewissen Jahren vorzugsweise häufig vorkommt; z. B. im Sommer
1853 *), in welcher ich sie bei der *Eiche*, *Buche*, *Hainbuche*, *Hasel*,
Birke, *Ahorn*, *Roskastanie*, *Linde*, *Pflaume*, *Mehlbeere* (*Sorbus Aria*),
Geisblatt wahrnahm. Aufserdem kommt eine Anticipation der
Seitensprofse auch bei der *Lärche* vor. Vor Allem scheint die
Eiche hierzu geneigt, und zwar Stockausschläge mehr als eigentliche Bäume. Aber auch schon an Keimpflanzen der *Eiche*
kommen mitunter im Laufe des ersten Jahres zwei Triebe vor.

Während des betreffenden Sommers selbst läfst sich die Erscheinung sehr leicht daran erkennen, dafs die Axe unterhalb der
mehrfach bezeichneten Grenze beider Triebe noch krautartig und
mit Blättern besetzt ist, an älteren Axen ergibt sich die Erzeugung eines doppelten Triebes in einem Jahre durch die Vergleichung der um eins vergröfserten Anzahl von Jahresgrenzen einzelner Axen mit den übrigen Axen desselben Systems.

Je nach dem Stadium der Ausbildung des Frühlingstriebes,
worin der neue Wachsthumsact erfolgt, kommen folgende Fälle
vor. Entweder die Entwickelung war bereits bis zur Ausbildung
der Winterknospe am Gipfel der Axe vorgeschritten, als der neue
Anstofs des Wachsthums eintrat, — alsdann geben die auseinander-
gebrochenen Winterschuppen oder nach dem Abfallen die geringelten Knospenspuren die Grenze der beiden Triebe zu erkennen; —
oder der neue Trieb erfolgte, als zwar der erste mit dem ganzen
Cyklus seiner Stengelglieder fertig war, ohne aber den Cyklus des
folgenden Jahrestriebes mit den Niederblättern begonnen zu haben, — auch hier wird dieser Endpunkt, z. B. bei der *Eiche*, durch
die Abnahme in der Länge der letzten Stengelglieder bezeichnet;
— oder die nachträgliche Anregung des Wachsthums macht sich
dadurch geltend, dafs in manchen Axen die Entwickelung des

---

*) Als ein solches für das Wachsthum überhaupt und demgemäfs auch für die
Anticipationserscheinung besonders günstiges Jahr führt **Unger** 1846 an (Bot. Zeit.
1847, S. 265).

Jahrestriebes bis in den Sommer ohne alle Unterbrechung fortgesetzt wird, so dafs hier unter denselben Umständen nur ein einfacher Jahrestrieb erzeugt wird, unter welchen an anderen Axen
desselben Baums zwei Triebe entstehen. Der Frühlingstrieb ist im
Allgemeinen mehr zu einem zweiten Gipfeltrieb als zur anticipierten Entfaltung seiner Seitenknospen disponiert, was seinen
Grund wohl darin hat, dafs die letzteren der Terminalknospe, wie
es scheint, in der Ausbildung als Winterknospen der Zeit nach
vorangehen, sich also früher gegen eine neue Anregung der Entwickelung verschliefsen. So besitzen auch nicht alle Sprofse eines
und desselben Baums oder eines Zweiges gleiche Neigung zu diesem nachträglichen Wachsthumsact. Unter den diefsjährigen coordinierten Seitensprofsen am vorjährigen Jahrestrieb sind es vorzugsweise die obersten, welche geneigt sind, sich mit einem Sommertriebe zu verlängern, — sowie auch die anticipierte Sprofsung
am leichtesten aus den obersten Blattwinkeln des diefsjährigen
Frühlingstriebes erfolgt, während die unteren Achselknospen gewöhnlich als Winterknospen beharren, — eine Erscheinung, welche
ganz übereinstimmt mit der anderweitig bekannten Steigerung der
vegetativen Kraft in den oberen Gliedern des Jahrestriebes.

Wie verhält sich nun das demselben Rhythmus wie das Längenwachsthum unterworfene Dickenwachsthum in solchen Fällen,
wo der normale Rhythmus in der Fortbildung und Sprofsung der
Axen auf die erwähnte Weise eine Abänderung erleidet? Bei der
Eiche wenigstens konnte ich trotz der sehr stark entwickelten
Sommertriebe doch keine entsprechende Verdoppelung der Schichten im Holzkörper wahrnehmen, was wohl damit zusammenhängen
mag, dafs, wie früher erwähnt, die Erzeugung der neuen Verdickungsschicht erst dem Nachsommer angehört, und der Stillstand
in dem Dickenwachsthum erst später eintritt als das betreffende
Stadium des Längenwachsthums *). — Der Holzring des Sommer-
triebes verhält sich dem anatomischen Bau nach ebenso wie der

---

*) Unger beobachtete jedoch in dem Holzanwuchs des Jahres 1846 eine solche
Trennung in zwei Schichten, die indes nicht so scharf und nicht wie sonst durch
das häufigere Auftreten der Gefäfse im Anfang des folgenden Jahresringes, sondern
nur wie bei den tropischen Bäumen durch eine Differenz in der Dickwandigkeit der
Holzzellen bezeichnet waren, während er bei manchen Holzpflanzen ebenfalls keine
solche Trennung zweier Schichten erkennen konnte (Bot. Zeit. 1847, S. 265).

des Frühlingstriebes: nach innen ist das Gewebe porös (reich an Gefäfsen), nach aufsen dichter.

Neben den hier beschriebenen Erscheinungen, in denen der normale Rhythmus der Baumentwickelung durch das beschleunigte Wachsthum gleichsam übereilt wird, fehlt es auch andererseits nicht an Fällen, welche sich als eine ausnahmsweise Hemmung desselben deuten lafsen. So gelangen nicht immer die im vorigen Jahre angelegten Winterknospen in diesem Jahre alle zur Entfaltung, sondern verharren alsdann, wenn sie nicht gänzlich verkümmern, im Ruhezustand („schlafende oder Ruheknospen") um sich erst später am älteren Stamm als scheinbare Adventivsprofse („Wafserreifser") zu entwickeln. Manche Bäume, z. B. die *Eiche*, scheinen hierzu vorzugsweise geneigt. In anderen Fällen, z. B. bei der *Buche*, wo die Periodicität überhaupt regelmäfsiger ist, mag diese Erscheinung zum Theil durch die Eigenthümlichkeit gewisser Jahrgänge bedingt werden; so fand ich bei der *Buche* solche sitzen bleibenden Knospen besonders häufig im Jahr 1848, in welchem sich die *Buchen* überhaupt verhältnismäfsig langsam entwickelten. — Bei der *Lärche* erhalten sich, nach Hartig, die Stauchlinge, nachdem sie nach dem Erlöschen ihres Wachsthums nach 10 — 20 Jahren von der Rinde überwachsen sind, als schlafende Augen, und machen bei ganz alten Stämmen einen Wiederausschlag möglich. — Auch bei der *Syrene* kommt es vor, dafs sich Knospen erst nach einem oder mehreren Jahren der Ruhe zu Trieben entwickeln und so als junge Sprofse an älteren Stämmen auftreten. — Vorübergehende Hemmung im Gipfelwachsthum scheint nicht vorzukommen.

§. 75.

Verhältnis der Generationen zur Zahl der Jahre.

Wenn während der Entwickelung der Holzgewächse in sämmtlichen Laubblättern Knospen erzeugt, und wenn alle Knospen zu Trieben entwickelt würden, so würde, nach dem oben ausgesprochenen Rhythmus der Verzweigung, die Zahl der Generationen eines Sprofssystems oder eines ganzen Baums genau der Zahl der Jahre des Alters entsprechen, und wir hätten ein sehr leichtes Mittel, das Alter eines Baums und seiner Theile zu bestimmen. In der Wirklichkeit ist es aber nicht so, weil in der Entwickelung

der einzelnen Axe oft einzelne oder zahlreiche Jahrgänge auftreten,
wo das Längenwachsthum sehr gering ist und nur solche Blätter
erzeugt werden, deren Achseln unfruchtbar bleiben, oder weil oft
die wirklich entwickelten Seitensprofse aus demselben Grund unverzweigt bleiben. Daher herrscht selbst zwischen den Sprofssystemen eines und desselben Baums in Beziehung auf die Zahl
der Generationen, verglichen mit dem Alter, die gröfste Verschiedenheit. Während im günstigsten Falle (d. h. bei sehr kräftig
wachsenden Zweigen) auf je ein Jahr eine Generation, oder bei
der *Erle* etc. zwei Generationen kommen, findet man z. B. bei der
Buche Zweige (von sehr trägem Längenwachsthum), bei denen nur
je vier Jahren eine Generation entspricht; sowie denn auch alle
dazwischen liegenden Zahlenverhältnisse wahrzunehmen sind. Vergl.
die Tabelle E S. 112. 113, wo die Columne *i* die für verschiedene Baumarten, sowie für verschiedene Sprofssysteme eines
Baums berechnete Zahl der Jahre, welche durchschnittlich auf je
eine Generation kommen, ergibt.

Drittes Capitel.

Der Rhythmus in der Entwickelung des ganzen Baums.

§. 76.

Harmonie in dem Rhythmus aller einzelnen Glieder.

Stellen wir uns, indem wir die im Obigen betrachteten Erscheinungen noch einmal überblicken, dabei den Baum als Individuum und Ganzes vor Augen, so erscheint er uns als ein Gewächs,
dessen Entwickelungsmomente Sprofsen und Blühen, Bildung neuer
Organe und Entfaltung der gebildeten, in einer bestimmten Ordnung der Zeitfolge mit einander wechseln, — dessen Entwickelung
aufserdem nicht als ein continuierlicher, sondern ein intermittieren-
der, in einem regelmäfsigen Wechsel von Ruhe und Bewegung dahin fliefsender Strom erscheint, — ein scharf accentuierter Rhythmus, der zwar mit der Periodicität des tellurischen Lebens im eng-

sten Zusammenhange steht, seinen tieferen Grund aber in der dem Organismus selbst innewohnenden gesetzmäfsigen Lebensbewegung hat, wie diefs aus der früher dargestellten morphologischen Individualisierung der Jahrestriebe als Product der einzelnen Entwickelungsperioden sowie aus der eigenthümlichen Form dieses Rhythmus bei jeder Baumspecies hervorgeht. Die Individualität des ganzen Baums macht sich aber auch darin geltend, dafs trotz der selbständigen Entwickelung im Einzelnen dieser Rhythmus der zahllosen einzelnen Glieder wie die Pulsschläge im Herzen einen gemeinsamen Ausgangs- und Mittelpunkt haben; — mit anderen Worten in den Schwingungen, womit der wachsende Baum von Jahr zu Jahr oscilliert, herrscht eine Harmonie des Zeitmaafses, welche ebenso wie die Harmonie in der morphologischen Gliederung, die uns in unserer früheren Betrachtung beschäftigt hat, als der höchste Ausdruck der organischen Einheit eines Baumindividuums erscheint. Wir erkennen diese Harmonie nicht nur in der Gleichzeitigkeit der Schwingung in allen Vegetationspunkten des ganzen Baums (welche sich vielmehr auf alle Exemplare einer ganzen Species bezieht), sondern auch, wie wir früher nachgewiesen haben, in dem gleichzeitigen Auf- und Niederschwanken des Wachsthums in verschiedenen Jahren.

§. 77.

Die Stadien in der Entwickelung der Baumgestalt.

Vor Allem äufsert sich die Harmonie in der Entwickelung des Baums in der gesetzmäfsigen Aufeinanderfolge bestimmter Stadien in dem gesammten Lebenslauf des Individuums, — Erscheinungen, welche, im Obigen bereits dargestellt, unter dem gegenwärtigen Gesichtspunkt nur nochmals genannt zu werden brauchen, nämlich:

1. In der Längenentwickelung des Stammes unterscheiden wir eine Periode der allmählichen Steigerung des jährlichen Zuwachses bis zu einem bestimmten Stadium der Culmination, von welchem an umgekehrt eine bis zum Ende des Lebens fortschreitende Remission erfolgt. Wie diese beiden Perioden bei verschiedenen Baumarten eigenthümlich vertheilt sind, wie der Culminationspunkt bald mehr gegen den Lebensanfang, bald mehr gegen das Ende gerückt ist, bei manchen Arten sogar den Anfang

der Entwickelung selbst bildet, — wie ferner innerhalb dieses allgemeinen Rhythmus mancherlei Schwankungen des Wachsthums in einzelnen Jahren vorkommen, ist oben §. 20 genauer dargestellt worden. Wir müfsen hier noch einen Blick auf die allerfrüheste Stufe des Wachsthums werfen, weil sich hier eine Periodicität zeigt, die früher noch nicht erwähnt wurde. Auf den Zustand vollständiger Suspension des Wachsthums, in welchem die junge Pflanze im Inneren des Samens ruhte, folgt in der Keimung ein um so kräftigerer Anlauf der Entwickelung bis zur Bildung der Wurzel und des ersten Internodiums mit den Samenlappen, womit zugleich abermals eine Hemmung eintritt, indem, wenigstens bei der *Buche*, bis zur Entwickelung des nächsten Internodiums oft eine Zeit von sechs Wochen verfliefst. Mit der Ausbildung der ersten Stengelglieder ist die erste Vegetationsperiode geschlofsen, es folgt die Winterruhe und von da an Fortschritt und Stillstand in regelmäfsigem Wechsel.

2. Einen gleichen Rhythmus wie das Längenwachsthum und im Allgemeinen gleichzeitig mit dem letzteren fortschreitend zeigt auch das Wachsthum des Stammes im Durchmefser: Zunahme der jährlichen Wachsthumskraft bis zu einem gewissen Lebensalter, und von da eine mehr oder weniger gleichmäfsig fortschreitende Remission. (Vergl. §. 11.)

3. Auch in der Geschichte der Verzweigung offenbart sich ein bestimmter Rhythmus. Denn auf das erste Stadium des Baums, in welchem während einer je nach der Art verschiedenen Zahl von Jahren das Wachsthum nur in der Richtung der Hauptaxe stattfindet, folgt das zweite, womit zugleich eine Entwickelung von Seitentrieben auftritt, welche sich bei der Strauchform alsbald ebenso kräftig ausbilden wie die Hauptaxe. Bei den Bäumen im engeren Sinn folgt eine längere oder kürzere Reihe von Jahrgängen, deren Seitenaxen von vornherein nur auf eine geringe Entwickelung und vorübergehende Lebensdauer angelegt sind, — bis dann in einem für jede Baumart charakteristischen Lebensstadium die vegetative Kraft plötzlich in höherem Grade in die Verzweigung geleitet wird; es entstehen diejenigen Sprofse, welche sich in der Folge zu kräftigen Aesten ausbilden; — es ist das Stadium der Kronbildung. Von da an steigert sich das Sprofsvermögen, ebenso wie das Wachsthum der Hauptaxe, bis zu einem Maximum, um von da ebenso wie letzteres allmählich nachzulafsen.

4. Durch die genannten drei Factoren des Wachsthums: Verlängerung, Verdickung und Verzweigung des Stammes, wird eine vierte Gröfse bestimmt, nämlich der jährliche **Massenzuwachs** des ganzen Baums, welcher durch die Art und Weise, wie er sich von Jahr zu Jahr verändert, für die Gesammtform einer Baumart bezeichnend ist. Auch diese Gröfse nimmt in der Geschichte des Individuums bis zu einem gewissen Stadium zu, um von da wieder allmählich herabzusinken; und auch dieser Culminationspunkt ist für eine jede Baumart charakteristisch, und tritt im Vergleich zu der Culmination des Höhen- und Dickenwachsthums des Stammes, wie sich wegen der hierbei noch hinzukommenden, ihren Einfluſs jedoch erst später ausübenden Verzweigung erwarten läſst, im Allgemeinen um das Doppelte später ein, was sich aus folgender den Angaben von Hartig entlehnter Zusammenstellung einiger Beispiele ergibt.

| | Lebensalter für die Culmination vom jährlichen | | |
	Höhen-Wachsthum.	Dicken-Wachsthum.	Massen-zuwachs.
Rothtanne . . .	40 — 80		120
Kiefer	40	10 — 20	20
Lärche	40	40	60
Buche	40 — 45	50 — 60	100 — 120
Hainbuche . . .	20 — 40		80 — 90
Birke	10 — 25	10 — 25	25 — 50
Ulme	20 — 30	20 — 30	60 — 80
Esche	30 — 40	30 — 40	80 — 90
Bergahorn . . .	20 — 30	20 — 40	60 — 70
Spitzahorn . . .	20 — 30	40 — 70	60 — 70
Feldahorn . . .	20 — 30	20 — 30	70 — 90
Süſskirsche . . .	10 — 15	10 — 15	25 — 30

5. Wiederum in anderer Beziehung wechseln in der Geschichte des Baums zwei Lebensperioden: die rein **vegetative** und die **reproductive**, — ein Wechsel, welcher an einen bestimmten Zeitpunkt, das Stadium der „Mannbarkeit", gebunden ist. Vergl. das Nähere §. 65. S. 215.

6. Der Baum wächst so lange er lebt, es fehlt ihm im Gegensatz zu dem Thier das Stadium des Ausgewachsenseins; vielmehr erreicht er mit dem Erlöschen des Wachsthums zugleich sein Lebensziel. Da aber dieses Erlöschen, von zufälligen äufseren Ursachen abgesehen, nach einem Gesetz des Wachsthums selbst erfolgt, so gilt für den Baum sowohl als für die einjährige Pflanze und für das Thier, dafs sein Lebensziel ein natürliches, auf einem inneren Grund beruhendes, daher an eine bestimmte Zeit gebundenes ist. Vergl. die nähere Begründung §. 53.

Dieser Rhythmus, der bei allen Bäumen im Allgemeinen derselbe ist, erscheint jedoch bei jeder Baumart in einer eigenthümlichen gesetzmäfsigen Form, welche aber auch innerhalb der Species nicht so absolut bestimmt ist, dafs nicht für jedes Individuum Raum bliebe, sich mit Freiheit zu bewegen und innerhalb gewisser Grenzen seine individuellen Besonderheiten zu entfalten.

Das ist aber, wir wiederholen es, das Eigenthümliche der Holzgewächse gegenüber allen übrigen Pflanzen, dafs sich der Rhythmus ihrer Entwickelung (mit Ausnahme der Periodicität innerhalb des einzelnen Jahres) gleichsam verkörpert und in den Gliederungen dieses Körpers eine feste und dauernde Gestalt erhält, wodurch denn der Baum zu einem verständlich zu uns redenden Denkmal seiner eigenen Geschichte wird.

Schlufswort.

Nach der Menge von Einzelheiten, in denen sich unsere Betrachtung über die Gestalt der Holzgewächse im Vorhergehenden
ergehen mufste, darf ich um so mehr den Gedanken zum Schlufs
auf das Allgemeine lenken, auf welches alle jene Besonderheiten
hinweisen. Was wir aus unserer Zergliederung des Baums mit-
bringen, es ist der Eindruck einer unbegrenzten Vielheit und Vielgestaltigkeit, zugleich aber der Eindruck einer Ordnung, wodurch
alle die zahllosen Einheiten zu einem harmonischen Ganzen ge-
sammelt werden, worin jedes einzelne Glied in sich vollendet und
doch im Vergleich zu dem Ganzen wieder mangelhaft und einseitig, eben dadurch auf ein nächst höheres Allgemeines und so von
Stufe zu Stufe auf die Einheit des Ganzen hindeutet. So offenbart sich nicht blofs physiologisch, sondern auch nach der Gestaltbildung die gewaltige, das Einzelne unter die Herrschaft des
Ganzen unterordnende Kraft in der Individualität eines Organismus.

Der Baum erscheint uns wie eine Welt im Kleinen, reich wie
diese an mannigfaltiger Gliederung und dennoch wie sie ein Ganzes. Darum eben ist die Betrachtung, welche es versucht hat, das
Gesetz der Vielheit in der Einheit und der Einheit in der Mannigfaltigkeit an diesem ein Abbild der ganzen Natur darstellenden
Einzelwesen bis ins Kleinste zu verfolgen, geeignet, dieses Gesetz
als den Grundgedanken, wonach die Natur bildet und schafft, ja
als den Gedanken des Schöpfers bei seiner Schöpfung lebendiger
in uns zu machen. Denn das ist ja der Lohn für die Erforschung
des Einzelnen, dafs wir damit zugleich etwas für das Verständnis
des Ganzen gewinnen.

Die Einheit der Naturgestaltungen ist kein unterschiedsloses Dasein; man mag den Kreis, die Kugel als die Grundgestalt alles Unorganischen und Organischen (des Wassertropfens, der Form der Weltkörper und ihrer Bahnen, der hauptaxenlosen Mineralgestalten, der thierischen und pflanzlichen Zelle) betrachten, — die Natur bleibt dabei nicht stehen, sie strebt nach Gliederung dieser einfachsten Form und sucht andererseits ihre Einheit durch einen zweifachen Kampf wieder zu gewinnen. Denn es gilt in diesem Kampf sowohl die Vielheit der glcichen Glieder als auch die Verschiedenheit und individuelle Selbständigkeit der einzelnen Glieder zu überwinden. Bald ist es mehr die eine, bald mehr die andere Seite, nach welcher hin der Kampf sich richtet. So ist es im thierischen Körper mehr die Mannigfaltigkeit als die Vielheit, in der Pflanze dagegen mehr die Vielheit als die Mannigfaltigkeit der Glieder, in dem Organismus der Erde beides vielleicht in gleichem Verhältnis, was von der Macht der Einheit zu überwinden ist. Das aber ist gewis: je stärker der Feind, um so glänzender der Sieg, — je gröfser die Zahl und Mannigfaltigkeit der Glieder, die unter einen Begriff gehören, und wiederum, je mehr diese Glieder trotz ihrer Einseitigkeit und Mangelhaftigkeit jedes in sich vollendet und selbständig dastehen, desto erhabener das Ganze, welchem sich diese freien Individuen unterordnen. Hierdurch bestimmt sich denn auch der Werth der verschiedenen Naturkörper und die Rangordnung der einzelnen Naturgebiete; so steht der Krystall höher als der Wassertropfen, die Pflanze höher als das Mineral, das Thier höher als die Pflanze, noch höher der Erdorganismus und am höchsten der grofse Organismus der Schöpfung, — und so stufen sich selbst innerhalb der besonderen Gebiete die einzelnen Wesen als höhere und niedere Pflanzen u. s. w. gegeneinander ab.

Auf jeder dieser Rangstufen der Naturwesen herrscht aber ein wunderbares Gleichgewicht jener beiden Factoren, so dafs wir nicht wifsen, ob wir mehr über den Reichthum und die Fülle, die Lebendigkeit und Freiheit in der Menge der verschiedenen Gestaltungen oder mehr über die Gewalt der Centralisation und Harmonie staunen sollen. Fafsen wir jenen Durchgang von der Einheit zur Vielheit und Mannigfaltigkeit und wiederum zur Einheit mit anderen Worten als einen Durchgang vom Gesetz des Begriffs und der Naturnothwendigkeit zur Freiheit des Individuums, und wiederum aus dieser Freiheit zu einem höheren Gesetz (dem Gesetz der Freiheit), so tritt uns in der Natur überall ein Streben entgegen, die Starrheit ihres gesetzmäſsigen Daseins in die Freiheit zahlloser Erscheinungsformen aufzulösen, sich in so vielen Individualitäten zu vervielfältigen, ohne daſs zugleich der gemeinsame Verband, das Gesetz des Ganzen dadurch gelockert wird. Gleichwie ein Vater viele Kinder erzeugt, Menschen, ihm selbst gleich, wiederum Väter, und doch nicht nur selbst bleibt, sondern zum Haupt einer groſsen Familie wird, so ist auch der Gestaltungsprocess in der ganzen Schöpfung wesentlich zugleich ein Fortpflanzungsprocess. — Ohne Mannigfaltigkeit und individuelle Freiheit wäre die Einheit nur Einförmigkeit, die Natur würde uns todt und starr wie eine Kugel erscheinen; — andererseits ist ohne das Gesetz der Einheit, aus welchem die Gestalten hervorgehen, worin sie feststehen und wohin sie im höheren Sinne wieder hinstreben, keine Freiheit, sondern nur Unordnung denkbar; denn bloſse Verschiedenheit, Mannigfaltigkeit ist Buntheit; Freiheit beruht nur in der möglichst selbständigen und eigenthümlichen Gestaltung des Individuellen. Zum Individuum gehört aber die Beherrschung des darin liegenden Einzelnen und Verschiedenen. Die Freiheit ist um so höher, einerseits je freier, je bestimmter und selbständiger gegeneinander die dem Ganzen untergeordneten Glieder ausgeprägt sind, — andererseits je fester sich diese möglichst freien Individuen zu einem höheren Individuum unterordnen. Nur das ist ein harmonisch geordnetes Ganzes, dessen Glieder frei sind; — frei ist nur dasjenige Glied, welches seine Eigenthümlichkeit innerhalb des allgemeinen Gesetzes entfaltet, welches in seiner selbständigen Gestaltung zugleich die Idee des Ganzen verwirklicht.

Die Anwendung dieser Naturbetrachtung, welche aus der Untersuchung der Baumgestalt hervorgieng, auf die Gliederung der bürgerlichen und kirchlichen Ordnung, für welche man ja durch die beliebte Adoption des Wortes „Organisation" die Natur als Vorbild anerkannt hat, überlaſe ich dem Belieben des Lesers.

Es liegt endlich noch eine andere Lehre in unserem Naturgesetz. Die Idee eines Individuums kann ohne Zweifel nur aus dem Gedanken eines Individuums entspringen; denn nur Gleiches kann Gleiches erzeugen, wie auch das Individuelle nur vom Individuum verstanden werden kann. Ich meine, keine Teleologie könnte so bestimmt auf die philosophische Nothwendigkeit eines individuellen oder, in der Sprache des geistigen Gebietes, persönlichen Schöpfers hinweisen, als das alle Gestaltbildung bis ins Kleinste durchdringende, von Stufe zu Stufe aufsteigende Streben der Natur nach der Vollendung individueller Typen. So muſs auch auf diese Weise das willenlose Geschöpf, der Baum, von seinem Schöpfer zeugen.

Sachregister.

Register der Pflanzennamen.

Edeltanne s. Tanne.

Eibe *(Taxus baccata L.)* 35. 45. 46. 51. 56. 60. 62. 71. 77. 101. 116. 117. 122. 123. 185. 186. 217.

Eiche *(Quercus)* 32. 34. 36. 43. 45. 47 — 51. 54 — 56. 60 — 63. 66. 68. 71. 73. 77. 88. 89. 92. 93. 95. 97. 102. 107. 110. 113. 120. 121. 124. 126. 126. 139. 144. 151. 157. 159. 162. 168. 183. 185. 188. 215. 216. 227. 228. 230. 233. 236.

Epheu *(Hedera Helix L.)* 43. 52. 124.

Erle *(Alnus glutinosa Gärtn.)* 34. 36. 43. 47. 48. 51. 57. 62. 69. 77. 88. 92. 95. 102. 110. 113. 120. 123. 124. 179. 183. 214 — 216. 216. 231. 233. 235. 240.

Esche *(Fraxinus excelsior L.)* 33. 34. 37. 43. 48. 57. 60. 62. 68. 69. 78. 80. 83. 96. 103. 110. 116. 118. 121. 123. 144. 182. 191. 215. 227. 231. 234. 243.

Hängeesche, Traueresche *(var. pendula)* 35. 57. 60. 61. 92. 96. 103. 110.

Evonymus s. Spindelbaum.

Fagus s. Buche.

Faulbaum *(Rhamnus Frangula L.)* 38. 184. 185. 194. 233. 235.

Fichte s. Rothtanne.

Fraxinus s. Esche.

Geisblatt *(Lonicera Caprifolium L.)* 36. 43. 57. 64. 124. 180. 190. 230. 237.

Wildes Geisblatt *(L. Periclymenum)* 180.

Genista s. Ginster.

Ginster *(Genista germanica)* 58. 67. 70. 105. 196. 235.

— *(G. tinctoria)* 181.

Hainbuche *(Carpinus Betulus L.)* 34. 35. 43. 43. 47. 47. 51. 56. 66. 68. 77. 80. 95. 102. 110. 113. 120. 138. 139. 143. 152. 155. 159. 167. 178. 182. 183. 188. 215. 216. 230. 237. 243.

Hasel *(Corylus Avellana L.)* 32. 34. 36. 43. 43. 47. 51. 56. 73. 77. 102. 110. 113. 120. 121. 143. 152. 159. 178. 183. 188. 215. 216. 231. 231. 233. 287.

Hedera s. Epheu.

Heide *(Calluna vulgaris Salisb.)* 36. 43. 52. 55. 57. 60. 63. 66. 66. 103. 122. 124. 181. 184. 185. 189. 230. 233. 234. 234.

Heidelbeere *(Vaccinium Myrtillus L.)* 36. 43. 47. 52. 57. 66. 71. 110. 119. 123. 124. 125. 139. 184. 185. 189. 230. 233.

Hollunder *(Sambucus nigra L.)* 36. 57. 60. 66. 93. 139. 179. 190. 230.

Hopfen *(Humulus Lupulus L.)* 124.

Johannisbeerstrauch *(Ribes rubrum L.)* 43. 227. 233.

Ilex Aquifolium, Stechpalme 124.

Juniperus s. Wachholder.

Kastanie *(Castanea vesca Gärtn.)* 36. 43. 43. 51. 56. 77. 102. 139. 170. 183. 187. 215. 216. 230. 233. 234.

Kiefer *(Pinus Tournef.)* 35. 43. 47. 50. 60. 66. 101. 122. 124. 126. 136. 234. 243.

Gemeine Kiefer *(P. silvestris L.)* 32. 50. 51. 55. 56. 61. 68. 76. 80. 123. 126. 138. 167. 167. 181. 182. 186. 215. 216. 230. 230. 233. 234.

Krummholzkiefer *(P. Mughus Scop. β Pumilio)* 50. 51. 68. 81. 125. 126. 215. 216.

Schwarzkiefer *(P. austriaca Host.)* 81. 215. 216.

Weymouthskiefer *(P. Strobus L.)* 68. 76. 81. 97. 215. 216.

Zirbelkiefer *(P. Cembra L.)* 68. 76. 81. 215. 216.

Kirsche *(Cerasus)* 43. 48. 61. 62. 66. 70. 124. 127. 139. 143. 156. 182. 185. 203. 231. 233. 236.

Sauerkirsche *(Prunus Cerasus L.)* 96. 97. 107. 181. 182. 195.

Süfskirsche *(Prunus avium L.)* 52. 78. 105. 188. 195. 243.

Kornelkirsche *(Cornus mascula L.)* 34. 37. 48. 52. 55. 55. 57. 61. 69. 96. 103. 110. 116. 118. 121. 181. 191. 231. 234.

Rother Hornstrauch *(C. sanguinea L.)* 179. 235.

Kreuzdorn *(Rhamnus cathartica L.)* 43. 49. 65. 199.

Lärche *(Larix europaea De C.)* 32. 35. 50. 51. 55. 56. 68. 76. 92. 101. 121. 123. 124. 136. 167. 178. 182. 186. 215. 218. 226. 227. 233. 235. 237. 239. 243.

Laurus nobilis (Lorbeer) 124.

Lebensbaum *(Thuja occidentalis L.)* 35. 43. 55. 60. 60. 63. 123. 143. 163. 178. 181. 187.

Ligusterstrauch *(Ligustrum vulgare L.)* 35. 43. 49. 50. 103. 179. 190. 230.

Linde (vorzugsweise die Sommerlinde, *Tilia grandifolia L.)* 34. 37. 43. 43. 47. 48. 52.

Traubenkirsche *(Prunus Padus L.)* 105. 181. 182. 195.

    Pr. Mahaleb L. 181. 182.

Tulpenbaum *(Liriodendron Tulipifera L.)* 49.

Ulme, *(Ulmus)*; vorzugsweise *U. campestris* 34. 36. 43. 48. 49. 51. 57. 66. 69. 78. 95. 100. 103. 113. 120. 143. 159. 167. 179. 183. 189. 215. 231. 234. 243.

    U. effusa 110. 189.

Vaccinium s. Heidelbeere.

Viburnum s. Schneeball.

Viscum s. Mistel.

Vitis s. Weinrebe.

Vogelbeerbaum *(Sorbus Aucuparia L.)* 38. 43. 48. 58. 67. 70. 73.

Wachholder *(Juniperus communis L.)* 43. 47. 51. 77. 181. 185. 186. 217. 234.

Waldrebe *(Clematis Viticella L.)* 179. 192. 230.

Wallnuſs *(Juglans regia L.)* 49. 233.

Weide, vorzugsweise Bruchweide *(Salix fragilis)* 34. 36. 43. 47. 48. 52. 57. 59. 60. 61. 66. 69. 73. 92. 93. 100. 117. 139. 144. 179. 189. 217. 230. 231.

    Trauerweide *(S. babylonica L.)* 97.

    S. purpurea 47.

Weinrebe *(Vitis vinifera L.)* 37. 43. 49. 50. 52. 58. 104. 125. 127 — 136. 156. 180. 181. 193. 230. 235.

    Vitis vulpina L. 127.

Weiſsdorn *(Crataegus oxyacantha L.)* 43. 59. 65. 67. 70. 104. 110. 180. 194. 230. 234.

Zaunrebe *(Ampelopsis hederacea Michx.)* 127.

Zwetsche *(Prunus domestica L.)* 33. 38. 43. 48. 49. 58. 62. 93. 104. 110. 139. 182. 195.

Erklärung der Abbildungen.

Tab. I.

Die Entwickelungsgeschichte des oberen Theils eines jungen *Buchenbäumchens* vom Jahr 1847 — 1852.

Tab. II.

Fig. 1 u. 2. Ideelle Ansicht einer mehrjährigen Axe, um die Art zu zeigen, wie sich dieselbe alljährlich mit einer neuen Holzschicht umkleidet. Fig. 1 wie es nicht ist, Fig. 2 wie es wirklich ist.

Fig. 3 u. 4. Ideeller Längsschnitt durch eine Axe, um die Art zu zeigen, wie sich zwei aufeinanderfolgende Jahrestriebe aneinander fügen.

Fig. 5. Ideelle Darstellung einer Weinrebe (vergl. S. 135).

Fig. 6. Ideeller Grundriß derselben.

Fig. 7 — 9. Ideelle Darstellung der Verzweigung und Blüthenanordnung von *Viscum album* (vergl. S. 178).

Fig. 10. Die verschiedenen Fälle, wie bei der *Syrene* die Blüthe auftritt (vergl. S. 190).

Fig. 11 — 14. Die verschiedenen Fälle, wie bei *Ligustrum vulgare* die Blüthen räumlich und zeitlich angeordnet sind (vergl. S. 190).

Fig. 15. Die Blüthenordnung und Blüthenfolge an einem dreijährigen *Lindenzweige* (vergl. S. 192).

Fig. 16. Die Blüthenordnung und Blüthenfolge am *Kirschbaum* (vergleiche S. 203).

Fig. 17. Die sieben Fälle für die Richtung des Fortschrittes der Disposition zur Blüthenbildung an einem Jahrestriebe (vergl. S. 204).

Die Titelvignette

stellt eine *Stieleiche* im entlaubten Zustande dar.

Druckfehler.

Seite 10 Zeile 18 von o. lies Eiche statt Fiche.

» 19 » 14 » o. l. Grundgedanke.

» 33 » 6 » o. streiche denn.

» 43 » 12 » u. l. *Pop. pyramidalis.*

» 52 » 9 » u. setze hinzu S. 129.

» 64 » 9 » o. l. unter sich.

» 83 » 15 » o. streiche nicht.

» 96 » 9 » u. l. *P. pyramidalis.*

» 98 » 8 » o. l. in statt an.

» 100 » 7 » u. l. Seitensprofsen.

» 102 » 17 » u. l. anderen statt übrigen.

» 103 » 18 » o. l. 2½''' statt 2½''.

» 109 » 6 » u. l. zufällig statt willkürlich.

» 125 » 8 » o. l. extraaxillare statt extraaxile.

» 126 » 10 » u. l. trägt statt tragen.

» — » 12 » u. l. erstere statt ersteren.

» 136 » 20 » o. l. §. 38 statt §. 39, sowie alle folgende Paragraphen-
zahlen um 1 herunterzusetzen sind.

» 137 » 17 » o. l. Axensystems gerichtete.

» — » 19 » o. l. erhei.schende Bildungstrieb.

» 138 » 18 » u. l. diesen statt dieser.

» 139 » 16 » u. l. endständig statt rückständig.

» — » 7 » u. l. *platanoides.*

» — » 3 » u. l. einem statt einen.

» 151 » 21 » o. l. Hauptaxe.

» 156 » 6 » o. l. Metamorphose.

» 161 » 7 » o. streiche indem.

» — » 16 u. 17 von o. streiche das Komma hinter Wachsthum
und setze es hinter Stellungsweise.

» 176 » 10 » u. streiche oder gar keine.

» 181 » 23 » o. l. Blüthe erzeugen statt blüthen.

» 188 » 2 » o. l. verschwindenden statt verschiedener.

» — » 16 » o. l. unten statt unter.

» 209 » 6 » u. l. dann statt denn.

» 234 » 1 » u. l. nahe statt mehr.

Zusatz zu S. 81, Zeile 17 v. o. und S. 156, Z. 8 v. o. Bei der Pinie trägt die Hauptaxe an den 5 oder meistens mehr als 5 ersten Jahrgängen ein- fache Nadeln (*L.*); an den letzten dieser Jahrgänge entspringt bereits hier und da aus dem Winkel einer Nadel ein Nadelbüschel. Später treten dagegen schup- penförmige Niederblätter auf, und zugleich in jedem derselben ein Nadelzweig- lein. Gerade so wie die Hauptaxe verhalten sich auch die den ersten (bis zu 8) Jahrestrieben der letz